Die Wahrheit liegt auf der anderen Seite

- Entdeckungen auf der Suche nach dem Warum -

Michael Why

Die Wahrheit liegt auf der anderen Seite

Entdeckungen auf der Suche nach dem Warum

Re Di Roma-Verlag

Bibliografische Information der Deutschen Nationalbibliothek:
Die Deutsche Nationalbibliothek verzeichnet diese Publikation in der Deutschen Nationalbibliografie; detaillierte bibliografische Daten sind im Internet über http://dnb.ddb.de abrufbar.

Haftungsausschluss:

Die Benutzung dieses Buches und die Umsetzung der darin enthaltenen Informationen erfolgt ausdrücklich auf eigenes Risiko. Haftungsansprüche gegen den Verlag und den Autor für Schäden materieller oder ideeller Art, die durch die Nutzung oder Nichtnutzung der Informationen bzw. durch die Nutzung fehlerhafter und/oder unvollständiger Informationen verursacht wurden, sind grundsätzlich ausgeschlossen.

Das Buch inklusive aller Inhalte wurde unter größter Sorgfalt erarbeitet. Druckfehler und Falschinformationen können jedoch nicht vollständig ausgeschlossen werden. Der Verlag und auch der Autor übernehmen jedoch keine Gewähr und keine Haftung für die Aktualität, Richtigkeit, Vollständigkeit und Qualität der in diesem Buch bereitgestellten Informationen. Ebenso nicht für Druckfehler. Es kann keine juristische Verantwortung und keine Haftung in irgendeiner Form für fehlerhafte Angaben und daraus entstandene Folgen vom Verlag bzw. Autor übernommen werden. Für die Inhalte von den in diesem Buch abgedruckten Internetadressen (www.) sind ausschließlich die Betreiber der jeweiligen Internetseiten verantwortlich.

Hinweise zur ***Bonus-CD*** finden sich auf Seite 251.

ISBN 978-3-86870-416-7

Lektorat: Annett Biermann
Covergestaltung: Michael Why

www.rediroma-verlag.de
18,95 Euro (D)

Inhaltsverzeichnis

Das genaue Gegenteil was allgemein geglaubt wird, ist meistens die Wahrheit.

Jean de La Bruyère, frz. Schriftsteller, 1645-1696

Wer eine Wahrheit verbergen will, braucht sie nur offen auszusprechen
- sie wird einem ja doch nicht geglaubt.

Charles Talleyrand, frz. Politiker, 1754-1838

Vorwort

Dieser Text ist eine persönliche Mitteilung des Autors, ein Meinungsaustausch - ohne jede Haftung oder Garantie. Insbesondere besteht keine Haftung für Schäden, die dem Leser durch möglicherweise nicht mehr aktuelle, falsche oder fehlerhafte Informationen in diesem Buch entstehen könnten. Alle Angaben sind sorgfältig recherchiert und werden in bester Absicht veröffentlicht, es kann aber keine Gewähr für die aktuelle Richtigkeit gemacht werden, da Informationen immer ständigen Veränderungen ausgesetzt sind. Dieser Text enthält Hinweise und Zitate auf andere Quellen. Daraus darf keine Zustimmung mit den dort gemachten Thesen, Behauptungen oder Meinungen unterstellt werden. Zu Gewalttaten soll in keinem Fall aufgefordert werden. Ferner soll niemand beleidigt werden. Diese Schrift ist kein Angriff auf die Menschenwürde bestimmter Menschen. Auch ist sie keine Aufforderung zum Rassenhass. Das Andenken verstorbener Menschen soll nicht verunglimpft werden. Der folgende Text gibt die persönliche Meinung des Verfassers wieder und nicht des Verlags oder Übermittlers. Dieser Text steht unter dem Schutz von Art. 19 der UN-Menschenrechtscharta und Artikel 5 des Grundgesetzes der Bundesrepublik Deutschland.

Artikel 5 des Grundgesetzes der Bundesrepublik Deutschland:
„Jeder hat das Recht, seine Meinung in Wort, Schrift und Bild frei zu äußern und zu verbreiten und sich aus allgemein zugänglichen Quellen ungehindert zu unterrichten. Eine Zensur findet nicht statt."

Artikel 19 UN-Menschenrechtscharta:
„Jeder hat das Recht auf Meinungsfreiheit und freie Meinungsäußerung; dieses Recht schließt die Freiheit ein, Meinungen ungehindert anzuhängen sowie über Medien jeder Art und ohne Rücksicht auf Grenzen Informationen und Gedankengut zu suchen, zu empfangen und zu verbreiten."

Europäischer Gerichtshof für Menschenrechte,

Handyside - Urteil vom 07.12.1976 zu Artikel 10, Absatz 1 - Meinungsäußerungsfreiheit - der Europäischen Menschenrechtskommission:
„Seine Kontrollfunktion gebietet dem Gerichtshof, den Grundsätzen, die einer „demokratischen Gesellschaft" eigen sind, größte Aufmerksamkeit zu schenken. Das Recht der freien Meinungsäußerung stellt einen Grundpfeiler einer solchen Gesellschaft dar, eine der Grundvoraussetzungen für ihren Fortschritt und für die Entfaltung eines jeden einzelnen. Vorbehaltlich der Bestimmungen der Art 10, Abs. 2 gilt dieses Recht nicht nur für die günstigen aufgenommenen oder als unschädlich oder unwichtig angesehenen „Informationen" und „Gedanken", sondern auch für die, welche den Staat oder irgendeinen Bevölkerungsteil verletzen, schockieren oder beunruhigen. So wollen es Pluralismus, Toleranz und Aufgeschlossenheit, ohne die es eine „demokratische Gesellschaft" nicht gibt."

Einleitung

Die Gedanken und Schlussfolgerungen suchen nach einem Weg zur Wahrheitsfindung. Die Formulierungen versuchen in einem gepflegten, einfachen und verständlichen Stil, die in diesem Buch aufgeführten Recherchen auch Laien näher zu bringen. Die Fragestellungen können vielen Menschen eventuell traumatisch anmuten, weil sie an unserem Weltbild zerren und man sich deshalb äußerst ungern damit auseinandersetzt. Aber Verhaltensweisen basieren nun mal auf der jeweiligen Weltanschauung, weshalb wir niemals aufhören sollten, diese ständig zu hinterfragen, damit wir uns im Rahmen einer ganzheitlichen Entwicklung nicht selbst im Wege stehen.

Wir sollten nicht nur der Frage nachgehen, wie alles funktioniert, sondern wir sollten uns auch fragen, **warum** alles so ist, wie es ist. Denn in dem „**Warum**?" liegt die Antwort auf alles. Auch die Antwort von der universellen Entstehung allen Seins, gleich wo es existiert. Und nur mit dieser Antwort macht alles erst Sinn. Alles wonach Menschen streben, ist sinnlos, solange wir das „**Warum**?" nicht kennen.

Unsere Gesellschaft strebt nach materiellen Gewinnen, Steigerung von Reichtum, Ansehen und Macht. In solchen Zielen den Sinn des Lebens zu suchen, ist eine absolut falsche und sinnlose Scheinwelt, in der wir leben und in die wir uns selber hineinversetzen. In dem Film „Matrix", hatten die Menschen Feinde, die Maschinen, welche sie verkabelten und in Lebenserhaltungsflüssigkeit getaucht, in eben diese Matrix versetzten. Die Wahrheit ist schlimmer. Der Mensch braucht keine Feinde. Er lebt in einer selbst geschaffenen Matrix. Im wirklichen Leben übernimmt der Mensch die Rolle der Maschinen. Des Menschen größter Feind scheint er selbst zu sein.

Wenn man generell anfängt, etwas genau zu hinterfragen, stellt man eines fast immer fest. Nämlich dass alles wesentlich komplexer und vielfältiger im Zusammenhang ist, als man zunächst vermutet hat. Eine gefundene Antwort auf eine Frage wirft meist ein Vielfaches an neuen Fragen auf, die es erneut zu beantworten gilt. Es ist ein Kettenbriefeffekt, der sich ins Unendliche auszudehnen scheint. Trotz dieser Erkenntnis neigt der Mensch dazu, Dinge und Erklärungen seinem momentanen

Kenntnisstand und Weltbild entsprechend anzupassen. Einerseits verständlich, jedoch wäre es ratsam sich im Alltag ständig ins Bewusstsein zu rufen, dass unsere Handlungen nicht der Weisheit letzter Schluss sind und dass vieles was heute noch richtig erscheint, morgen schon falsch sein kann.

Sehr viele Menschen betrachten eine Suche nach dem „**Warum**?“ als sinnloses Unterfangen. Beobachtet man aber genauer, stellt man fest, dass sich massenhaft Menschen weltweit mit Astrologie, Esoterik, Mystik, Philosophie, Theosophie, Religion oder anderen spirituellen und okkulten Lehren oder Naturwissenschaften beschäftigen. Allein diese Tatsache belegt, dass der überwiegende Teil der Menschheit sehr wohl auf der Suche ist. Die Menschen suchen nach dem Göttlichen, der Selbstfindung, dem Einklang mit der Natur, dem Ursprung, dem Sinn des Lebens usw. kurz gesagt, sie alle suchen irgendwie nach dem „**Warum**?“. Vielen ist vielleicht nicht ganz bewusst, dass sie Suchende sind. Da bei dieser schwierigen Suche gänzlich die Orientierung fehlt, sucht dem zufolge jeder woanders. Die Problematik mit der Orientierung wird in Kapitel 4 näher erläutert.

*Ob wir es wahrhaben wollen oder nicht: Zu konstatieren ist letztendlich, dass es sich bei der Suche nach dem „**Warum**?“ in Wahrheit um die Ur-Suche der Menschheit handelt.*

Die Hauptbotschaft dieses Buches dreht sich darum, nach Lösungsansätzen zu suchen, wie wir die „Suche nach dem **Warum**?“ möglichst intelligent und richtig gestalten können. Um solcherlei Lösungen finden zu können, müssen wir uns vorab auf eine Reise durch die Widersprüche in unseren gesellschaftlichen Strukturen begeben. Diese Reise ist lang und die Widersprüche groß. In neun Kapiteln soll dargestellt werden, welches die Widersprüche sind. Insbesondere geht es um unverständliche Widersprüche derart, dass wir negative Dinge tun oder veranlassen, obwohl wir es besser wissen müssten und auch besser machen könnten. Wichtig ist, dass wir nicht die Augen davor schließen, sondern bereit sind diese Widersprüche zu akzeptieren, um sie letztlich beseitigen zu können. Nur wenn der Mensch auch schmerzhaften Wahrheiten nicht ausweicht, sondern sie annimmt, kann er seine Entwicklung positiv begünstigen. Ehrlichkeit ist also einer der Schlüsselfaktoren für eine erfolgreiche „Suche nach dem **Warum**?“. Das Erkennen der Widersprüche ein anderer.

„**Die Wahrheit liegt genau auf der anderen Seite**“. Diese Erkenntnis sollte man sich genau einprägen, denn sie wird uns im Laufe dieser Reise ziemlich oft begegnen.

Kapitel 1: Erste Zweifel

Schon wenn man, allein mit dem Mittel des logischen Denkens, das „**Warum**?“ zu ergründen versucht, fällt einem auf, dass vieles, was für uns heutzutage normal und selbstverständlich ist, einfach nicht stimmen kann oder stark fraglich ist. Wertvorstellungen, die wir nicht mehr hinterfragen, weil sie zum so genannten Alltag in unserem gelebten Weltbild gehören. Scheinbare Selbstverständlichkeiten und Gewohnheiten also, die mehr oder weniger nur noch unterbewusst wahrgenommen und gesteuert werden (Traditionen, Moralvorstellungen, Religionen usw.), fangen an, Widersprüche aufzuzeigen oder stellen sich als unwahr heraus. Andere Lebensgewohnheiten (Prestigebewusstsein, Schönheitswahn, Habgier, Machtstreben usw.) kritisieren wir zwar, ändern sie aber nicht, weil wir gerne die Schuld bei anderen suchen. An Vorstellungen, die wir als positiv und angenehm empfinden, wollen wir möglichst gar keine Zweifel aufkommen lassen, aus Angst sie aufgeben zu müssen, sollten sie sich als falsch herausstellen.

Ein solch sensibles Beispiel ist das Thema Liebe und wie sie gelebt wird. Von Kindheit an hören wir von der allumfassenden und immerwährenden Liebe als das höchste Gut und von daraus resultierender Monogamie. So weit so gut. Beobachtet man aber ganz sachlich die Natur und das tatsächliche Geschehen auf der Erde stellt man fest, genau das Gegenteil scheint der Fall zu sein. Tiere töten um zu überleben und um sich fortzupflanzen. „Fressen oder gefressen werden“, lautet das, in unseren Augen, eher grausame Naturgesetz. Es tobt ein knallharter Überlebenskampf. Der Mensch tötet ebenfalls und das nicht nur um des Überlebens Willen, wie wir alle wissen. Das ganze Geschehen scheint eher von kompromisslosen Naturgesetzen als von Liebe geprägt zu sein. Monogam leben Tiere und der Mensch ebenfalls nicht. Neueste Langzeitstudien der Evolutionsbiologie zeigen, selbst die für absolut monogam gehaltenen Spezies gehen fremd. Beim Menschen gibt es zwar viele, teils auch lebenslange Ehebündnisse und Partnerschaften, aber hundertmal so viele Seitensprünge. Die extrem hohe Scheidungsrate bedarf keines Nachweises, sie ist behördlich festgehalten und somit belegt. Das Geschäft mit dem Sex boomt und das schon seitdem Menschen existieren. Ist dieses (Fehl-)Verhalten wider die Natur? Nüchtern und sachlich betrachtet, scheint es eher naturgemäß zu sein. Wir leben unsere Triebe aus, genau wie die Tiere.

Sicher; Liebe und Zuneigung muss es in irgendwelchen, wahrscheinlich unzähligen, Formen geben. Das kann man fühlen und auch bei Tieren beobachten. Aber ist sie nachweislich allumfassend und immerwährend? Und resultiert daraus wirklich Monogamie? Wohl eher nicht, denn Zuneigung kann sich wieder in Abneigung verwandeln, das haben sicherlich schon einige erlebt, die langjährige Beziehungen führten. Auch das Gefühl, in mehrere Menschen verliebt zu sein, werden viele kennen. Nach einer Trennung können wir uns ebenfalls wieder neu verlieben. Der Begriff der Vergänglichkeit kristallisiert sich hier heraus.

Ist die Liebe also doch vergänglich?

Drängt sich hier nicht der Verdacht auf, dass es wesentlich nüchterner, nicht aber weniger komplex zugeht? In der Natur und damit auch bei uns Menschen? Liebe, Zuneigung und Trieb muss es geben, damit Männchen und Weibchen zusammenkommen um die Fortpflanzung sicherzustellen. Nachdem die Kinder groß sind geht jeder wieder seines Weges, ganz so wie es vielfach in der Tierfauna der Fall ist. Der Neurobiologe und Hirnforscher Professor Roth vertritt die Ansicht, dass Liebe hauptsächlich der „Brutfürsorge" dient. Die monogam lebenden Ausnahmen sind bekanntlich die Bestätigung für den Regelzustand. Monogamie ist vielmehr ein Ergebnis von Religion und von Menschenhand, also rein künstlich geschaffenen Traditionen und Moralvorstellungen. Weil wir seit Generationen davon beeinflusst sind, fällt es uns schwer etwas anderes zu akzeptieren. Wir fühlen uns in unserem Vertrauen missbraucht und betrachten es als unmoralisch. Manch chronischer Seitenspringer meint vielleicht in diesen Zeilen einen Freibrief zu entdecken, was wiederum die eingeengte Sichtweise zum Thema beweist, weil diese Menschen Liebe nur auf das Körperliche beziehen und sich ebenso wenig um eine ganzheitliche Sichtweise bemühen.

Die Frage um die es hier geht ist doch, wie die Liebe wirklich ist und wie viele Komponenten sie hat? So wie der Mensch sie in seinem derzeitigen Weltbild interpretiert und lebt scheint Liebe nicht zu sein, dafür sind zu viele Widersprüche vorhanden.

Gehen wir etwas tiefer und vergegenwärtigen wir uns, dass der ganze Kosmos, jeder Planet, jedes Lebewesen, jede Pflanze, einfach alle Materie, aus den gleichen Teilchen besteht, den Atomen. Zahlreiche Atome können ein komplexeres Gebilde formen, das nennt man dann Molekül. Zahlreiche Moleküle formen wiederum alles Mögliche. Die Anordnung und Dichte der Moleküle entscheidet, vereinfacht dargestellt, über die Art der Materie im Endzustand. Noch einfacher ausgedrückt, besteht ein Mensch aus denselben Grundelementen wie ein Stein, lediglich die Anordnung und die Dichte der Moleküle sind verschieden. Wenn also alles aus Atomen besteht, in welchem Stadium der Entwicklung aller Lebewesen, gesellen sich dann solche Wesenszüge und Fähigkeiten wie Liebe und Intelligenz dazu? Oder sind diese imaginären Dinge vielleicht schon im Atom, quasi als Erbinformation, gespeichert? Logisch wäre es, denn das Atom, aus dem alle Materie besteht, stellt sozusagen das Grundwerkzeug der überaus komplexen und höchstintelligenten Schöpfung dar und die Information für Liebe und Intelligenz muss, genauso wie alle anderen Informationen, irgendwo hinterlegt sein. Und falls dem so ist, könnte nicht genauso ein Stein, eine Pflanze und erst Recht ein Tier Liebe empfinden und intelligent sein? In unserem Weltbild eine absurde Vorstellung, aber die Frage in welchem Stadium sich Liebe und Intelligenz entwickelt ist definitiv nicht geklärt.

Alle Materie besteht auch aus Schwingungen und Wellen (Welle-Teilchen-Dualismus), das belegen Forschungen der Physik, insbesondere der Quantenphysik. Möglichst einfach und in einem Satz beschrieben, ist die Beschaffenheit der Materie abhängig von Art und Geschwindigkeit der Schwingungen und Wellen. Schwingungen und Wellen wiederum sind nichts anderes als Energie, denn ohne Energie könnten sie nicht schwingen. Somit besteht auch das Atom mit all seinen Bestandteilen (Protonen, Neutronen und Elektronen), aus purer Energie. Wenn alles aus Energie ist, dann sind alle Wesenszüge und Fähigkeiten wie Gedanken, Intelligenz und Liebe, ebenfalls nichts anderes als Energie. Warum also sollten Tiere, Pflanzen und starre Materie wie der Stein keine Intelligenz besitzen, sind sie doch ebenfalls nichts anderes als Energie. Sie sind genauso Kreationen der Schöpfung und die ist intelligent. Demnach muss auch die Intelligenz der Schöpfung in ihnen stecken.

Der Stein, der Fels, das Bergmassiv - alles unbewegliche, starre und leblose Materie. Stimmt das? Ist der Stein leblos nur weil er sich nicht bewegt? Nochmal, ein Stein besteht aus Atomen, aus purer Energie, genauso wie der Mensch und - er bewegt sich. Nur macht er das nicht in Sekunden so wie der Mensch, er bewegt sich und verändert seine Form innerhalb von Jahrhunderten. Immerhin schafft es dieser aus Mineralien bestehende Körper so, Jahrtausende zu überleben, ganz im Gegensatz zum menschlichen Körper. Von diesem Blickwinkel aus betrachtet, durchaus intelligent.

Es setzt sich auch hier die Erkenntnis durch, dass Intelligenz und Liebe Prozesse sind, die in wesentlich komplexeren und vielschichtigeren Formen auftreten, als angenommen.

Kapitel 2: Intelligenz von Mensch und Tier

Etwas überheblich sieht sich der Mensch im Vergleich zu den Tieren als höheres Wesen auf der Erde. Aber auch dieses (unterbewusste Wunsch-) Empfinden, das hauptsächlich auf religiösen Lehren basiert, schwindet zusehends bei genauerem Hinterfragen. Ein Tier weiß von Geburt an was es zu tun hat und wofür es die Natur selektiert hat, wir bezeichnen das bekannterweise als Instinkt. Der Mensch weiß das anscheinend nicht. Er braucht ein, von eigener Hand und damit ***unnatürliches***, ***künstlich*** geschaffenes, Regelwerk aus religiösem Glauben, mentalitätsabhängigen Richtlinien und Gesetzen, um überhaupt soziale Strukturen aufbauen und leben zu können, sonst wäre das Handeln des Menschen orientierungslos und vom Chaos geprägt. Man stelle sich vor, zu den umfangreichen Regularien der Natur kommen unzählige unnatürliche und künstliche Regeln dazu, die der Mensch selbst geschaffen und zu beachten hat. Das dürfte der Ursprung der Redewendung „***Warum*** *einfach wenn es kompliziert auch geht*" sein. Dass dies mannigfaltigste Problemstellungen zur Folge hat, verwundert ebenso wenig. Die künstlich geschaffenen Moralvorstellungen, Regeln, Traditionen und Gesetze stehen zum Teil in schwerem Konflikt mit der Umwelt und den Naturgesetzen. Naturgesetze sind nach bisherigem Kenntnisstand nicht veränderbar. Sie zu umgehen, anstatt sie sinnvoll zu nutzen, scheint trotzdem ein wenig intelligentes Anliegen des Menschen zu sein und war auch bisher nicht von Erfolg gekrönt. Damit stellt der Mensch mit seiner umweltfeindlichen Technologie die größte Gefahr für den gesamten Lebensraum Erde dar.

Ist das nicht ein großer Nachteil gegenüber dem Instinkt der Tiere? Der Mensch mag aufgrund seiner Weltanschauung einen höheren IQ besitzen als die Tierwelt, jedoch sagt das rein gar nichts über die Höherwertigkeit seiner Spezies aus. Außerdem beruht die Annahme des höheren IQ auf eher subjektiver Wahrnehmung. Menschen die täglich mit Tieren zu tun haben, gehen durchaus davon aus, dass Tiere ebenfalls Intelligenz und Verstand besitzen. Der Wissenschaftler John C. Lily, der mehr als ein Jahrzehnt mit Delfinen gearbeitet hat, vertritt beispielsweise die These, dass Delfine intelligenter sind als wir. Darauf lässt ihr komplexes Gehirn schließen. Dass Tiere nur für begrenzt lernfähig gehalten werden, liegt doch zum großen Teil daran, dass die Kommandos und Kunststücke, die wir ihnen beizubringen versuchen, ausschließlich auf menschliche Belange und Interessen ausgelegt sind. Klar ausgedrückt bedeutet dies, weder ein Delfin hat ein von Natur aus begründetes Interesse, durch einen Reifen zu springen, noch hat ein Hund von Natur aus Interesse daran, Rauschgift oder Sprengstoff zu suchen. Auch dann nicht, wenn der tierische Spieltrieb dafür ausgenutzt wird, denn das menschlich motivierte Ziel bleibt das Gleiche.

Die Intelligenztests für Tiere mit denen versucht wird den Grad der tierischen Intelligenz zu messen, sind ebenfalls auf die Interessen, Bedürfnisse und Anforderungen des Menschen hin ausgerichtet. Deshalb lässt sich die Intelligenz von Tieren so auch nur schwer bestimmen. Um dies tun zu können müssten wir eine Kommunikationsform finden, die den Interessen und Bedürfnissen jeder einzelnen Tierspezies exakt entspricht und angepasst ist. Und hier liegen die Grenzen eindeutig beim Menschen. Wir Menschen haben in unserem stressgeplagten Alltag und mit unserer oberflächlichen Lebensweise verlernt, dass Kommunikation auch auf solchen Ebenen wie Gefühlen, Intuition, Rhythmik, Melodie, Handlungen, Konzentration und reiner Präsenz stattfindet. Kommunikation ist Informationsaustausch und lässt sich nicht allein auf Lebewesen begrenzen, sondern findet im ganzen Kosmos statt. Mit Sicherheit hat auch die Wissenschaft längst noch nicht alle Ebenen der Kommunikation erfasst.

Was Kommunikation anbetrifft, so scheinen einige Tierspezies dem Menschen eher überlegen zu sein, denn sie können unsere Befehle, die nichts mit ihrem eigenen naturgegebenen Interesse zu tun haben, richtig deuten und ausführen. Können wir das auch? Würden wir das Kommando eines Hundes richtig auslegen und damit verstehen? Erst recht, wenn dieses Kommando ein reines Hundeinteresse zum Ziel hätte?

Natürlich können Tiere keine Flugzeuge bauen oder ähnliche angebliche technische Wunder vollbringen so wie der Mensch. Die Frage ist doch, ob Tiere das wollen, beziehungsweise ein naturgegebenes Interesse dafür besitzen? Hätten Tiere ein naturgegebenes Interesse, würden sie es vielleicht tun. Das instinktive, also das strikte sich unterordnen und einhalten von Naturgesetzen, kann man deswegen durchaus als höherwertiges Anzeichen von Intelligenz interpretieren. Denn **warum** scheinen Tiere ihr Dasein bedingungslos zu akzeptieren ohne alles zu hinterfragen wie wir Menschen? Vielleicht weil der tierische Instinkt im Gegensatz zum menschlichen die Antwort auf das „**Warum**?“ kennt?

Oft genug ist die so hochgehaltene Intelligenz des Homo sapiens auch von ziemlich niederen und sehr „instinktiven“ Verhaltensweisen geprägt.

Sucht man die Definition von Intelligenz in diversen Enzyklopädien oder Lexika, die ja von angeblich intelligenten Menschen verfasst werden, stellt man erstaunlicherweise fest, dass die Erklärungen ziemliche Unterschiede aufweisen. Wenn der Mensch also scheinbar nicht imstande ist, Intelligenz eindeutig zu definieren, wie kann er dann über die Intelligenz von Mensch und Tier entscheiden und urteilen?

In unserem gelebten Weltbild definiert sich Intelligenz hauptsächlich durch den Begriff „Ratio“. Schauen wir uns einmal die Definition des Begriffs Ratio in einem Lexikon an. Da steht: „Ratio ist ein lateinischer Begriff und wird meistens mit Vernunft oder Verstand übersetzt. Bezogen auf die Tätigkeit des Gehirns ist damit ursprünglich die kognitive (wahrnehmende) Kraft gemeint, die allem Denken zugrunde liegt. Eine Entscheidung, die nach Gesetzmäßigkeiten der **Ratio** getroffen wurde ist eine durch logische Schlussfolgerungen aus nachvollziehbaren Gründen erlangte Entscheidung. Als **Gegenspieler** der Ratio wird die <u>Intuition</u> angesehen.“.

Da taucht das Dilemma wieder auf. Intelligenz wird oftmals auf die Ratio reduziert. Scheinbar wird kaum in Betracht gezogen, dass Intelligenz aus mehr Komponenten als nur der Ratio besteht und dass alle zusammenwirken müssen, um so ein einheitliches Ganzes zu bilden. Deshalb wird die <u>Intuition</u> auch als **Gegenspieler** der Ratio angesehen, anstatt als Ergänzung oder Partner. Intuition ist eine Komponente der Gesamtintelligenz, genauso wie die Ratio. Jahrtausende altes Wissen und Wahrheit steckt in den so genannten Volksweisheiten, eine davon lautet: „Gemeinsam sind wir stark“. Diese Weisheit kennt die Arbeitsweise und Beschaffenheit von ganzheitlicher Intelligenz. Wir sollten uns dieses alten Wissens wieder mehr bedienen, denn dieses Wissen wurde durch Erfahrung (Empirie) gewonnen. Deshalb ist Erfahrung ebenfalls ein Teil der Intelligenz. Alle Bestandteile der Intelligenz bilden und entwickeln das Wissen, welches wiederum benötigt wird um entsprechend zu handeln. Selbst die moderne Wissenschaft erlangt Wissen durch Erfahrung indem sie Experimente macht. **Warum** also beschränken wir Intelligenz überwiegend auf die Ratio?

Zum Glück gibt es in der Psychologie einige Vordenker, die das Problem erkannt haben. Der US-amerikanische Psychologe Howard Gardner kritisierte die eingeschränkte Erfassung von Intelligenz in nur zwei Kategorien und stellte der bisherigen Lehrmeinung seine Theorie der multiplen Intelligenzen gegenüber. Diese Theorie gliedert Intelligenz in genau acht Bereiche: sprachlich, musikalisch, logisch-mathematisch, körperlich-kinästhetisch, intrapersonal und naturalistisch. Die empirische Überprüfung dieser Theorie erfolgte nicht auf dieselbe Weise wie die psychometrischer Intelligenzstrukturmodelle. Dies wird von vielen Psychologen kritisiert. Unter Erziehungswissenschaftlern stößt die Theorie aufgrund ihrer Plausibilität jedoch auf großen Anklang.

Menschliche Kriterien sind also nicht der alleinige Maßstab für Intelligenz. Vielmehr sind die Kriterien auf die ganze, sehr komplexe, Schöpfung auszuweiten. Darüber sind sich die Wissenschaft, die Philosophie und die Religion weitgehend einig. Da also die Schöpfung intelligent ist, muss folglich die Information für Intelligenz auch in jeder, von der Natur geschaffenen, Materie stecken, ganz gleich wie dicht oder „lebendig" sie ist. Und woher nimmt die Schöpfung selbst die Intelligenz? Ist die Schöpfung das hier gesuchte „**Warum**?", das was Religionen als „Gott" bezeichnen, oder ist sie selbst nur ein Instrument, ausgestattet mit den Fähigkeiten der Schaffenskraft und der Intelligenz?

Und wieder müssen wir uns eingestehen, dass die Strukturen und Komponenten des Ganzen wesentlich umfangreicher im Zusammenhang sind als wir es erfasst haben.

Ist der „**ratio**nelle Verstand" des Menschen wirklich als Weiterentwicklung zu verstehen und deshalb höher zu bewerten? Versuchen wir uns objektiv anzusehen, wie der Mensch seinen Verstand einsetzt. Nicht nur auf intelligente Weise, soviel steht fest. Mit zunehmendem Fortschritt nimmt ungesundes egoistisches Handeln, immer mehr Raum gegenüber dem intelligenten Vorgehen ein. Immer öfter wird der Verstand zur Befriedigung des ungesunden Egoismus eingesetzt, als zum intelligenten Fortschreiten einer Entwicklung. So wird die Perfektion von Machtstreben ständig vorangetrieben. Waffensysteme werden immer weiter verbessert zur so genannten „intelligenten“ Kriegsführung. Abgesehen davon, dass ein Krieg niemals intelligent sein kann, steckt dahinter allein die Anhäufung von Reichtum und die damit verknüpfte Behauptung und Ausweitung von Macht.

Unsere Umwelt, also des Menschen Lebensgrundlage, ist durch den technischen Fortschritt stark gefährdet und der Versuch Fehler aus der Vergangenheit auszugleichen scheitert allzu oft am vorher beschriebenen Egoismus. Hinzu kommt eine erschreckende Gedankenlosigkeit mit der auch an sich intelligente Menschen gerade beim Thema Umwelt zu Werke gehen. Auch im alltäglichen Leben gibt es zahlreiche Fälle beispielloser Unlogik, sei es in den vorher beschriebenen **künstlichen** Regelwerken oder im Verhalten des Menschen selber. **Warum** wird beispielsweise in verschiedenen politischen Ideologien, Philosophien und auch Religionen, immer wieder die Gleichheit des Menschen propagiert, in den Schriften und Publikationen selbst aber in Gut und Böse unterschieden?

Der intelligente Einsatz des menschlichen Verstandes ist also auch bei grundlegenden Fragen unserer Entwicklung in Frage gestellt.

Kapitel 3: Kommunikation

Ist der Mensch nun die höchst entwickelte Lebensform auf der Erde? Die dominanteste ist er in jedem Fall. Und das ist ein hochbrisanter Unterschied. Hochbrisant deshalb, weil sich dieser Unterschied zwischen der Formulierung „höchst entwickelt“ und „dominant“, ganz anders auf die Meinungsbildung des Menschen auswirkt. Durch Meinungsbildung wird unsere Weltanschauung geprägt. Weltanschauung wiederum, entscheidet über unser Handeln und damit über unsere Entwicklung. Im Bereich der Kommunikation ist deswegen eine sorgfältig gewählte Formulierung absolut entscheidend und wichtigste Voraussetzung für eine intelligente Entwicklung.

Im hochtechnisierten Medienzeitalter jedoch wird durch den gesteigerten Egoismus die Meinungsbildung ständig manipuliert und gesteuert. In geschickt formulierten Sätzen werden meinungsbildende Botschaften versteckt. In der Schule lernt man das schon, soweit es die Werbung betrifft und darüber ist sich jeder bewusst. Schaut man genauer hin, so stellt man fest, dass alle anderen Bereiche ebenfalls davon betroffen sind - auch ein so sensibler Bereich wie die Nachrichtenberichterstattung, die vom Grundsatz her immer sachlich und neutral erfolgen sollte. Besonders deutlich wird das Geschehen, wenn man die Berichterstattung in verschiedenen Ländern vergleicht. Je nach politischer Lage fällt diese völlig unterschiedlich aus. Erst recht, wenn Ereignisse noch kommentiert werden. Egoistische, politische und lobbyistische Interessen fließen so, meinungsbildend in unsere Weltanschauung mit ein. Beispielsweise werden grausamste Kriege mit Worten wie „militärische Intervention“, „militärische Initiative“, „Friedensmission“ oder „Befreiung“, umschrieben, was mit der Zeit eine gefährliche Verharmlosung in den Vorstellungen der Menschen nach sich zieht. Letztendlich führt es dazu, dass Kriege, Waffengeschäfte und Rüstungsaufträge, als Normalität und nicht als grausam und verwerflich wahrgenommen werden. Aus Kapitalismus wird „Marktwirtschaft“, aus Diktatur die „Freiheit“, aus staatlich verordneten Zwangsgeldern „Solidaritätsabgaben“. Es ist eine verfeinerte und weiterentwickelte, sehr subtile Form von Propaganda.

Wie gut und fatal in seinen Auswirkungen Propaganda funktioniert, haben wir am Beispiel des dritten Reiches deutlichst vor Augen geführt bekommen. Viele sind vielleicht der Ansicht, die Menschen hätten daraus gelernt und könnten nun Wahrheit von Propaganda unterscheiden. Das mag für eine Propaganda zutreffen, die so brachial und dominant praktiziert wird wie damals im dritten Reich. Aber eben, weil Menschen lernen und sich weiterentwickeln, tun dies auch deren Methoden. So hat sich Propaganda mehr zu einem leisen Verstecken von meinungsbildenden Botschaften hin weiterentwickelt. Diese wird hauptsächlich unterbewusst wahrgenommen und so ist es kaum mehr möglich, Wahrheit von Propaganda zu unterscheiden. Die Beeinflussung des Unterbewusstseins stellt die sicherste und gefährlichste Methode dar, den Menschen zu manipulieren und somit steuerbar zu machen. Darüber hinaus lassen sich heute immer noch viele Menschen auch von plumper und oberflächlicher Propaganda beeinflussen.

Tatsächlich werden die Massenmedien hauptsächlich von nur sieben großen Konzernen kontrolliert. Seit 2007 konzentriert sich in den „zivilisierten Nationen" der „internationalen Gemeinschaft", die Kontrolle von Fernsehen, Spielfilmen, Büchern, Nachrichten, Radio, Musik und Unterhaltung im Wesentlichen auf die Unternehmen

	Name	*Jahresumsatz*
1.	General Electric (NBC Universal Inc.)	€ 165 Mrd.
2.	Time Warner Inc.	€ 33,735 Mrd.
3.	Walt Disney Corp.	€ 25,772 Mrd.
4.	Comcast Corp.	€ 22,422 Mrd.
5.	News Corp. Ltd.	€ 20,797 Mrd.
6.	Viacom Inc./CBS Corp.	€ 19,953 Mrd.
7.	Bertelsmann AG	€ 18,758 Mrd.

Ganze SIEBEN große Unternehmen prägen also die Meinungsbildung und das Weltbild der Menschheit.

Die internationale Internet-Stichwortsuche „Media Giants" vermittelt den aktuellen Status und informiert, welche konkreten Firmen (Film, Nachrichten, Fernsehen, Radio, Internet, Musik etc.) von den Mediengiganten kontrolliert werden.

Siehe auch:
http://www.freepress.net/ownership/chart/main

Diese Entwicklung ist nicht weiter verwunderlich. Um Menschen steuern und manipulieren zu können, muss man in einer demokratischen Welt, deren Entscheidungen kontrollieren. Will man die Entscheidungen der Menschen kontrollieren, ganz egal, ob Geschichte, Politik, Wirtschaft, Börse, Starrummel, Medizin, Sport, Wissenschaft, muss man wiederum deren Wissen kontrollieren. Das geschieht mit Hilfe von passenden Informationen. Informationen, die nicht passen, werden mit sehr subtilen Methoden verändert, oder ganz verschwiegen.

*Nur Informationen, die **erhältlich** sind, gleich ob Lüge oder Wahrheit, können auch Entscheidungen beeinflussen.*

In einem Internetlexikon ist unter dem Stichwort „Medienunternehmen" zu lesen: *„Medienunternehmen[.....] sind wesentliche aber schwer kontrollierbare Urheber und Träger von Mode- und Meinungsströmungen in der Bevölkerung[.....] Einige Medienkonzerne verfügen über Budgets in der Höhe von Nationalstaaten[.....] Als Motoren und Moderatoren der Globalisierung haben Medienkonzerne wirtschaftliche und meinungsbildende Macht[.....]"*

Da wir von Kindheit an von diesem System beeinflusst werden, nehmen wir zwangsläufig diese Verhaltensmuster und Kommunikationsformen an. Eine Unterhaltung, in der wir unserem Gegenüber eine versteckte Botschaft „durch die Blume" zukommen lassen, ist zur Normalität geworden. Als Gegenüber in der Rolle des Zuhörers, müssen wir dann die imaginäre Botschaft aus dem gesprochenen Satz herauszufiltern. Dieser, uns aufgezwungene, andauernde Prozess des Interpretierens, führt laufend zu Fehlinterpretationen gemachter Aussagen und damit ständig zu Missverständnissen und unnötigen Konflikten. Viel zu oft lassen wir einerseits leichtfertige, andererseits auch äußerst berechnende Formulierungen in Gespräche einfließen, welche die zwischenmenschlichen Beziehungen immer wieder eklatant erschweren und behindern. Auch in der Rolle des Lesers stellen wir fest, dass in den Sätzen ständig Botschaften versteckt werden. Ein Beispiel aus dem Leben, das jeder kennt, sind Arbeitszeugnisse. Hier tauschen Arbeitgeber, strikt nach einem Benotungssystem, in positiv formulierten Sätzen auch negative Informationen und Beurteilungen über die Mitarbeiter aus. Auch das politische Geschehen ist hauptsächlich von diplomatisch geschönten Worthüllen und Phrasen geprägt, welche alle eine andere oder zusätzliche Botschaft beinhalten. Extra Rhetorikkurse werden hierfür absolviert.

Diese Unehrlichkeit begleitet uns in fast allen Lebenssituationen. Wenn eine Gesellschaft aber nicht ehrlich ist, dann kann sie auch nicht davon ausgehen, der Wahrheit jemals näher zu kommen. Diese Unehrlichkeit ist es auch, die einen unheimlichen Druck auf jedermann ausübt. Nicht zuletzt deshalb ist unser Weltbild momentan hauptsächlich auf Steigerung und Anerkennung von Ansehen, Reichtum, Einfluss und Macht ausgelegt und nur allein diese **illusorischen** Aspekte werden mit dem Begriff „Erfolg" assoziiert.

Dieses, durch gesteuerte Meinungsbeeinflussung anerzogene und oberflächliche Verhalten, führt wiederum zu einer sehr plakativen Denkweise. Wir denken lediglich noch im groß aufgemachtem Schlagzeilenformat, sprich, wir lassen uns von Polemik wie sie heutzutage allerorts praktiziert wird, mehr beeindrucken, als von sachlicher und tiefgründiger Argumentation. Politische Wahlkämpfe enthalten viele Slogans mit wenig Aussagekraft, das ist Normalität geworden.

So sind wir kleinkariert und dadurch leicht ablenkbar geworden und können die negativen Vorgänge, die sich hinter unserem Rücken abspielen, kaum mehr wahrnehmen, weil wir pausenlos unter Druck stehen und damit beschäftigt sind, uns in dieser, von Stress und Hektik geplagten, „Ellenbogengesellschaft" zu behaupten, Eigentum anzuhäufen und zu erhalten.

Wenn aber die Ziele des Menschen immer mehr vom Materialismus und vom Konsum bestimmt werden, dann entfernt er sich immer weiter von der Wirklichkeit. Das Ergebnis ist eine dem Konsum verfallene **Scheinwelt**, hervorgerufen durch gesteuerte Meinungsbildung und einer daraus entstandenen, falschen Weltanschauung. Es herrscht eine sich im Schneeballsystem vergrößernde Oberflächlichkeit, welche ungeahnte und zerstörerische Ausmaße annimmt. Oberflächlichkeit lenkt unsere

Aufmerksamkeit von den entscheidenden Dingen ab. Dadurch werden wir manipulierbar und steuerbar. Eine wenig intelligente Entwicklung.

Oder könnte der Mensch sonst etwas herausfinden und erkennen, wenn er nicht ständig abgelenkt wäre sprich, steckt ein System dahinter?

Kinder und Jugendliche stehen am Anfang ihrer Entwicklung und haben verständlicherweise noch keine gefestigte und deshalb überaus leicht beeinflussbare Meinung. Sie können sich, im Gegensatz zu Erwachsenen, einer sehr aggressiv betriebenen Werbestrategie, überhaupt nicht entziehen. Da ihr Lernverhalten hauptsächlich auf Nachahmung basiert, sind die negativen Auswirkungen der äußerst verantwortungslos betriebenen multimedialen Verführung, wesentlich drastischer. Hier wird praktisch der Grundstein für eine falsche Entwicklung des Menschen gelegt. Verantwortungsbewusste Eltern stehen dem absolut hilflos gegenüber.

Um wirklich anschaulich zu verdeutlichen, welch überaus großes Gefahrenpotenzial in der Meinungsbeeinflussung von Kindern liegt, sei hier der Versuch des amerikanischen Arztes Dr. Kellog erwähnt, der um 1930 seinen zehn Monate alten Sohn Donald mit dem sieben bis acht Monate alten Affen Gua aufwachsen ließ. Dieser Versuch wurde bekannt unter dem Namen: „the child and the ape“. Kellog wollte der Frage auf den Grund gehen, wie sich ein Affe in einer normalen Menschenumgebung entwickeln würde. Gua und Donald wurden fortan gleich erzogen. Das Resultat fiel allerdings etwas anders aus als von Dr. Kellog erwartet. Der Affe wurde nicht zum Menschen, vielmehr entwickelte sich sein Sohn immer mehr zum Affen. So lernte der kleine Donald nicht sprechen, konnte aber für sein Alter ausgesprochen gut klettern. *Denn Menschen können andere Lebewesen einfach besser nachahmen als Affen*. Und als zweites Fazit: Menschsein und Tiersein liegt zu einem Gutteil doch in den Genen und ist nicht einfach Produkt der Umgebung.

Besonders interessant ist auch der Fall des Victor von Aveyron. Elf oder zwölf Jahre war er alt, als ihn Jäger im 18. Jahrhundert verwildert und nackt im Wald fanden. Schnell wurde der wilde Junge bekannt und zum „Wunder des neuen Jahrhunderts“ ernannt. In Paris zeigte man besonderes Interesse. Dorthin brachte man den Jungen, genauer gesagt ins Institut für Taubstumme, wo er als begehrtes Forschungsobjekt diente. Hier beschäftigte sich der bekannte Psychologe Philippe Pinel mit Victor. Doch als die erwarteten Fortschritte in der Resozialisierung ausblieben, erklärte Pinel den Jungen zu einem hoffnungslosen Fall.

Wie sich Victor nach seiner gewaltsam herbeigeführten Rückkehr in die Welt der Menschen verhalten und entwickelt hat, darüber berichtet sein Lehrer Jean Itard. So hat sich der „wilde" Junge anscheinend nach und nach daran gewöhnt, in einem Bett zu schlafen, Kleider zu tragen oder Hitze und Kälte zu unterscheiden. Doch obwohl er allmählich seine Verhaltensweisen aus der Wildnis verlor, blieb Victor nur begrenzt lernfähig. Unter anderem machte ihm das Sprechen Schwierigkeiten, so dass er meistens stumm blieb. An die Gesellschaft angepasst hat er sich wohl nie.

Man kennt zahlreiche Fälle, in denen Kinder mit Wölfen, Schafen, Hunden, Affen, Bären und sogar Straußen gelebt haben. Bei ihrer Entdeckung stellte man oft ähnliche geistige und körperliche Merkmale fest. Beispielsweise verfügten diese Kinder über besonders geschärfte Sinne. Meist war der Geruchssinn besonders ausgeprägt, oder sie waren extrem unempfindlich gegen Kälte oder Hitze.

Viele Wissenschaftler halten die ***Sprache*** für das entscheidende Merkmal des zivilisierten Menschen. Folglich müsste ein „homo ferus" (Lateinisch: „wilder Mensch"), wenn er das Sprechen lernt, eigentlich wieder in die menschliche Gemeinschaft zurückkehren können. Allerdings ist es so, dass es bei weitem nicht alle „wilden Kinder" schaffen, die gesprochene Sprache, so wie wir es gewohnt sind, zu erlernen. Viele von ihnen erlernen, so auch Victor von Aveyron, nur Bruchstücke. Sehr viel vertrauter ist ihnen meist die Zeichensprache. Anscheinend sind Kinder nur bis zur Pubertät in der Lage, sprechen zu lernen. Danach sind die Chancen dafür nur mehr gering.

Diese Beispiele zeigen in aller Deutlichkeit die immense Wichtigkeit und die Brisanz einer verantwortungsvollen Kommunikation und Erziehung mit Kindern auf, da die Entwicklung eines Menschen im Kindesalter geprägt wird. Deshalb sind gerade Kinder und Jugendliche, für die Industrie und Geschäftswelt, besonders leichte und begehrte Beute. Die

Aggressivität, mit welcher die Medien und die Werbung an unsere Kinder herantreten, hat verheerende und ungeahnte Folgen.

Beispielsweise sind aufgrund der in Musikvideos agierenden Vorbilder, Sex, gutes Aussehen und Anerkennung im Freundeskreis bei Jugendlichen die stärksten Motivationen. Da diese oberflächlichen Ziele die nötigen Statussymbole voraussetzen, die Teenager aber in der Regel noch nicht genug Geld haben und nur ganz wenige mit ihrem Aussehen zufrieden sind, garantieren die Medien so den Jugendlichen eine permanente Unzufriedenheit. Das führt meist zu bedingungslosem Konsum, notfalls mit Hilfe von Schulden oder Kriminalität finanziert und oftmals begleitet von Drogen, welche die aufgebaute Frustration und das Minderwertigkeitsgefühl lindern helfen und so die Illusion von Sicherheit und Glück kreieren.

Kinder und Jugendliche kopieren die in den Medien und Werbekampagnen vorexerzierten, negativen Verhaltensweisen.

- So sind die Gewaltbereitschaft und die Gewaltdelikte, u.a. aufgrund von immer grausameren Darstellungen der Gewalt, sei es bei Computerspielen oder Filmen, nachweislich stark angestiegen. Zwar behauptet jeder, er könne Spiel und Realität voneinander unterscheiden, doch das gehört zur selben nachgewiesenen Selbstüberschätzung, wie sie angetrunkene Autofahrer haben. Zum einen wird Gewalt in der virtuellen Welt ziemlich authentisch, zum anderen mehr oder weniger als selbstverständlich dargestellt, was letztendlich zu einem deutlichen Anstieg des Aggressionspotenzials bei echten Konflikten führt. Moralische Skrupel und die natürliche Hemmschwelle sind kaum mehr vorhanden. Wie massiv sich die virtuelle Realität in den Köpfen festsetzt, zeigen Untersuchen an der Berliner Charité. Exzessive Computerspieler reagieren exakt so wie Alkohol- oder Rauschgiftabhängige auf die für ihre Sucht typischen Reizbilder. Fachleute schätzen, dass in Deutschland mindestens 400.000 Jugendliche computersüchtig sind, stundenlang vor dem PC sitzen, übermüdet, unterernährt, Freunde und Schule vergessen. Auch wer widerstehen kann, dem wird zumindest das Bild der kampfbetonten „Ellenbogengesellschaft“ suggeriert.

Christian Pfeiffer ist ein deutscher Kriminologe und Direktor des Kriminologischen Forschungsinstituts Niedersachsen. Pfeiffer gilt als einer der schärfsten Kritiker von digitalen Unterhaltungsmedien. Im Zusammenhang mit der Diskussion um „Killerspiele" sagt Pfeiffer, dass insbesondere Jungen viele Stunden mit diesen Spielen vor dem Computer verbrächten. Weiter merkt er an: „Je mehr man Ego-Shooter spielt, desto höher ist die eigene Gewaltbereitschaft."

Das vielfach geforderte Verbot von Killerspielen wird bezüglich der Wirksamkeit berechtigt in Zweifel gestellt, weil der Reiz, sich ein verbotenes Spiel auf dem Schwarzmarkt zu besorgen dann unweigerlich steigt. Deshalb ist es auch absolut unseriös, den Eltern die alleinige Verantwortung für das Verhalten ihres Kindes aufzubürden. Die Kinder beeinflussen sich durch Schule und Freunde gegenseitig sehr stark. Ein Verbot seitens der Eltern würde genauso den Reiz vergrößern, sich ein Killerspiel heimlich zu besorgen und zu spielen. Das einzige was Not tut und hilft, ist ein weltweites Produktionsverbot solcherlei Spiele. Es ist absolut unverständlich warum über diese Alternative weder von Politikern, noch von Kritikern, nicht einmal laut nachgedacht wurde und wird. Jegliche - auch die digitale - Verherrlichung von Krieg, Gewalt, und Tötung ist ein entsetzliches Verbrechen an der Menschheit. Eigentlich müsste ein Produktionsverbot eine Selbstverständlichkeit sein. Jede noch so kleine Ordnungswidrigkeit ist in irgendeinem Gesetz zur Ahndung ausgeschrieben. An Killerspielen aber, darf sogar verdient werden. Und zwar Milliarden. Wahrscheinlich ist das der Grund, warum man sich diesem Thema nur sehr halbherzig widmet. Jede milliardenschwere Industrie hat auch eine mächtige Lobby. Die Mehrheit der Menschen lehnt den Krieg als grausam und verwerflich ab. Aber sie tolerieren den Krieg als Spiel. Was für ein Widerspruch. Man stelle sich vor:

Heutzutage hat ein elfjähriges Kind im Durchschnitt bereits 14000 Tötungsdelikte via Fernsehen oder Computer zu Gesicht bekommen. Jedes zehnte Gewaltverbrechen, das Jugendliche begehen, ist auf die Beeinflussung durch die Medien zurückzuführen.

- Das Interesse, sich ins Berufsleben einzugliedern und sich fortzubilden ist zurückgegangen. Dies zeigen Auswertungen von Vorstellungsgesprächen, verschiedenster Lehrbetriebe, eindeutig. Auszubildende beginnen auch immer später mit der Ausbildung. Eine Studie des Bundesinstituts für Berufsbildung BiBB zeigt im Zeitraum von 1993 bis 2006 einen bundesweiten Anstieg des Anteils von über 18-jährigen Ausbildungsanfängern. Die wesentlichen Gründe für den späteren Beginn der Ausbildung sind nach Expertenmeinung die zunehmenden Ausbildungsanforderungen sowie eine geringere Ausbildungsreife der Jugendlichen.

- Der Konsumdrang Jugendlicher ist dafür umso höher, was wiederum einen deutlichen Anstieg der Beschaffungskriminalität zur Folge hat.
- Der Wortschatz vieler junger Leute hat sich nachweislich zurückgebildet. Dieser Umstand ist, angesichts des viel gepriesenen Kommunikationszeitalters, ein krasser Widerspruch. Das Gegenteil müsste normal der Fall sein. Die äußerst schlampige Wortwahl, wie sie heutzutage für unsere „Spaßgesellschaft" typisch ist, ist mit eine der Hauptursachen dafür, dass Kinder und Jugendliche immer mehr Verantwortungsbewusstsein verlieren.
- Nicht zu vergessen ist der ausgesprochen hohe und immer weiter ansteigende Konsum von Gesellschaftsgiften, gemeint sind Tabak und Alkohol. „Raucher sind cool und Alkopops dürfen auf keiner Party fehlen" ist die tragische Werbebotschaft, der gerade Kinder und Jugendliche reihenweise zum Opfer fallen. „*Komasaufen*" und „*Flatrate-Partys*" sind die heutigen Schlagworte der Jugend. Laut Drogen- und Suchtbericht 2008 säuft jeder vierte Jugendliche mindestens einmal pro Monat bis zum Umfallen. Der gleichzeitige Konsum von Alkohol und anderen Drogen ist ein entscheidender Faktor in der Drogenproblematik. Eine europäische Umfrage im Jahr 2009 unter Jugendlichen ergab, dass 43 Prozent der Schüler „Komasaufen" (fünf Drinks oder mehr pro Gelegenheit) in den vorangegangenen 30 Tagen angaben. Eine Zunahme dieses Verhaltens zwischen der 2003 und der 2007 durchgeführten Umfrage ließ sich insbesondere unter Mädchen beobachten.

So werden unserem Nachwuchs egoistische, oberflächlichste und falsche Ideale wie Schönheitswahn, Steigerung von Reichtum, Prestige- und Machtgier, förmlich in die Hirne eingebrannt. Wen wundert's also, wenn sich junge Leute daneben benehmen und völlig falsch entwickeln. Psychologen sehen das ständige Anwachsen von Verhaltensstörungen mittlerweile als einen der besten Hinweise für das Versagen unserer Gesellschaft an. Wie wird das aussehen, wenn eine Jugend, die immer mehr Perspektiven verliert, die nächste Generation heranziehen soll? Von der sprichwörtlichen Investition in die Zukunft, die unsere Kinder sein sollen, bleibt fast nichts mehr übrig.

Es sei ausdrücklich erwähnt, dass dies nicht generell alle Kinder und Jugendliche betrifft, sondern dass die Zahl junger Menschen mit Negativentwicklung nachweisbar ansteigt und dies ein eklatanter Widerspruch zu einer fortschrittlichen Zivilisation ist. In einer Hochkultur sollte diese Zahl zurückgehen.

Kommunikation ist das Hauptbindeglied zwischen Wissen und Entwicklung. Wird dieses Bindeglied ständig manipuliert und negativ beeinflusst, geht die Entwicklung folglich in eine falsche und verheerende Richtung. Um eine höhere Entwicklung anzustreben, bedarf es deshalb dringendst einer sorgfältig überlegten, höchstverantwortungsvollen und intelligenten Kommunikation.

Kapitel 4: Der intelligente Fortschritt

Wie hat sich die Forschung entwickelt? Der Fall des südkoreanischen Wissenschaftlers Hwang Woo Suk und seinen gefälschten geklonten Stammzellen im Jahr 2005 zeigt, das auch die Wissenschaft unter konsumorientiertem Erfolgsdruck leidet. Denkt man weiter, lässt dies durchaus den Schluss zu, dass andere Forschungsergebnisse ebenfalls gefälscht oder manipuliert sind, ganz einfach um die Menschen steuern zu können, da wir uns nur allzu selbstverständlich auf die Wissenschaft verlassen und unser Leben danach ausrichten. Zu allen Skandalen, die an die Öffentlichkeit gelangen, existiert immer eine entsprechende Dunkelziffer. Sicher ist in jedem Fall, dass profitversprechende Forschung entsprechend stark subventioniert wird, während alle anderen Bereiche vernachlässigt werden. Forschung ist **Kapitalgesteuert**. Ein gutes Beispiel: Die Autoindustrie. Da wird wesentlich mehr in die Weiterentwicklung technischer Raffinessen und Komfort eines Autos investiert, als in die Erforschung umweltschonender Antriebe und Kraftstoffe. Die Motivation ist klar. Da unser soziales Verhalten momentan hauptsächlich auf Steigerung von Ansehen, Reichtum, Einfluss und Macht basiert, und in unserem Unterbewusstsein andere Werte, wie Umweltschutz, niedriger eingestuft werden, stellen Autos heiß begehrte Statussymbole und Prestigeobjekte dar. Sie müssen deshalb Komfort und ein Design bieten, das dem sozialen Status entspricht. Deshalb lassen sich mit oberflächlichen Produkten, die den sozialen Status unterstreichen, wesentlich höhere Gewinne erwirtschaften, als mit ganzheitlichen Produkten, welche für einen intelligenten Fortschritt stehen. Die mächtige Energieversorgungslobby (Öl, Gas und Stromkonzerne) bremst ganz bewusst das Voranschreiten der Alternativenergieforschung um die Verbraucher an der Unabhängigkeit zu hindern und sie damit weiter an sich zu **binden**.

Der technische Fortschritt, besonders im Bereich Kommunikation und Multimedia, erweckt in uns den Eindruck, alles entwickle sich rasend schnell. Aber stimmt das auch? Und ist dieser Fortschritt gut und richtig verlaufen? Die angeschlagene Umwelt lässt anderes vermuten. Noch viel wichtiger ist, hat sich der Mensch während dieser Zeit weiterentwickelt? Und wenn ja, zum positiven oder negativen? Zeugen Schlagworte wie fast Food Generation, Hektik, Spießbürgertum, Umweltverschmutzung,

Ellenbogen-, Spaß- oder Wegwerfgesellschaft, Konsumterror und Korruption von einem Zugewinn an Intelligenz?

*Tatsächlich wissen wir bis heute nicht einmal genau woher wir kommen beziehungsweise, wie und **warum** das Leben auf der Erde entstanden ist, geschweige denn der ganze Kosmos.*

→ Nach neuesten Theorien nehmen Forscher an, dass der Beginn vor etwa 3,5 Milliarden Jahren in der Tiefsee zu suchen ist. Sie vermuten, dass sich hier die ersten organischen Verbindungen gebildet haben aus denen erst Einzeller, dann komplexere Lebewesen entstanden sind. Die Voraussetzungen zur Wasserbildung resultieren aus dem exakt richtigen Abstand der Erde zur Sonne. Anderen Theorien zufolge, könnten aber auch Kometeneinschläge Leben auf die Erde gebracht haben.

→ Bei den Theorien über die Entstehung des Universums gibt es bei näherer Betrachtung erhebliche Mängel und sehr widersprüchliche Aussagen.

→ Hätten wir hier Gewissheit, wäre das „Wie" geklärt, von dem „**Warum**?" aber, wären wir noch weit entfernt.

*Noch weniger wissen wir, wo wir hingehen, beziehungsweise was nach dem Tod passiert und **warum** es passiert.*

→ Bis zum heutigen Tage hat die Nahtodforschung zumindest Hinweise darauf, dass nach dem Tod irgendetwas ist. Theorien, wonach Nahtoderlebnisse rein auf die, durch den Sterbevorgang ausgelösten, Gehirnaktivitäten zurückzuführen sind, hat man wieder verworfen.

→ Allein die Fähigkeit des Denkens und der Vorstellungskraft, sind immerhin ein Beleg für eine Existenz außerhalb der starren Materie, denn diese Vorgänge sind nicht greifbar. Messbar sind sie indes schon.

Wären aber nicht genau diese beiden Antworten die Grundvoraussetzung für eine intelligente Entwicklung unserer Gesellschaft?

Alles andere ist ein orientierungsloses Stochern im Nebel. Es ist ein erschreckender Umstand, diese zwei absolut grundlegenden und wichtigen

Fragen nicht beantwortet zu wissen. Kein Wunder, wenn die altbekannten Fragen nach „richtig“ oder „falsch“ ein ewiges Streitthema bleiben. Wie sollen wir jemals Gewissheit haben was richtig und was falsch ist? Der ambitionierte bayrische Dichter und Buchautor Wolfgang Hofer beschreibt diese beißende Ungewissheit in seinem Buch „Kopflose Welt“ sehr kurz aber äußerst präzise:

„Wir alle sind. Und viel mehr wissen wir nicht. Was sind wir also?“

Viele Autoren beschreiben unsere Welt als reine Wahrnehmungssache. „Die Welt ist das, was wir glauben, dass sie ist. Also ist sie für jeden Menschen anders.“ philosophieren sie. Und sie behalten Recht solange wir „Start“ und „Ziel“ und noch viel mehr das „**Warum**?“ nicht kennen. Trotzdem bleibt alles nur Spekulation.

„Start“ und „Ziel“ - ohne dieses absolute Grundwissen können Sportler nicht in einen Wettbewerb treten, Reisende nicht reisen, Projekte nicht gestaltet, Arbeiten nicht verrichtet und Spiele nicht gespielt werden, kurz gesagt, können wir nicht handeln, weil wir nichts wissen.

Es geht um Orientierung. Orientierung, die uns fehlt. Und zwar ausgerechnet dort wo sie am nötigsten wäre. Orientierung ist die Voraussetzung für Handlungsfähigkeit. Orientierung aber ist ohne Wissen unmöglich. Spekulationen bringen uns nicht weiter, sie verwirren nur noch mehr. Das Wissen über den Ursprung und die Zukunft, vor allem aber das Wissen um das „Warum?“ würde uns die Orientierung geben können. In dem Augenblick in dem wir wissen, woher wir kommen und wohin uns der Weg führt, werden wir auch wirklich wissen, was richtig und was falsch ist. Ein Skirennläufer, der Start, Ziel und die Piste kennt, hat damit die notwendige Orientierung um zu wissen was richtigerweise zu tun ist, um die Strecke möglichst optimal und schnell absolvieren zu können.

Weil den Menschen diese absolute Grundorientierung fehlt, sucht jeder sein Glück woanders. Politik, Kriege, Religionen, Sekten, Philosophie, Esoterik und Wissenschaft sind im Grund nichts anderes, als der deutlichste Beleg für eine seit Anbeginn der Menschheit andauernde Auseinandersetzung mit der Frage: „Was ist richtig und was falsch?“. Und dieser ewige Streit belegt wiederum die Suche des Menschen nach diesen Antworten. Wir streiten uns oft mit anderen, was richtig und was falsch ist, und merken dabei nicht, dass wir eigentlich alle auf der Suche sind. Wir müssen uns also alle bewusst auf die Suche nach diesem Wissen - nach dem „**Warum**?“ - machen.

Dies soll in keinem Fall die Motivation und Leistung derjenigen Wissenschaftler schmälern, die mit viel Idealismus fieberhaft versuchen, genau diesen Fragen auf den Grund zu gehen. Es geht einzig und allein darum, wieder einmal festzustellen, wie sehr sich der Mensch mit seiner Fortschrittlichkeit überschätzt. Vielmehr sind mit dem Fortschritt neue Probleme entstanden oder sie sind verlagert worden.

(a) Gesundheit:

In der Medizin beispielsweise, haben psychische Gebrechen, aufgrund des ständig steigenden Leistungsdrucks, ein deutliches Übergewicht, gegenüber den körperlichen. Früher war es umgekehrt. Am meisten verbreitet sind Depressionen und Angststörungen. Psychotherapien haben Hochkonjunktur. Einschlägige Studien prognostizieren, dass im Jahr 2020 Depressionen sogar die häufigste Krankheitsursache in den Industrieländern sein werden. Erschreckend, aber nicht verwunderlich, ist der eklatant hohe Anstieg bei Kindern und Jugendlichen. Neue, so genannte Wohlstandskrankheiten (Kauf-, Waschzwang usw.) sind aufgetaucht. Stress und Hektik, die den Fortschritt kennzeichnen, sind die Hauptursachen für Blutdruck-, Herz-, Magen- und Kopfschmerzkrankheiten. Der Medizin haben wir zwar eine höhere Lebenserwartung aufgrund optimierter Physis und diverse andere Erkenntnisse zu verdanken, dennoch sind wir aufgrund unserer Lebensweise eine kranke Gesellschaft mit hauptsächlich psychosomatischen Symptomen geworden.

Hinzu kommt ein übertriebener und andauernder Konsum von Gesellschaftsgiften (Nikotin, Alkohol, Koffein usw.), deren äußerst schädigende Wirkung hinreichend bekannt ist, aber trotzdem ignoriert wird. Die verschleiernde und gesetzlich geschönte Bezeichnung lautet „Genussmittel“. Weil diese Gifte mit den Begriffen „Lebensqualität und Freiheit“ assoziiert werden, gehören sie zum normalen Alltag wie der tägliche Gang zur Toilette. Gemeint ist, wir würden überhaupt nicht auf den Gedanken kommen, diese Gifte jemals aus unserem Leben zu verbannen, denn schließlich sind diese „Genussmittel“ die Belohnung nach einem harten, stressigen und arbeitsreichen Tag.

Für Stress und Hektik belohnen wir uns also mit Giften. Anders ausgedrückt wird schlechtes mit noch schlechterem honoriert. Das ist wieder so ein Widerspruch, der mit Intelligenz nichts zu tun haben kann.

Was viele nicht wissen ist, dass Nikotin, Alkohol und Koffein eine Gemeinsamkeit haben. Neben ihren schädigenden Wirkungen auf Lunge, Leber und andere Organe, wirken all diese Gifte zusätzlich auf eine sehr komplexe Region in unserem Körper negativ ein, nämlich das Gehirn. Dort schädigen sie insbesondere das so genannte endokrine System. Beim endokrinen System handelt es sich um Teile des Gehirns, Drüsen und Organe, welche unsere Hormone steuern (Schilddrüse, Zirbeldrüse, Hypothalamus, Hypophyse, Bauchspeicheldrüse... usw.).

Die noch nicht ganz erforschten, aber mit die wichtigsten Teile des endokrinen Systems sind die Zirbeldrüse und der Hypothalamus. Manche Autoren gehen heute davon aus, dass speziell die Zirbeldrüse und der Hypothalamus höhere geistige Fähigkeiten und Kräfte des Menschen steuern können. Dies soll hier näher erläutert werden.

Gesundheit ist mehr als nur die Abwesenheit von Krankheit. Die Weltgesundheitsorganisation (WHO) definiert diese als „Zustand des vollkommenen physischen, seelischen und sozialen Wohlbefindens“. Ein augenscheinlich guter Ansatz. Doch sehen wir uns die Definition noch mal genauer an. „*...vollkommenen physischen, **seelischen** und sozialen Wohlbefindens*“. Richtig, hier stimmt was mit der Reihenfolge nicht. Es müsste heißen, „... vollkommenen ***seelischen***, sozialen und physischen Wohlbefindens“. Eine Spitzfindigkeit sicherlich, jedoch genauer betrachtet, von großer und vielfach unterschätzter Bedeutung.

Sogar die moderne Medizin und Wissenschaft erkennt immer mehr die Wichtigkeit und Kraft, die vom Gehirn und von der Psyche ausgeht, an. Über Jahrhunderte wurde nur punktuell und symptomatisch behandelt. Heute ist man sich indessen bewusst geworden, dass die meisten mit Schmerzen verbundenen Krankheiten, wie anfangs erwähnt, psychischer Natur sind. Beispielhaft sind Kopfschmerz- und Rückenleiden.

Schwerstmigränepatienten werden nicht mehr nur medikamentös, sondern auch psychisch behandelt. So wird mit einer Musik- und Farbentherapie, mittlerweile eine Erfolgsquote von knapp achtzig Prozent erzielt.

Letztendlich soll nichts anderes damit gesagt werden, als dass eine gesunde Psyche, meist einen gesunden Körper bedeutet. Deshalb auch die Spitzfindigkeit bei der Rangordnung in der Definition der WHO. Diese klitzekleine Unachtsamkeit spiegelt wahrhaft die Situation in unserer Gesellschaft wieder und wie die Prioritäten gesetzt sind.

Die Seele spielt eine nur untergeordnete Rolle in unserem gelebten Weltbild.

Schönheitswahn und Geltungssucht treiben die Menschen höchstmotiviert in die Fitness- und Sonnenstudios um ihre Körper in eine perfekte Form zu bringen. Die Motivation, etwas für Seele und Geist zu tun, ist dagegen nur gering. Sicherlich fördert ein schöner Körper das Selbstbewusstsein und man tut damit auch ein wenig was für die Seele, jedoch ist das kein lang anhaltender Zustand, weil Schönheit zum einen vergänglich ist, zum anderen diese oberflächlichen Ziele sehr schnell zur Gewohnheit werden und dann kein Zustand der Zufriedenheit mehr hergestellt werden kann. Außerdem belohnen sich die meisten Menschen unmittelbar nach den harten Trainings wieder mit Gesellschaftsgiften, was als letztes der Seele gut tut. Unser, von Oberflächlichkeit und Stress geprägter Alltag tut ein Übriges damit unser Geist nicht zur Ruhe kommt. Diese Umstände heben die anfängliche Wirkung des körperlichen Trainings zum Großteil wieder auf.

Die Aufmerksamkeit des Menschen sollte also eindeutig mehr auf seine Psyche gerichtet sein sprich, die Prioritäten sollten überdacht werden. Unsere Seele braucht eine regelmäßige Wartung, genau wie unsere Technik. Sie muss trainiert werden, genau wie unsere Körper. Der Mensch, der auf seine Psyche achtet, sie trainiert und wartet, braucht für seinen Körper nicht mehr ganz so viel zu tun. Das soll nicht heißen, dass er gar nichts mehr tun muss. Körperliche Fitness ist sicherlich wichtig, sie steigert, neuesten Forschungen zufolge, auch die kognitive (Erkenntnis- und Informationsverarbeitende) Leistungsfähigkeit unseres Gehirns. Übersetzt bedeutet das, die körperliche Fitness sollte lediglich als Teil der Gesamtzufriedenheit verstanden werden. Noch einfacher gesagt, der Mensch, der einen dauerhaften Zustand von Zufriedenheit erreicht, ist meist vollkommen gesund, ganz im Sinne der WHO.

Wie erreicht man *in der heutigen Zeit* einen dauerhaften Zustand der Zufriedenheit? Eine häufig gestellte und berechtigte Frage. Sieht man sich die Frage genauer an, so ist allein in der Formulierung „*...in der heutigen Zeit*“, die Antwort schon gegeben. Sie lautet schlicht: Kaum bis gar nicht. Solange unser Weltbild und damit unsere Psyche vom ungesunden Egoismus beherrscht werden und wir, verursacht durch oberflächliches Karrieredenken, hauptsächlich materialistischen Zielen förmlich hinterher hetzen, kann unsere Seele keinen Frieden finden. Denn man wird nie ganz zufrieden sein mit dem was man hat. Dieses Prinzip soll später noch genauer erläutert werden.

Alten Völkern und Ureinwohnern werden andauernde Zustände von Zufriedenheit und starke geistige Fähigkeiten, wie Telepathie, Telekinese, Hellseherei, Remote Viewing, Selbstheilung usw., nachgesagt. Manch einem Leser mag dies zu phantastisch anmuten, deshalb schauen wir nicht so weit in die Vergangenheit. Es gibt sichtbare Beispiele in der Gegenwart für ein Höchstmaß an Konzentration, Zufriedenheit und Einklang des Körpers mit Geist und Seele. Viele Menschen waren Zeuge, als die berühmten Shaolin Mönche in der westlichen Welt auf Tournee waren und konnten sich von deren überragenden Kräften überzeugen. Hervorgerufen durch starke Konzentration, Meditation und abgeschiedener, bescheidener Lebensweise, wird die Psyche dieser Menschen auf höchstem Niveau trainiert, was sie, in der Wahrnehmung unserer Gesellschaft, zu diesen immensen Leistungen befähigt. Die Übungen zur körperlichen Ertüchtigung werden ebenfalls von einem Höchstmaß an Konzentration und Meditation gesteuert und begleitet. Für uns sind diese Fähigkeiten wahrlich phantastisch, für die Mönche jedoch eher normal, denn unsere Lebensweise räumt der Psyche nicht denselben Stellenwert ein, wie in fernöstlichen Kulturen, was uns zum vorher beschriebenen endokrinen System zurückbringt. Die Fähigkeiten der Mönche beruhen auf einem meist gesunden und intakten endokrinen System. Ihr endokrines System wird durch deren Lebensweise nicht negativ beeinflusst, im Gegenteil, es wird gefördert und ständig trainiert. Unser endokrines System wird dagegen vernachlässigt, wodurch es letztendlich verkümmert.

Schlimmer noch, durch den Einfluss von Gesellschaftsgiften, wird das endokrine System förmlich betäubt, wie überhaupt der ganze Gehirnkomplex, neuesten Forschungen zufolge, nachhaltig geschädigt wird.

Auch Handystrahlen, nicht zu vergessen die Sendemasten, die mittlerweile auf der ganzen Welt flächendeckend verteilt sind, seien ganz bewusst erwähnt, weil es eine Tatsache ist, dass das Bundesamt für Strahlenschutz (BfS) bis heute keine gesicherten Erkenntnisse über die Auswirkungen von hochfrequenter Strahlung hat, und auch sonst keinerlei Langzeitstudien über die tatsächlichen Gefahren auf unser Gehirn existieren. Und dies ausgerechnet bei dem wohl komplexesten Organ unseres Körpers. Man kann spekulieren ob hier die nötige Sorgfalt und Verantwortung gegenüber der Bevölkerung wegen des enorm hohen Gewinnpotenzials auf dem Mobilfunksektor bewusst unterbleibt oder nicht, wichtig ist lediglich, dass wir Menschen nicht allzu leichtfertig agieren und die Kommunikation per Handy reduzieren sollten, was letztlich auch den Geldbeutel schont. Was die Krebsgefahr anbelangt ist man wenigstens ehrlicher. „Bislang gibt es keine sauberen Daten“, sagt Prof. Hans-Albert Kolb vom Institut für Biophysik der Universität Hannover. Und immerhin hat in Deutschland die Bundesregierung im August 2007 eine Empfehlung formuliert, im Privatbereich, den Gebrauch aller kabellosen Technologien weitgehend einzuschränken, da aufgrund von Untersuchungen des BfS die Gefahr von Gewebeschäden bestehe.

Dass die mentalen Kräfte des Menschen stark genug sind um seine Selbstheilungskräfte zu aktivieren, darüber gibt es heute seitens der Hirnforschung keine Zweifel mehr. Allein dieser bewiesene Aspekt lässt nur ansatzweise erahnen, welch überaus großes und mächtiges Potenzial in unserem Gehirn verborgen ist. Jeder Mensch, der wirklich an seiner Gesundheit interessiert ist, sollte sich deshalb wesentlich mehr Zeit für die Pflege seines Gehirns und seelischen Wohlbefindens nehmen. Und das geht, denn niemand ist gezwungen, sich einer hektischen und oberflächlichen Lebensweise anzupassen oder sie zu akzeptieren.

Die enorm hohe Leistungsfähigkeit des Gehirns wurde bis vor nicht allzu langer Zeit auch von der Wissenschaft unterschätzt. Bis man sich in den sechziger Jahren der Erforschung der „Savants“ und deren „Inselbegabungen“ zu widmen begann.

Die Inselbegabung, auch Savant-Syndrom genannt, ist ein Phänomen, bei dem Menschen, oft mit kognitiver Behinderung, in einem kleinen Teilbereich außergewöhnliche Leistungen vollbringen. 50% der Inselbegabten sind Autisten, 40% haben eine andere Hirnschädigung. Sechs von sieben Inselbegabten sind männlich. Zurzeit sind weltweit etwa 100 Menschen mit Savant-Syndrom bekannt. Ins Bewusstsein der Öffentlichkeit gelangte das Savant-Syndrom unter anderem durch den Film Rain Man. Der französische Ausdruck Idiot-Savants (wörtlich übersetzt „wissende Schwachsinnige") wird mittlerweile als abwertend empfunden und gilt als überholt. Heute spricht man dagegen von den Inselbegabten beziehungsweise Savants („Die Wissenden"). Einige der bekanntesten Savants sind:

Extrem hohes Erinnerungsvermögen

- Solomon Schereschewski, 1886 im damaligen Russland geboren, konnte sich an jede Minute seines Lebens erinnern. Sein sehnlichster Wunsch war es, diese Fähigkeit zu verlieren, was ihm nicht gelang und ihn in den Wahnsinn trieb.
- Kim Peek †, der den Inhalt von etwa 12.000 Büchern auswendig kannte, benannte für jede US-amerikanische Stadt die Postleitzahl, Vorwahl und den Highway, der dorthin führt. Kim Peek war das Vorbild des Rain Man, für dessen Darstellung Dustin Hoffman einen Oscar bekam.
- Orlando Serrell, wurde mit 10 Jahren von einem Baseball am Kopf getroffen und erinnert sich seither an jedes einzelne Detail seines Lebens inklusive jedes gegessenen Cheeseburgers und jedes einzelnen Regengusses.

Musikalische Genies

- Leslie Lemke (blind), der einmal gehörte Musikstücke nachspielen kann.
- Tony DeBlois (blind), der etwa 8000 Stücke auf dem Klavier spielen kann, sowie 13 weitere Instrumente beherrscht.
- Derek Paravicini (blind), der mit neun Jahren sein erstes Konzert gab.

- Matt Savage, 1992 geborener Ausnahme-Jazzpianist hat sich mit 6 Jahren über Nacht das Klavierspielen selbst beigebracht. Mit sieben Jahren komponierte er bereits eigene Stücke und brachte seine erste CD heraus.
- Brittany Maier (blind), die, obwohl sie aufgrund einer körperlichen Behinderung nur sechs Finger bewegen kann, mit 16 Jahren inzwischen über ein Musikrepertoire von über 15.000 Stücken verfügt.

Bildende Künstler

- Alonzo Clemons, der Tierskulpturen aus Wachs nach Abbildungen in Büchern detailgetreu herstellen kann.
- Richard Wawro †, der Wachsgemälde detailgetreu nach sekundenkurzer Betrachtung anfertigen konnte.
- Stephen Wiltshire, der ein Bild nach einmaligem Betrachten detailgetreu und perspektivisch korrekt zeichnen kann. Im Rahmen zweier Experimente zeichnete er nach Rundflügen über London und Rom detaillierte Panoramaansichten beider Städte.
- Gilles Trehin, der seit 20 Jahren eine fiktive Stadt namens Urville auf dem Papier 'erbaut'. Er hat Geschichte studiert, um seiner Stadt eine Geschichte zu geben.

Sprachliche Genies

- Christopher Taylor, der 25 Sprachen verstehen, schreiben, lesen und 10 davon mehr oder weniger fließend sprechen kann. Im Tomographen gibt es keinerlei Besonderheiten. Autistic Savants sind sonst sprachlich nicht besonders begabt, sodass Christopher Taylor heraussticht.
- Daniel Tammet (* 31. Januar 1979), der neben seiner mathematischen Begabung und einem herausragenden Gedächtnis (er konnte mit 22.514 memorierten Stellen hinter dem Komma im März 2004 einen neuen Rekord bei der Wiedergabe der Zahl Pi aus dem Gedächtnis aufstellen) über außergewöhnliche sprachliche Fähigkeiten verfügt. In der 2005 produzierten TV-Dokumentation „The boy with the incredible brain“ wurde ihm die Aufgabe gestellt, binnen einer Woche Isländisch zu lernen und danach dem isländischen Fernsehen ein Interview zu geben. Tammet bewältigte diese Aufgabe ohne grö-

ßere Schwierigkeiten. Aktuell beherrscht Tammet angeblich 9 Sprachen fließend.

- Emil Krebs †, der 68 Sprachen perfekt in Wort und Schrift beherrschte und sich mit 120 Sprachen befasste.

Psychologen

- Prof. Dr. Temple Grandin, studierte experimentelle Psychologie und ist die führende US-amerikanische Spezialistin für den Entwurf von Anlagen für die kommerzielle Tierhaltung, denn sie kann die Welt so sehen, wie es Tiere tun. Und sie kann die Ängste von Tieren verstehen und so den Umgang mit ihnen verbessern helfen. Die außergewöhnliche Autistin ist Dozentin für Tierwissenschaften an der Universität von Colorado und gilt als eine der führenden Tierpsychologinnen weltweit. Durch Publikationen und Vorträge hat sie maßgeblich zum Verständnis und zur positiven Anerkennung von Autismus beigetragen, da Autisten sonst den Alltag von Schule und Universität nicht ertragen, schlecht abschneiden und die gesellschaftliche Ausbildung abbrechen

Mathematiker

- Rüdiger Gamm, zählt zu den Savants die nicht unter Hirnstörungen leiden. Wenn er rechnet, dann benutzt er das Gewohnheitsgedächtnis. Er rechnet 2-stellige Potenzen in Sekundenschnelle. Es ist kein „Rechnen", sondern vielmehr das Abrufen gespeicherter Rechenergebnisse mit großen Zahlenmengen. Ein normaler Mensch besitzt diese Fähigkeit nicht. Er findet lange Zahlenketten meist einfach nicht interessant genug. Der Rechen- und Gedächtniskünstler verblüfft auch auf anderen Gebieten. Rüdiger faszinierten schon immer ungewöhnliche Fähigkeiten, die sonst keiner besaß. So wie er auch das Rückwärtssprechen, mit anderen Worten, alle möglichen Kombinationen von Buchstabenkonstellationen auswendig lernte. Wochentage dem Datum zuzuordnen, vermag er bis ins Jahr eins nach Christus. Die Zahl Pi kennt er auf 2000 Stellen hinter dem Komma, und er sagt, falls gewünscht, welche Ziffer an 1247. Stelle hinter dem Komma steht.

Heute gibt er Seminare als Kreativitäts- und Mentaltrainer unter anderem bei Spitzensportlern und unterrichtet seit 2005 an verschiedenen Schulen erfolgreich das Fach Mathematisches Mentaltraining. Seine Motivation schöpft der Mann mit einem IQ von mehr als 200 aus der Liebe zur Zahl, gepaart mit dem Gefühl, eine Leistung zu bringen, die niemand anderes auf der Welt kann.

Die genauen Gründe für die Entstehung von solchen Inselbegabungen kennt die Wissenschaft noch nicht. Im Prinzip funktionieren Savants wie Computer. Sie rufen Informationsblöcke aus ihrem Gehirn ab, verketten diese untereinander und speichern sie als neue Information ab. Dieses Prinzip führt zu Gedankenleistungen, die unser gewöhnliches Denken als sehr blass erscheinen lässt.

Beate Hermelin, emeritierte Professorin für Psychologie an der University of London, ist die Pionierin der Autismus- und Savant-Forschung. Während Hermelin das Denken von Autisten und Savants besser verstehen möchte, sind führende Neurowissenschaftler an einer konkreten Verwertbarkeit ihrer Ergebnisse interessiert. „Können wir von den Savants lernen?“ lautet eine ihrer zentralen Fragen. Dafür müssen sie analysieren, was in deren Gehirnen abläuft.

„Höhere Bereiche im Gehirn werden beim autistischen Denken nicht zugeschaltet“, sagt Allan Snyder, Leiter des Centre for the Mind der Australian National University in Canberra. Daher fehle bei ihnen das konzeptionelle Denken. Sie verfügten also gleichsam über eine „ungefilterte Art der Informationsverarbeitung“, die große Vorteile biete. „Man muss sich das ähnlich wie beim Sehvorgang vorstellen“, sagt Snyder. „Wenn ein visueller Reiz auf die Netzhaut fällt, dauert es etwa eine Viertelsekunde, bis er als bewusste Wahrnehmung erscheint. Von diesem Moment an wird jeder einzelne Bestandteil dieses Bildes, etwa Farbe, Form, Lage im Raum und Bewegung, einzeln von verschiedenen, spezialisierten Regionen im Gehirn verarbeitet. Diese einzelnen Eindrücke müssen dann erst zu einem Muster vereinigt werden, das wiederum mit Arealen verschaltet wird, die es mit Bedeutung verbinden“, sagt Snyder. Lediglich das Endprodukt dringt in unser Bewusstsein. „Bei Savants gelangen hingegen alle Zwischenschritte ungefiltert ins Bewusstsein, und sie können das Bild gleichsam in allen seinen Details sehen. Wie einzelne Pixel einer Fotografie“, sagt Snyder.

Er geht von zwei unterschiedlichen neuronalen Netzwerken für Gedächtnisvorgänge aus. Ein weit verzweigtes für das semantische (sprachliche Zeichen) und kognitive Gedächtnis und ein simpleres für das automatisierte Gedächtnis, das nicht mit höheren Denkvorgängen verknüpft ist. Bei der Normalbevölkerung, so meint Snyder, werde die elektrische Aktivität im simpleren Netzwerk von derjenigen im komplexeren überlagert. Savants hingegen würden überwiegend auf den simpleren Kanal zurückgreifen. Nur, warum?

Auch zur Beantwortung dieser Frage gibt es bereits erste Hinweise. Mitte der siebziger Jahre nahmen Neurobiologen in einer Pilotstudie die Gehirne von Autisten unter die Lupe. Bei 15 der 17 untersuchten Autisten entdeckten sie eine Schädigung im Bereich der linken Gehirnhälfte. Vier dieser 15 Autisten waren Savants.

Die Inselbegabungen fast aller Savants liegen im mathematisch-abstrakten, musikalischen oder zeichnerischen Bereich. Lauter Fähigkeiten also, die von der rechten Hirnhemisphäre gesteuert werden. Führende Neurobiologen gehen daher davon aus, dass die rechte Gehirnhälfte bei Savants Defizite im Bereich der linken Hirnhälfte kompensiert. Man vermutet, dass oftmals eine Testosteron-Vergiftung während der Embryonalentwicklung der Grund sein könnte. Im männlichen Fötus kann das zirkulierende Hormon Testosteron die neuronale Funktionsweise der linken Hemisphäre schwächen. Und aus diesem Grund würde die rechte Gehirnhälfte bei Männern als Kompensation oft größer ausgebildet und dominant.

In der Tat sind Männer von Autismus und dem Savant-Syndrom viel häufiger betroffen als Frauen. Experten wie der amerikanische Psychiater und Savant-Forscher Darold Treffert aus Fond du Lac (Wisconsin) nehmen an, dass Hirnschädigungen im linkshemisphärischen Bereich höher wahrnehmende Prozesse unterbinden oder schwächen. Aus diesem Grund seien Savants möglicherweise gezwungen, auf das primitivere Netzwerk zurückzugreifen.

Die Fähigkeiten eines Christopher Taylor oder Daniel Tammet, können die Wissenschaftler über die Gehirnhemisphären-Theorie allerdings nicht erklären. Ihre Inselbegabung ist sprachlicher Natur. Und das Sprachzentrum verorten Hirnforscher (bei Rechtshändern wie Christopher) in der linken Gehirnhälfte. Christopher ist Anfang 40 und ein weltweites Unikum, selbst unter den Savants. Er hat sich mittlerweile über 20 Sprachen angeeignet – neben Dänisch, Finnisch, Französisch, Griechisch, Hindi, Italienisch, Norwegisch und Portugiesisch auch Russisch, Schwedisch, Türkisch und die Berber-Sprache der Tuareg. „Christopher setzt dabei typische lernende Strategien von Autisten ein".

Manche Hirnforscher sind mittlerweile überzeugt dass, zumindest theoretisch, alle Menschen zu solchen Spitzenleistungen fähig sind. Der australische Hirnforscher Allan Snyder behauptet etwa, dass Savant-artiges Denken auch in unseren Gehirnen unbewusst abliefe und lediglich durch höher denkende Prozesse überlagert werde. Wir alle könnten daher ohne weiteres lernen, wie geniale Autisten zu denken.

Niels Birbaumer, Professor für Neurobiologie an der Universität Tübingen, glaubt ebenfalls, die genialischen Fähigkeiten seien nur eine Frage des richtigen Trainings. Dass viele Experten das für völlig unrealistisch halten, entmutigt den Neurowissenschaftler nicht. Momentan zeichnet er die Gehirnströme zahlreicher Savants auf. Schon bald will er erste Studenten dazu anleiten, ähnliche Erregungspotenziale wie diese im Gehirn zu produzieren. „Jeder ist ein Savant", glaubt Birbaumer. „Wir müssen den Rain Man in uns nur trainieren."

Dies alles zeigt sehr deutlich, welch extrem hohes Potential in unserem Gehirn steckt. Die Tatsache, dass Savants Dinge beherrschen, die sie niemals zuvor gelernt haben, führt die Forscher zu weiteren sehr wichtigen Fragen:

Haben wir bereits von Geburt an, so etwas wie einen „Wissens- und Fähigkeiten Chip" im Gehirn vorinstalliert, den wir aber aus einem noch unbekannten Grund nicht aktivieren können? Ist unsere Festplatte im Kopf bei der Geburt also nicht leer, wie bisher vermutet? Wenn man das weiterdenkt muss man sich fragen, wie wohl eine Welt aussehen würde, in der jeder von uns die geistigen Fähigkeiten eines Savants hätte?

Die Fähigkeiten eine intelligente Zivilisation aufzubauen stecken also zweifellos in uns. Mit ihnen könnten wir die grundlegendsten Fragen, *„Woher kommen wir?“* und *„Wohin gehen wir?“*, eher beantworten und mit diesen Erkenntnissen der Frage nach dem „**Warum**?“ ein gewaltiges Stück näher kommen.

Warum also verfolgen wir in unserem Alltag Ziele, welche hauptsächlich von oberflächlicher und materieller Natur sind und legen so wenig Wert auf die Bedeutung unseres Gehirns und unserer Psyche? Ist das alles nur Zufall oder eine Fehlentwicklung unserer Gesellschaft? Wenn man sich vor Augen hält, dass der Mensch in vielen Bereichen des Lebens logistische Meisterleistungen vollbringt, fällt einem der Glaube an puren Zufall schwer.

Kommen wir zurück zu den Gesellschaftsgiften. Sie schädigen, wie gesagt, nicht nur das endokrine System, sondern wirken zum Teil auf den ganzen Gehirnkomplex negativ ein. Koffein beispielsweise, gehört zur Gruppe der Alkaloide und wird Trimethylxantin genannt. Trimethylxantin ist toxisch, wirkt auf das zentrale Nervensystem ein und kann süchtig machen. Bei Überdosierungen treten Durchfälle, Fieber, Erbrechen und Krämpfe auf. Bei Personen mit einer Schilddrüsenüberfunktion oder bei Herz-Kreislaufpatienten können solche Symptome schon bei Mengen unter 50 mg (ca. 1 Tasse) auftreten. Koffein beeinträchtigt zwar nicht die Schlaflänge, wohl aber die Schlafgüte, welche für die Regeneration von Geist und Körper ganz entscheidend ist. Die schädigende Wirkung ist im Gegensatz zu Nikotin und Alkohol aber wesentlich geringer.

Am Vergleich zwischen Nikotin- und Alkoholkonsumenten spiegelt sich die Wirkungsweise dieser Gifte auf das Gehirn ziemlich exakt wieder. Nikotin schädigt einen Teil des Gehirns, Alkohol hingegen den ganzen Komplex. Dementsprechend haben wir weltweit eine Milliarde Raucher, aber zwei Milliarden Alkoholkonsumenten. Die Argumentation von Menschen die beides konsumieren ist ebenfalls dementsprechend. Die allermeisten können sich zwar vorstellen, das Rauchen aufzugeben und es herrscht dem zufolge eine weitreichende Akzeptanz was die gesundheitsschädigende Wirkung von Rauchen anbelangt, aber bei Alkohol fühlen sich diese Menschen plötzlich um den noch verbliebenen Rest ihrer „Lebensqualität“ beraubt. Dabei ist Alkohol für das Gehirn noch schädlicher. Neuesten Studien zufolge, wirkt Alkohol hochtoxisch auf das Gehirn. Bei starken Alkoholkonsumenten wurde in Langzeitstudien eine Rückbildung des Gehirns festgestellt. Ob sich das Gehirn wieder regeneriert, wenn der Konsum eingestellt wird, ist noch nicht bekannt. Es sollen hier die weitreichenden gesundheitlichen Risiken nicht weiter vertieft werden, diese haben die Konsumenten sowieso nie abgeschreckt.

Wichtig ist, dass diese Gifte alle gemeinsam auf unser Gehirn einwirken und damit gewisse geistige Kräfte und Fähigkeiten quasi lahm legen. Doch genau diese Kräfte wären von enormer Wichtigkeit um eine intelligente Entwicklung des Menschen voran zu treiben.

Gehen wir diesbezüglich auf den Begriff „Lebensqualität" näher ein. Das Rauchen und der Konsum von Alkohol werden hauptsächlich mit dem Wort „Lebensqualität" assoziiert. Anscheinend werden, was das eigene Leben anbelangt, die Anforderungen an Qualität nicht ganz so hoch definiert als sonst. Wenn Menschen Fleisch einkaufen, legen sie Wert auf Qualität, das heißt, das Fleisch sollte von einem absolut gesunden Tier stammen. Wenn Menschen Gemüse, Obst und Salat einkaufen, legen sie Wert auf biologischen Anbau, zumindest sollte nichts chemisch behandelt sein. Beim Tabak- und Alkoholkonsum aber wird die Qualität aus dem „Genuss" dieser Gifte heraus definiert. Das passt logisch wieder einmal überhaupt nicht zusammen.

Ist es Lebensqualität, wenn durch den dauerhaften „Genuss" von Tabak oder Alkohol, oder von beidem, ständig Kopfschmerzen und schleimige Hustenanfälle auftreten, andauernde Müdigkeit vorherrscht, Blutdruck-Gefäß oder Leberkrankheiten verursacht werden, oder ist es Lebensqualität, sich wohl und fit zu fühlen, einfach gesund zu sein. Ist es Lebensqualität, wenn Kleidung und Körper nach Rauch und Alkohol stinken, oder ist es Lebensqualität, wenn Kleidung und Körper gepflegt sind und frisch duften? Ist es Lebensqualität, wenn durch regelmäßiges Rauchen der Geschmackssinn stark beeinträchtigt ist, oder ist es Lebensqualität, wenn man ein hervorragendes Essen auch wirklich schmecken kann und so einen echten GENUSS erlebt. Ist es Lebensqualität, wenn für den dauerhaften Konsum dieser Gifte ein beträchtlicher Teil des Jahresbudgets aufgewendet werden muss, oder ist es Lebensqualität, wenn man sich für das gesparte, wirklich schönes und sinnvolles leisten kann.

Die Begriffe „Lebensqualität“ und „Genussmittel“ sind Formulierungen, die in Bezug auf Tabak- und Alkoholkonsum absolut unzutreffend sind. Sie gaukeln einen Zustand vor, der in Wirklichkeit das genaue Gegenteil von dem ist was durch den Konsum dieser Gifte erreicht wird. Deren Konsum führt zu Krankheit und Tod. **Tod** und Krankheit sind das Gegenteil von **Leben** und Qualität, also der **Lebens**qualität. Ein eingeschränkter Geschmackssinn oder das Erbrechen bei übermäßigem Alkoholkonsum, bedeuten das Gegenteil von Genuss. Diese irreführenden Begriffe haben im Laufe von vielen Generationen das menschliche Verhalten schleichend beeinflusst und so wurden diese Gifte *voll „gesellschaftsfähig“*. Auch hier ***liegt die Wahrheit auf der anderen Seite***. Viele glauben sich dessen bewusst zu sein, und doch gehen sie mit diesen Giften so normal um wie mit ihren Haustieren. Dies ist ein weiteres Paradebeispiel für den im Abschnitt über Kommunikation beschriebenen Effekt, wie mit geschickt manipulierter Kommunikation die Menschen in eine falsche Richtung gelenkt werden können. Die Begriffe „Lebensqualität“ und „Genussmittel“ tun das und steigern so die Gewinnspannen der „Genussmittelindustrie“. Ihre Verwendung ist ein **Verbrechen an der Menschheit**.

Da „Genussmittel“ auch immense Steuereinnahmen bedeuten, begnügen sich Regierungen mit auf den Genussmitteln angebrachten, gesundheitlichen Warnhinweisen und öffentlichen Werbeverboten. So heucheln sie Verantwortungsübernahme gegenüber der Bevölkerung vor. Wirkliche Verantwortung würde aber ein Konsumverbot verlangen. In Wahrheit ist dies nichts anderes, als gesetzlich legitimierte Korruption, denn man beteiligt sich an dem einträglichen Geschäft der „Genussmittelindustrie“.

Das alles kommt der Pharmaindustrie wiederum weit entgegen, denn sie sprengt ebenfalls Umsatzrekorde und hält für alle irgendwie gearteten Beschwerden das passende Medikament bereit. Kaum ein Medikament aber, ist ohne Nebenwirkungen. Die Nebenwirkungen wiederum, müssen oft genug durch Zusatzmedikation wieder eingedämmt werden. Das heißt, trotz einer höheren Lebenserwartung und einer besseren physischen Verfassung, haben wir einen überhöhten Medikamentenkonsum. Wie passt das zusammen? Die meisten Naturheilverfahren werden von der Pharmaindustrie sehr stiefmütterlich behandelt. Aus nachvollziehbaren Gründen, denn das letzte was sie gebrauchen kann, ist eine unabhängige und gesunde Gesellschaft.

Krankheit ist im Grunde nichts anderes als das Signal des Organismus, dass die Lebenskräfte in mehr oder weniger starkem Maß gestört sind. Im Krankheitssymptom wird mitgeteilt, welcher Art und wie schwer die Störung ist. Beim Arzt setzt dies allerdings eine ganzheitliche Sicht des Menschen voraus. Jede Störung hat mit dem *ganzen* Menschen zu tun, nicht nur mit dem einzelnen Organ, an dem die Störung symptomatisch wird. Das hat die Schulmedizin bis heute immer noch nur teilweise verstanden, weshalb sie auch bei der Heilung chronischer Krankheiten oftmals erfolglos ist. Wo ist da der echte Fortschritt?

(b) Ernährung:

Functional Food, das allen gesunderhaltenden Ansprüchen genügt, beschert uns die hochtechnisierte Nahrungsmittelindustrie. Farbstoffe, Geschmacksverstärker und viele weitere unaussprechliche chemische Zusätze, sowie ständig auftretende Lebensmittelskandale sind die Kehrseite. Zur bewussten Veranschaulichung, hier eine unkommentierte Auflistung vergangener Lebensmittelskandale, welche für sich selber spricht.

1981: gepanschtes Speiseöl in Spanien, 20000 Vergiftete, über 1000 Tote
1982: Kolibakterien in Dutzenden amerikanischen McDonalds-Restaurants
1985: Schleuder-Ei-Skandal in Deutschland, Verwendung von vergammelten Eiern als Vorprodukte für Nahrungsmittel
1985: Frostschutzmittel in österreichischem Wein
1986: 20 Tote durch mit Methylalkohol versetzten italienischen Rotwein
1987: massenhaft Rundwürmer in Fischen
1988: Hormonskandal bei deutscher Kälbermast aufgeflogen
1990: Erster dokumentierter deutscher BSE-Fall. Die Mitarbeiterin, welche öffentlich darauf aufmerksam macht, wird entlassen
1991: Kolibakterien in englischen McDonalds-Buletten
1992: Glenbuterol-Skandal in Europa (Wachstumshormone)
1993: In Tirol findet man große Mengen neu verpackter Lebensmittel, welche das Verfallsdatum weit überschritten hatten

1993: Falschangaben von Herkunft und Alter bei Gemüse und Obst werden aufgedeckt
1994: Fleisch- und Wurst-Skandal in Österreich, überlagerte Waren in Märkten
1994: Rückstände von Fischwürmern in Fischstäbchen
1994: Fast 400 Tonnen radioaktiv verseuchte Milchprodukte werden an Bangladesh geliefert
1994: Bleimennige in ungarischem Paprikapulver
1994: Pestizide in Babynahrung
1995: Ausländische Hähnchen werden als deutsches Produkt ausgegeben
1996: gepanschtes künstliches Apfelsaftkonzentrat
1996: Antilopenfleisch als Rehfleisch in Baden-Württemberg verkauft
1997: Listeria Bakterien in französischen Produkten
1997: Wieder häufig Fischwürmer in Fischprodukten
1998: Dioxin in süddeutscher Milch
1998: Verunreinigte Kohlensäure in Belgien
1999: Einer der größten Lebensmittelskandale in Europa: Von Belgien ausgehend hohe Dioxinverseuchung vieler Lebensmittel
2000: Wieder verseuchte Futtermittel aus Belgien
2001: Deutscher Schweinemastskandal, Fleisch hochgradig mit Arzneimitteln und Hormonen belastet
2001: Antibiotika in Schrimps asiatischer Herkunft
2001: Salmonellen in Schokolade: Ursache, Geld sparende neue Rezeptur
2002: Schlampige BSE-Tests in Deutschland
2002: Die verseuchten Schrimps haben ein neues Betätigungsfeld: als Fischmehl fand man sie im Schweine- und Hühnerfutter wieder
2002: Wieder Umweltgifte aus Belgien im Futter
2002: Fremdfette in italienischer Butter
2002: Antibiotika in chinesischem Honig
2002: Pestizide an nordafrikanischen Erdbeeren
2002: Acrylamid als Krebsauslöser in gerösteten Produkten nachgewiesen
2003: Vielfach aufgeflogen: Alte Wurst wird in Österreich als neu umetikettiert
2004: Öl aus genmanipulierten Sojaanbau wird Gasstätten untergejubelt

2005: Fleischskandal in Deutschland: In Supermärkten großer Ketten wird unter anderem altes Hackfleisch als Frischware umetikettiert

2006: Und noch ein Fleischskandal in Deutschland: mehrmals Gammelfleischfunde und Falschetikettierung von Wildfleisch durch mehrere deutsche Firmen

2007: Im August kommt es in Wertingen zum sechsten Fleischskandal innerhalb eines Jahres 12 Tonnen Fleisch der Kategorie K3 (für menschlichen Verzehr nicht geeignet) werden als Dönerfleisch verkauft

2008: In Kanada kommen mehrere Menschen durch eine Lebensmittelvergiftung ums Leben. Ursache sind Listeriose Bakterien in Fertigfleischprodukten

2008: In China registrieren die Behörden mehr als 50.000 Fälle von Schwersterkrankungen bei Säuglingen durch chemisch verseuchte Milchprodukte. Diese waren mit der giftigen Chemikalie Melamin versetzt. Der Melaminskandal weitet sich auch nach Europa und Deutschland aus

2008: Dioxin verseuchtes Schweinefleisch aus Irland muss komplett vom Weltmarkt genommen werden. In bis zu 25 Ländern wurde das Fleisch exportiert

2010: Der mittlerweile 12. Dioxinskandal in Futtermitteln seit 1998

2011: Bereits im Januar gelangt Dioxin in unsere Frühstückseier

2012: Jede zweite Hähnchenfleisch-Probe aus deutschen Supermärkten ist mit antibiotikaresistenten Keimen belastet

Es gibt im Übrigen ein europäisches *Schnellwarnsystem* bei dem europaweit monatlich Warnungen vor problematischen Lebensmitteln gesammelt werden. Deutsche Verbraucher erfahren jedoch nicht, von welchen Produkten Gefahren ausgehen. Das muss sich ändern, fordert die Verbraucherorganisation Foodwatch.

Nicht zuletzt deshalb darf die vielfach propagierte gesundheitsfördernde Wirkung von Functional Food angezweifelt werden. Zumindest hat die Ernährungswissenschaft diese in den seltensten Fällen bestätigen können.

Um das Bild einer sauberen und hygienischen Gesellschaft zu etablieren, werden gewisse Grundnahrungsmittel gebleicht. Salz und Reis beispielsweise, die nach einer solchen Behandlung in strahlendem Weiß, uns die Illusion eines reinen und deswegen gesunden Lebensmittels vorgaukeln, werden so in Wirklichkeit der Mehrzahl ihrer gesunden und lebenswichtigen Inhaltsstoffe beraubt. Ultrahocherhitzt, tiefgekühlt oder homogenisiert. Das sind viele Methoden um die Haltbarkeit zu verlängern aber auch viele Methoden um Nährstoffe zu entziehen. Das **Mittel** zum **Leben** ist nun mal das **Lebensmittel**. Die meisten Lebens**mittel** aber tragen kaum mehr **Leben** in sich. Sie sind lediglich noch eine sättigende Masse. Dieser leidige Umstand führt wiederum dazu, dass viele Menschen auf Nahrungsergänzungsmittel und Functional Food zurückgreifen um die Unterversorgung an Nährstoffen, Mineralien und Vitaminen wieder auszugleichen. Äußerst intelligent, wenn man es aus dem Blickwinkel der Nahrungsmittel- und Pharmaindustrie betrachtet. Es ist ein Milliardengeschäft. Wo ist da der echte Fortschritt?

Hinzu kommt ein drastischer Umstand, dem weltweit viel zu wenig Bedeutung beigemessen wird. In sehr vielen Fertiggericht-, Fleisch- Fisch-, Gemüse- und Tiefkühlprodukten, Suppen, Saucen, Gewürzmischungen und Knabberartikeln kommen bestimmte Geschmacksverstärker, so genannte Glutamate, zum Einsatz um u.a. das Verlangen nach dieser minderwertigen Nahrung zu steigern. Glutamat erlaubt nicht nur teure Rohstoffe einzusparen, es regt zudem auch den Speichelfluss und damit den Appetit an. Das Prinzip funktioniert schon bei Neugeborenen. Sie mögen klare Gemüsesuppe lieber, wenn eine Prise Geschmacksverstärker drin ist. Mit Glutamat verlieren auch Erwachsene ihre anfängliche Skepsis gegenüber ungewohnten Speisen. Messungen zeigten, dass Mahlzeiten mit größerem Appetit eingenommen werden, wenn sie ein halbes Prozent E 621 enthalten. Es wird weniger gekaut und schneller geschluckt, die Bissen sind größer und die Pausen zwischen den Bissen kürzer. Mit einem Satz - Die Fresslust wird gefördert. Der Effekt bleibt über Wochen erhalten. Ähnlich wie bei Süßstoffen bewirkt Glutamat über einen Kopfphasenreflex, dass die Bauchspeicheldrüse Verdauungsenzyme ausschüttet. Damit ist Glutamat eine potentielle Ursache von Übergewicht und Fettsucht. Ebenfalls ist Glutamat ein Mastmittel, das heißt, das normale Sättigungsgefühl wird unterdrückt und Menschen wie Versuchstiere essen weiter, obwohl der Körper eigentlich genug hat. Ernährungsexperten führen u.a. darauf die Übergewichtsprobleme von Kindern in den USA zurück.

Das alles stellt definitiv eine direkte Einflussnahme mit ungesetzlichen Mitteln auf das menschliche Gehirn dar. Was so stark daran verwundert ist, dass sämtliche Regierungen dieser Welt dies zulassen. Die Beimischung von Zusätzen dieser Art müsste, logisch gedacht, strikt verboten sein. Eine gesetzliche Grundlage hierfür, müsste auch nicht extra geschaffen werden, sie ist in den meisten Ländern bereits vorhanden. In Deutschland bräuchte man sich nicht einmal tief in die gesetzlichen Regularien einarbeiten, eine solche Einflussnahme auf das Gehirn lässt alleine das Grundgesetz ***Art. 1****/ Abs.1* und ***Art. 2****/ Abs. 1 und 2*, nicht zu. Die Ausrede, dass gesetzliche Grundlagen fehlen würden, greift somit keinesfalls. Ein Mensch, der durch Zusatzstoffe dazu verleitet wird, mehr von dieser Nahrung zu konsumieren, ist nicht durch eine direkte freie und persönliche Entscheidungsfindung (Grundgesetz ***Art. 1****/ Abs.1 und* ***Art. 2****/ Abs. 1*) dazu bewegt worden.

Glutaminsäure und die fünf anderen Glutamate stehen zudem in dem Ruf bei empfindlichen Menschen das „Chinarestaurant-Syndrom“ auszulösen. Symptome sind: Schläfendruck, Kopfschmerzen, Magenkrämpfe, Steifheit im Nacken, Übelkeit, Erbrechen, Durchfall; bei Ratten Fortpflanzungsstörungen und Lernschwierigkeiten bei den Nachkommen. Da in der chinesischen Küche häufig mit Glutamat gewürzt wird, treten viele dieser unangenehmen Symptome nach dem Besuch eines chinesischen Restaurants auf. So wurde der Begriff „Chinarestaurant-Syndrom“ geboren. Geschmacksverstärker steigern wie gesagt, das Essverlangen und fördern Übergewicht. Sie täuschen so den Verbraucher über die tatsächliche Zusammensetzung der Lebensmittel.

Diese direkte Einflussnahme mittels bewusstseinsverändernder chemisch gewonnener Zusätze auf das Gehirn samt ihrer sonstigen schädlichen Wirkungen stellt daher auch einen Angriff auf die körperliche Unversehrtheit des Menschen (Grundgesetz ***Art. 2****/ Abs. 2*) dar.

Viele Lebensmittel, unter anderem reife Tomaten und Käse, Sojasauce und Fischsauce enthalten von Natur aus relativ hohe Anteile von Glutamat. Glutaminsäure ist in jedem eiweißhaltigen Lebensmittel enthalten, auch in Muttermilch. Eine Überdosierung kann daher zu gesundheitlicher Beeinträchtigung führen. Die dauerhaft zusätzlichen Glutamatgaben stören ganz empfindlich unseren Eiweißstoffwechsel und können zu allergischen Reaktionen führen. Glutamat steht im Verdacht, bei der Entstehung von Parkinson und Alzheimer eine Rolle zu spielen. Zudem wird ein Zusammenhang zwischen Enddarmkrebs und dem Verzehr von Glutamat vermutet. Glutaminsäure ist auch ein Baustein des Glutens. Bemerkenswert ist, dass reines Gluten zu etwa 1/3 aus Glutaminsäure besteht. Da in der industriellen Nahrungsmittelproduktion Gluten ein beliebter und häufiger technischer Nahrungszusatz ist, dürfte dies, neben den direkten Glutamatzugaben, eine bedenkliche Entwicklung sein. Der Überkonsum von Glutamat wird deshalb zum Teil auch mit der Entstehung von Zöliakie (Glutenunverträglichkeit) in Verbindung gebracht. Gluten können in vielen Produkten versteckt sein: in:

→ gebundenen Saucen
→ Suppen
→ Fertiggerichten
→ Pudding
→ Pommes Frites
→ Kroketten
→ Kartoffelpuffer
→ Wurst, Würstchen
→ Frischkäsezubereitungen mit Kräutern
→ Eis
→ Nuss-Nougat-Cremes
→ Milchprodukten m. Frucht
→ fettreduzierten Produkten
→ Chips, Flips & Co
→ Ketchup, Senf usw.
→ Schokolade
→ Gewürzmischungen

Aber auch indirekt begegnet uns Glutamat immer wieder. Bei Würze und Hefeextrakt wird Glutaminsäure nicht isoliert. Diese Stoffe gelten laut Gesetz nicht als Geschmacksverstärker und müssen darum keine E-Nummer tragen. Deshalb sind sie verständlicherweise bei den Herstellern als versteckte Glutamatquelle sehr beliebt. Da viele Verbraucher immer kritischer auf den Zusatz von Glutamat reagieren, werben alternative Anbieter von Gewürzen und Suppen oft damit, kein Glutamat und keine Geschmacksverstärker zu verwenden. In Wirklichkeit, verwenden sie freies Glutamat und Geschmacksverstärker in einer Form, die man vom Gesetzgeber her nicht mit einer E-Nummer bezeichnen muss und darum laut Gesetz nicht als Geschmacksverstärker gelten: So liest man auf den Etiketten und offiziellen Angaben zu Inhaltsstoffen: „Speisewürze“ oder einfach „Würze“, „gekörnte Brühe“, „Hefeextrakt“, „fermentierter Weizen“, „Aroma“ usw.

Diese *„bereinigten“* Gewürzangaben finden sich so natürlich auch in den offiziellen Angaben von Fastfood Ketten. Nicht ganz uneigennützig verstärken Fastfood Ketten aber den Suchtfaktor ihrer Speisen zusätzlich durch den hohen Fett- und Zuckeranteil. Dass Fast Food süchtig macht, ist ein anerkanntes Ergebnis von Wissenschaftlern der Princeton Universität. Die Komponenten, welche die Sucht nach dem schnellen Hamburger und den Fritten bewirken, sind der hohe Anteil an Fett und Zucker. Der hohe Fettanteil stimuliert im Hirn so genannte Opioide. Das sind körpereigene „Glücksstoffe“ mit opiatartiger Wirkung. Opiatartige Peptide (organische chemische Verbindungen) entstehen nicht nur durch Synthese im menschlichen Körper, sondern auch bei der Verdauung als Bruchstücke der Proteine aus der Nahrung. Beispielhaft sind so genannte *Casomorphine*, ein opiatartiges Peptid, welches in den Proteinen der Kuhmilch enthalten ist und damit auch im Käse, welcher in fast jedem Burger steckt. Definitiv enthalten die Chester Käse Zubereitungen auch E452, so genannte Polyphosphate. Diese können zahlreiche Verunreinigungen enthalten, sie behindern die Mineralstoffaufnahme im Körper und können den Magen übersäuern. Es ist noch umstritten, ob bei empfindlichen Kindern Hyperaktivität ausgelöst wird. Dazu werden übersüßte Softdrinks angeboten mit den süchtig machenden Stoffen Zucker und Koffein. Das Gehirn eines Kindes ist einer solchen Kombination nicht gewachsen. Die Mischung mit dem hohen Zuckeranteil schafft die Sucht nach weiteren Süßspeisen.

Das Suchtpotential von Zucker ist unumstritten. Wahrscheinlich ist das mit ein Grund dafür, dass in Europa eine wirklich gesundheitlich unbedenkliche Alternative wie Stevia bis ins Jahr 2011 nicht offiziell zugelassen wurde. Bei Stevia handelt es sich um eine Pflanze, die 1887 vom Tessiner Botaniker Moises Bertoni, am Rande eines Sumpfgebietes im westlichen Paraguay entdeckt wurde. Im Jahre 1905 erhielt sie den offiziellen Namen Stevia. Die Guaraní, ein Volksstamm in Südamerika, verwenden diese Pflanze bereits seit Jahrhunderten als Süßungsmittel für ihre Speisen und Getränke. Die Besonderheit dieser Pflanze besteht darin, dass ihre Blätter eine extrem süßende Wirkung entfalten. Aus den getrockneten Blättern kann das Steviosid gewonnen werden, ein Pulver, das weiß wie Zucker ist, aber einen dreihundertmal höheren Süßungsgrad hat. Stevia enthält im Unterschied zum Zucker keine Energie. Stevia beugt sogar Karies vor, reguliert den Blutzucker und den Blutdruck.

Stevia wird heute vor allem in Asien verwendet, und deckt dort als Zuckerersatzstoff zu 75% den Markt ab. Stevia wird ebenfalls in Japan verwendet, z.B. als Zusatz zu Coca Cola light, sowie in den Vereinigten Staaten, wo wenigstens 20 diätetische Produkte auf dem Markt sind, die mit Stevia gesüßt sind. Auf Grund der EU-Richtlinie Nr. 258/97 muss jedes neue Nahrungsmittel, das auf den Markt kommen soll, die Zertifizierung als „Novel food" erhalten. In Bezug auf Stevia haben die zuständigen europäischen Behörden bis 2011 alle Anträge zur Zertifizierung abgelehnt. Begründet wurde dies damit, dass die Nicht- Toxizität (Ungiftigkeit) der Pflanze nicht hinreichend bewiesen ist. In Japan durchgeführte Studien belegen, dass Stevia keine toxischen Inhaltsstoffe enthält. Weltweit wurden zu Stevia über 200 Toxizitätsstudien durchgeführt, die ihre gesundheitliche Sicherheit belegen. Dr. Daniel Mowrey, Direktor der „American Phytotherapie Research Laboratory", unterstreicht, dass es nur wenige Substanzen gibt, deren Untersuchungen eine solch absolute Giftfreiheit ergeben haben. Die Weltgesundheitsorganisation WHO legte zudem 2004 einen ADI-Wert fest und bestätigte so die gesundheitliche Unbedenklichkeit.

Ein neues Nahrungsmittel in den Markt einzuführen, ist an und für sich kein einfaches Unterfangen. Im Fall von Stevia kommt noch dazu, dass diese Pflanze ohne Zweifel eine mächtige Konkurrenz zum Zuckermonopol darstellt. Die multinationalen Konzerne haben deshalb keinerlei Interesse, Stevia auf den Markt zu bringen. Es sei denn, sie finden eine Möglichkeit, ein neues Monopol darauf zu errichten und viel Geld damit zu verdienen. Und tatsächlich gab es eine entsprechende Entwicklung:

Denn die Patente für viele künstliche Süßstoffe waren mittlerweile ausgelaufen, für Aspartam schon 1992, für Sucralose 2005. Außerdem wurde der Markt von riesigen Mengen an Billigprodukten aus China überschwemmt. Die großen Player konnten nur noch wenig verdienen, das Interesse an Aspartam und Co. ging zurück. Wie durch ein Wunder war Stevia auf einmal wieder interessant für sie.

Aber wie sollte man als Lebensmittelgigant von Stevia profitieren können? Auf eine seit Jahrhunderten bekannte Pflanze kann man schließlich kein Patent anmelden: Jeder darf sie anbauen und vermarkten. Also kam man auf eine geniale Idee. Man gewinnt einen der Stevia-Süßstoffe, Rebaudiosid A, auf chemischem Weg und meldet auf diese Methode sowie auf die chemisch behandelten Substanzen eine Reihe von Patenten an. Die reine Pflanze bleibt als Lebensmittel verboten, der chemisch gewonnene Bestandteil hingegen wird zugelassen - und man kann Millionen mit den neuen patentierten Süßstoffen verdienen. Perfide, aber real.

So startete die USA eine große Kampagne gegen Zucker. Im Jahr 2007 meldete Coca-Cola 24 Patente auf Stevia-Produkte an. Coca-Colas Partner und Mitentwickler ist der Agrar- und Lebensmittelgigant Cargill, das größte Familienunternehmen der USA mit 116 Milliarden Dollar Umsatz im vergangenen Jahr.

Also alles bereit für den großen Angriff von Stevia auf Zucker, Aspartam und Co.? Fast. Es fehlten nur noch folgende Punkte:

- Der Geschmack musste möglichst nahe an Zucker herankommen. Tatsächlich hat es Cargill nach eigenen Angaben geschafft, den leichten Nachgeschmack nach Lakritz, der Stevia-Produkten eigen ist, zu minimieren.
- Man musste den Menschen einreden, dass der chemisch gewonnene Süßstoff „natürlichen Ursprungs“ sei. „Alte Indianerpflanze“ usw. Alles eine Frage des Marketings.
- Die neuen Süßstoffe mussten im Westen zugelassen werden. In den USA war die generelle Unbedenklichkeit von Rebaudiosid-A in Süßungsmitteln als Lebensmittelergänzungsstoff durch die Food and Drug Administration im Dezember 2008 erklärt worden. Frankreich hatte im September 2009 eine vorläufige Zulassung er-

teilt. In absehbarer Zeit sollte nun auch in der EU über die Zulassung entschieden werden.

- Es musste genug Stevia angebaut werden. Cargill hat deshalb weltweit, vor allem in China, Vertragsbauern angeheuert und begann mit der massenhaften Züchtung von Samen.

Mittlerweile ist die Cargill-Marke Truvia Marktführer und beherrscht sechs Prozent des amerikanischen Süßstoffmarkts. Coca-Cola verwendet Stevia-Süßstoff in den USA bereits in „Sprite Green"-Limonaden. Auch Pepsi Cola ist in die Produktion von Stevia-Produkten eingestiegen.

Praktischerweise kam nun noch die Politik den Unternehmen zu Hilfe. Wie durch Zufall startete die US-Regierung eine große Kampagne gegen Fettleibigkeit und übermäßigen Zuckerkonsum. Washingtons Kampf richtete sich auf einmal ganz besonders gegen zuckerhaltige Limonaden. Auch eine Sondersteuer auf zuckerhaltige Limonaden sollte eingeführt werden. Das Ganze wurde und wird unterstützt durch diverse wissenschaftliche Studien und eine landesweite Kampagne für gesunde und zuckerarme Ernährung. In den kommenden Jahren wird also ein neuer Multimilliarden-Markt entstehen. Und kaum jemand nimmt bislang davon Notiz.

Nach langer und konfliktreicher Kontroverse wurde Stevia am 12. November 2011 in der EU unter der Bezeichnung E 960 endlich als Lebensmittelzusatzstoff zugelassen. Wie lange es dauert, bis Stevia als Zusatzstoff in Lebensmitteln Verwendung findet und den Verbrauchern als Alternative angeboten wird, ist offen. Zucker wird in Europa also noch eine geraume Zeit weiter verwendet werden, sowohl als Süßmittel als auch als Suchtmittelverstärker. Im Übrigen werden auch Tabakblätter im Verarbeitungsprozess zu Zigaretten- Zigarren- oder Pfeifentabak mit Zucker besprüht. Man nennt das elegant „gesoßt" oder „soßiert". **Warum** wohl?

Warum werden solch eklatante Manipulationen, die definitiv ungesetzlich und auch noch so offensichtlich sind, weltweit ignoriert? Da werden bedenkliche Geschmacksverstärker weiterhin zugelassen weil, so heißt es offiziell, deren Schädlichkeit letztendlich nicht vollumfänglich bewiesen ist, andererseits wird ein unbedenkliches Lebensmittel wie Stevia sehr lange Zeit nicht zugelassen, weil seine Unschädlichkeit angeblich nicht zweifelsfrei nachgewiesen war. Was für ein verdächtig großer Widerspruch. Ist das alles nur Zufall oder Inkompetenz? Ist es ganz einfach nur übersehen worden? Kaum zu glauben.

Sehr viel Ähnlichkeit übrigens zu den vorhin beschriebenen Gesellschaftsgiften. Regierungen beteiligen sich an den Profiten die gemacht werden. Anstatt ihrer wirklichen Verantwortung gegenüber der Bevölkerung nachzukommen, täuschen sie eine solche vor. Steckt einzig und allein die blanke Profitgier von Regierungen hinter diesem Versagen? Kaum zu glauben.

Es wird langsam klar, dass allein mit diesem Thema ganze Bücher befasst werden können, denn es gibt noch weitere Ernährungslügen über die sich viele Menschen kaum bewusst sind. Sie können hier nicht alle intensiv behandelt werden, aber einige wollen wir doch ganz kurz ansprechen.

Der Milchirrtum: Die Kuhmilch ist in der Funktion als Muttermilch für das Kalb gedacht und auf dessen Bedürfnisse abgestimmt. Und die sind zweifellos anders als die Bedürfnisse des Menschen. Nachstehend ein paar gute Gründe, auf Kuhmilch zu verzichten:

- Milch beugt weder Knochenbrüchen noch Osteoporose vor. Nach Angaben der Nurse's Health Study, können Milchprodukte tatsächlich das Risiko von Knochenbrüchen erhöhen, anstatt unsere Knochen zu schützen. Länder wie jene in Afrika oder Asien, in denen so gut wie keine Kuhmilch konsumiert wird, haben die niedrigsten Osteoporose-Raten.

- Milch ist nicht die hervorragende Quelle für Calcium für die sie landläufig gehalten wird, denn ein Großteil der Nährstoffe wird durch die intensiven Verarbeitungsprozesse, denen die Milch heute unterliegt, für den Körper nicht mehr verfügbar - dazu gehört auch Calcium.

- Die Kuhmilch wird in mindestens drei großangelegten Studien, die im American Journal of Dermatology kommentiert wurden, mit der Entstehung von Akne und anderen Hauterkrankungen in Verbindung gebracht. Forschungsergebnisse zeigen, dass Milchtrinker ein um 44% erhöhtes Risiko haben, Hautprobleme in Form von Akne zu entwickeln.

- Milchprodukte können das Krebsrisiko erhöhen. Forschungen haben enthüllt, dass eine höhere Aufnahme von Milchprodukten das Risiko bei Männern an Prostata-Krebs zu erkranken, zwischen 30-50% erhöht. Zusätzlich werden durch das Trinken von Milch Insulinähnliche Wachstumsfaktoren der Sorte 1 (IGF-1) - auch bekannt als Somatomedin C - erhöht. Dieser Faktor gilt als krebsauslösend.

- Fast 75% der Weltbevölkerung leidet an Laktoseintoleranz, was so viel bedeutet wie, dass sie nicht in der Lage sind, den Milchzucker in den Milchprodukten zu verdauen. Ihnen fehlt das Milchzucker spaltende Enzym Laktase. Der Milchzucker vergärt im Darm mit der Folge, dass die Betroffenen unter starken Blähungen und Durchfällen leiden.

- Milch enthält fast ausschließlich gesättigte Fette, die in erhöhtem Maße zugeführt zu den unterschiedlichsten Erkrankungen beitragen können. Außerdem hat die Milch eine stark schleimende Wirkung, die das gesamte Verdauungssystem aus dem Gleichgewicht bringen kann.

- Menschen mit unterschiedlichen Gesundheitsproblemen erleben eine signifikante Verbesserung ihrer gesundheitlichen Situation, wenn sie konsequent auf Milchprodukte verzichten. Insbesondere bei Darmproblemen, Hautproblemen, Allergien und jeglichen Entzündungsprozessen im Körper sollten Kuhmilchprodukte streng gemieden werden.

Fluorid: Fluorid ist ein biologisch nicht abbaubares Umweltgift, das von der Enviromental Protection Agency (*Amt für Umweltschutz*) offiziell als Giftstoff klassifiziert worden ist. In Wahrheit ist Fluorid ein gefährliches industrielles Abfallprodukt bei der Herstellung von Phosphatdüngern, dessen sich größtenteils durch die öffentliche Wasserversorgung wieder entledigt wird. Hexafluorokieselsäure, der am häufigsten für die Fluoridierung (des Wassers) verwendete Zusatz, enthält andere toxische Substanzen wie Blei, Quecksilber, Kadmium, Arsen und Radionuklide. Die Bestialität von Fluorid wurde von Dr. Dean Burk vom National Cancer Institut in einer knappen Erklärung zusammengefasst: „Fluorid verursacht häufiger und schneller Krebs beim Menschen, als jede andere chemische Substanz.“ Fluoridverbindungen wurden in beiden Weltkriegen als Kampfgas eingesetzt und Fluorid gilt als fester Bestandteil von Rattengift. Natriumfluorid ist auch ein gefährliches Nebenprodukt aus der Aluminium-Schmelzindustrie, aber wie hinlänglich bekannt, wird es zur Wasserfluoridierung verwendet und in hohen Konzentrationen der Zahnpasta beigemischt.

Interessant sind die Mechanismen, wie es überhaupt dazu kam, dass ein Zellgift wie Fluorid in den USA die Deklarierung als „Nährstoff“ erhalten konnte. Ein Paradebeispiel des Lobbyismus. In den 50er Jahren brauchte die Stahlindustrie Amerikas dringend einen Platz, wo sie die horrenden Mengen toxischer Fluoridabfälle entsorgen konnte und kam mit Hilfe des findigen Mellon-Instituts in Pittsburg letztendlich zum erhofften Erfolg.

<u>Aspartam:</u> Der Süßstoff Aspartam induzierte in einer tierexperimentellen Studie in Environmental Health Perspectives (EHP 2005 doi: 10.1289/eh.8711) Lymphome, Leukämien und andere Tumore, und zwar bereits in einer Dosierung, wie sie auch von vielen Menschen konsumiert wird.

Die karzinogene (*krebserzeugende*) Wirkung wird auf so genannte Metabolite (*Zwischenprodukt in einem meist biochemischen, Stoffwechselvorgang*) von Aspartam zurückgeführt. Es wird im Körper in Methanol und Formaldehyd abgebaut. Beide Metabolite hatten in Studien Lymphome und Leukämien ausgelöst

Alte CIA-Akten führen Aspartam als Kampfstoff zur biochemischen Kriegsführung. Er wurde jedoch nicht eingesetzt. Die amerikanische Zulassungsbehörde für Lebensmittel und Medikamente (ED.A.3) hat eine Liste mit Nebenwirkungen von Aspartam veröffentlicht. Nachfolgend eine kleine Auswahl der 92 dokumentierten Symptome, die auf eine Aspartamvergiftung zurückgeführt werden können:

- Angstzustände, Arthrose, asthmatische Reaktionen, Juckreiz und Hautirritationen, Schwindelanfälle, Zittern, Unterleibsschmerzen, Schwankungen des Blutzuckerspiegels, Brennen der Augen und des Rachens, Schmerzen beim Urinieren, Chronische Müdigkeit, Migräne, Impotenz, Haarausfall, Durchblutungsstörungen, Tinnitus (*Ohrensausen*), Menstruationsbeschwerden, Augenprobleme, Gewichtszunahme.

Weil es hier nicht möglich ist, alle negativen Inhaltsstoffe in unserer Nahrung anzusprechen, sind nachfolgend ein paar grundsätzliche Hinweise aufgeführt:

Grundsätzlich kann man feststellen, dass oftmals in einem einzigen Lebensmittel eine ganze Schwadron an gesundheitsschädlichen und zum Teil hoch toxischen Zusatzstoffen (*Farbstoffe, Geschmacksverstärker, künstliche Binde- oder Verdickungsmittel, Pestizide, Rückstände von Tiermedikamenten usw.*) enthalten ist. Für viele Zusatzstoffe gelten Grenzwerte oder so genannte Tageshöchstdosen (ADI-Wert, engl.: *Acceptable Daily Intake*). Das Problem ist, dass die Grenz- oder ADI-Werte alle unabhängig voneinander gelten, so dass bereits mit einem einzigen Lebensmittel eine ganze Litanei an Schadstoffen in den Körper gelangen, die dann aufgrund ihrer Vielzahl eine schädliche Konzentration erreichen. Ein noch weitreichenderes Problem ist, dass Grenz- oder ADI-Werte aufgrund von teilweise falschen oder manipulierten Studien und manches Mal sogar völlig willkürlich festgelegt werden. Warum das so ist, das beleuchtet die sehr gut recherchierte Dokumentation „*Unser täglich Gift*" der französischen Investigativjournalistin Marie-Monique Robin. Robin erhielt für ihren Dokumentarfilm „*Monsanto - mit Gift und Genen*", der die Skandale des weltgrößten Gentechnik-Konzerns Monsanto behandelt, zahlreiche Preise unter anderem: den internationalen Umweltschutzpreis Rachel Carson Prize, den Umwelt-Medienpreis der Deutschen Umwelthilfe und den Ekofilm-Festival Preis in der Tschechischen Republik 2009.

Das allergrößte Problem aber ist der schleichende Prozess. Problem deshalb, weil sich durch die ständige Einnahme von Schadstoffen und Giften in geringen Dosen die Auswirkungen erst weit in der Zukunft bemerkbar machen. Die Ernährungsdisziplin vieler Menschen ist den Versprechungen der Lebensmittelindustrie entsprechend ziemlich „bequem" geworden. Zukunftsorientiertes Denken und Handeln werden vielfach auf Beruf und Karriere beschränkt.

„Mehr als die Vergangenheit interessiert mich die Zukunft, denn in ihr gedenke ich zu leben.“

Albert Einstein

Dieser Leitspruch sollte im besonderen Maße für Gesundheit gelten. Leider hat offenbar eine Verschiebung der Prioritäten stattgefunden, denn es sollte das Bewusstsein vorherrschen, dass Gesundheit der Grundstock des Lebens ist und nicht materielle Absicherung. Ohne Gesundheit ist gar nichts möglich, auch keine Karriere! Gesundheit rückt aber meist erst dann wieder ins Bewusstsein vieler Menschen zurück, wenn die ersten langwierigen Beschwerden auftauchen. Wenn dann keine Heilung sondern nur mehr die Behandlung von Symptomen möglich ist, dann erkennen viele die Tragweite ihrer bequemen Haltung aus der Vergangenheit.

Eine höhere Lebenserwartung ist kein Segen, wenn man durch schleichende Vergiftung den größten Teil davon als kranker Mensch verbringen muss.

Viele Menschen wissen zwar durch die Medien von den vielen Schadstoffen in unserer Nahrung, stellen aber trotzdem ihre Essgewohnheiten nicht um. Gewohnheiten sind Automatismen. Die Entscheidung schädliche Gewohnheiten aufzugeben, ist oft schnell getroffen. Die Umsetzung dieser Entscheidung ist der schwierigere Teil.

„Die Macht der Gewohnheit ist der härteste Klebstoff der Welt.“

Reinhard Sprenger
Philosoph und Management-Berater

Stark ausgeprägte Denk- und Verhaltensgewohnheiten können für die Kreativität abträglich sein und zu einem eingefahrenen, mehr oder weniger gedankenlosen Reagieren führen. Zeigt eine große Zahl von Menschen dieselbe Gewohnheit, so kann diese zur nicht hinterfragten sozialen Sitte oder kollektiven Überzeugung werden. Deshalb tut sich der

Einzelne schwer, sein Verhalten zu ändern. Und gerade beim Essen wird dies deutlich.

Eine Änderung der Essgewohnheiten erfordert also eine entsprechende Disziplin. Wer im Kopf die Prioritäten wieder zurechtrückt und Gesundheit vor Beruf und Karriere stellt, der kann der verlangten Disziplin auch gerecht werden. Was man hauptsächlich investieren muss ist Zeit. Zeit sich zu informieren. Das beginnt schon beim Einkaufen mit dem aufmerksamen Studieren der Inhaltsstoffe des einzelnen Produktes und endet bei der weitgehenden Umstellung von haltbar gemachten Lebensmitteln auf Frischkost.

Sich die Zeit nehmen um sich zu informieren ist wichtig weil es Wissen schafft und Wissen schützt am besten vor Manipulation und ungewollter Steuerung durch andere. Das gilt für alle Bereiche des Lebens. Wie wir aber jetzt festgestellt haben auch im besonderen Maße für die Ernährung.

(c) Mobilität:

Das ständig expandierende Verkehrswesen krankt an Hunderttausenden Unfalltoten und Verletzten jedes Jahr. Während Fahrzeuge immer komfortabler, die Motoren immer kräftiger und die Straßen immer voller werden, werden die Anpassung und der Ausbau des Straßennetzes vernachlässigt. Außerdem ist das Verkehrswesen ein Hauptverursacher der Umweltschäden. Staus und Lärmbelästigung stellen die noch geringeren Übel dar.

Verschiedene Verkehrsprognosen gehen davon aus, dass trotz abnehmender Bevölkerung im europäischen Raum und weniger Verkehrsgesamtleistung die Affinität zum Auto in Zukunft weiter steigen wird, unabhängig von der Angebotsqualität des öffentlichen Verkehrs. Bis auf knapp 800 Fahrzeuge pro 1.000 Einwohner soll die Zahl der zugelassenen Pkw weiter ansteigen. Darüber hinaus verschiebt sich angesichts individualisierter Lebensstile das Verhältnis zwischen Arbeit und Freizeit in unserer Gesellschaft. Dies hat andere Mobilitätsbedürfnisse zur Konsequenz. Eine veränderte Altersstruktur wirkt sich auch auf die Wohn- und Siedlungsbedürfnisse und die damit verbundene Dauer und Länge der zurückgelegten Wege aus. Das bedeutet eine besondere Herausforderung für die Organisation des Schienenverkehrs. Das Bahnnetz kann die modernen Bewegungsströme aber kaum mehr abdecken. Auf der einen Seite ist es zu groß und auf der anderen Seite wieder zu klein und zu leistungsschwach. Während ein flächendeckender Schienenverkehr aus wirtschaftlichen Gründen oft nicht mehr erfolgt, fehlt es in Ballungsräumen meist an Verbindungskapazitäten.

Der Verkehrssektor verursacht mehr als ein Fünftel aller CO^2-Emissionen. Mit dem Verkehrsaufkommen nehmen die Belastungen für Mensch und Natur drastisch zu. Vor allem bei Klimawandel, Luftverschmutzung, Lärmbelastung und Landschaftszerstückelung sind die negativen Auswirkungen des Verkehrsvolumens deutlich zu spüren. Die durch den Straßenverkehr verursachten Folgeschäden an Gesundheit und Umwelt sind unakzeptabel hoch. Luftschadstoffe gefährden in erheblichem Ausmaß die menschliche Gesundheit. Zu nennen sind insbesondere das Lungenkrebsrisiko durch Dieselrußpartikel und die Entwicklung von chronischen Atemwegserkrankungen durch Kombinationswirkungen verschiedener Schadstoffe. Die höchsten Konzentrationen in der Luft werden in stark besiedelten und verkehrsreichen Ballungszentren gemessen, so dass ein entsprechend großer Teil der Bevölkerung von den genannten Gesundheitsrisiken betroffen ist. Straßenverkehrslärm beeinträchtigt ebenfalls die Gesundheit. Ein Teil der Bevölkerung ist Pegeln von mehr als 65 dB(A) ausgesetzt. Ab diesen Werten besteht ein erhöhtes Risiko für Herz-Kreislauf-Erkrankungen. Besonders wichtig ist der Schutz der Nachtruhe vor Lärmeinflüssen. Belastungen durch Verkehrslärm können zu Schlafstörungen führen, die ihrerseits Leistung und Befinden am Tage beeinträchtigen. Akute und chronische Lärmbelastungen können die Gesundheit in Form von Herz-Kreislauf-Erkrankungen beeinträchtigen und nachteilige Wirkungen auf das endokrine System haben.

Im Rahmen der Globalisierung nimmt, durch die zunehmende internationale Verflechtung der Wirtschaft, auch der Güterverkehr immer stärker zu. Deutlich erkennen kann man das anhand der ständig wachsenden Zahl von LKW´s auf den Autobahnen. Zwangsläufig sind LKW´s damit auch vermehrt Verursacher von schweren Unfällen. Aufgrund der Größe, des Gewichtes und ihrer Ladung enden diese häufig mit Personenschäden oder tödlich. Angeheizt durch einen mörderischen Wettbewerb der Spediteure und Termindruck, sind mangelnde Fahrzeugsicherheit und

Übermüdung der Fahrer durch Lenkzeitenüberschreitung an der Tagesordnung. Sicherheitsvorschriften werden systematisch umgangen. Die Zahlen sprechen eine deutliche Sprache: An 20 Prozent aller schweren Unfälle mit Lastwagen und Bussen sind alleine müde Fahrer Schuld. Grund: Die von der EU geforderten Ruhepausen werden nicht eingehalten, weil die Strafen für Spediteure billiger sind als regelmäßige Lenker-Auszeiten. Immer öfter sorgen LKW-Fahrer für stundenlange Sperrungen der Autobahnen, weil sie ihren Lastwagen ungebremst in ein Stau-Ende gefahren haben. Die Arbeitsbedingungen der Fahrer sind oftmals katastrophal - viele müssen sogar während der Fahrt ihre Notdurft verrichten. Die übermäßig hohen Lenkzeiten wirken sich negativ auf die Konzentration aus und fördern den Leichtsinn. Bei Polizeikontrollen fallen immer mehr Lastwagenfahrer auf die während der Fahrt fernsehen, bei Tempo 80 Zeitung lesen, SMS schreiben oder mit den Füßen lenken, um ihren Rücken zu entlasten. Eine Statistik von durch LKW verursachte Unfälle aus dem Jahr 2006:

- LKW Transportleistung: 432,0 (*in Milliarden Tonnenkilometer*)
- Schwerverletzte: 8808
- Tote: 1197

An dem insgesamt überdurchschnittlichen Verkehrswachstum mit all seinen negativen Auswirkungen beteiligen sich auch staatliche Institutionen nur allzu gern. Abgesehen von den Gebühren und Steuern zur Finanzierung des Straßen- und Schienennetzes, haben auch Bußgeldeinnahmen in der jährlichen Haushaltskalkulation ihren festen Platz. Allein dieser Umstand stellt den Bezug zur staatlichen Korruption her, denn durch die Einbeziehung der Bußgelder in den Haushalt, ist der Staat praktisch auf den Gesetzesverstoß finanziell mit angewiesen, da Bußgelder nun eine kalkulatorische Größe darstellen, die erfüllt werden muss. Ein Staat, der finanziell auf Gesetzesverstöße seiner Bürger angewiesen ist, kann zwangsläufig nicht mehr liberal und ehrlich sein. Es ist allein deshalb schon ziemlich unglaubwürdig, wenn Vertreter des Staates, Gesetzestreue von ihren Mitbürgern einfordern.

Der Luftverkehr ruft ebenfalls negative ökologische Auswirkungen durch die Emission toxischer und nichttoxischer Substanzen und einer daraus resultierenden Beeinflussung der Umwelt und des Klimas hervor.

Kerosin ist der Treibstoff, der bei allen gängigen Strahltriebwerken zum Einsatz kommt. Wie bei allen auf Mineralöl basierenden Treibstoffen, entstehen auch bei der Verbrennung von Kerosin Emissionen. Sie führen zu einer Erhöhung unerwünschter und toxischer Substanzen in der Atmosphäre und greifen die natürliche Ozonschicht an. Dies wirkt sich negativ auf den Wärmehaushalt der Erde aus, was eine Versauerung der Luft und sauren Regen hervorrufen kann. Aufgrund der Höhe, in der der Ausstoß stattfindet, können die Schadstoffe nicht durch Pflanzen oder Auswaschung teilweise kompensiert werden. Sie verbleiben durchschnittlich ein Jahr in der Luftschicht bis es zum Absinken kommt. Da beim Start eines Flugzeugs überproportional viel Treibstoff in Relation zum gesamten Flug benötigt wird und die Emissionen somit höher sind, findet auch im Umfeld von Flughäfen Luftverschmutzung durch Luftverkehr statt.

Die gesunkenen Preise von Flügen und deren einfache Verfügbarkeit haben zu einem enormen Anstieg der Flugreisen insgesamt geführt und dadurch die verkehrsbedingten Treibhausgasemissionen vervielfacht. Durch die jährlichen Wachstumsraten des Luftverkehrs von ca. 4-5 % werden die Einsparungen durch sparsamere Antriebe bei weitem zunichte gemacht. Das heißt, dass die Triebwerke zwar in Bezug auf den Schadstoffausstoß optimiert werden, durch immer mehr Flüge und Flugzeuge die Emissionen jedoch stärker anwachsen. Bei einem ökologischen Vergleich der Verkehrsmittel unter realistischer Auslastung ist der Kohlendioxidausstoß des Flugzeugs sehr viel höher als von einem Reisebus und der Bahn. Dies gilt auch für den Verbrauch an Primärenergie in Liter pro Person. Der Weltklima-Ausschuss der Vereinten Nationen, IPCC - der zwischenstaatliche Ausschuss für Klimafragen und das ranghöchste Wissenschaftsgremium in Sachen Klima weltweit - gab schon 1999 einen Sonderbericht über den Zusammenhang von Luftfahrt und Klima heraus. Dabei hat er festgestellt, dass der Gesamtbeitrag des Flugverkehrs zur Klimaerwärmung wegen der größeren Schädlichkeit der Schadstoffe in großen Flughöhen global gemittelt zwei- bis viermal höher ist, als bei entsprechenden Emissionen am Boden.

Fluglärm ist eine der wesentlichen Umweltbeeinträchtigungen durch den Luftverkehr und wirkt aufgrund seiner intermittierenden Struktur anders als Schienen- oder Straßenlärm. Im Zusammenwirken mit einem stark beflogenen internationalen Flughafen entsteht dadurch eine unangemessen hohe Lärmbelastung für dessen unmittelbare Umgebung. Insgesamt hat sich die Belastung der Bevölkerung durch Fluglärm in den letzten 40 Jahren erheblich verändert. Zwar sind die einzelnen Flugzeuge leiser geworden, dieser Effekt wird jedoch durch die zunehmende Anzahl der Flugbewegungen kompensiert und teilweise sogar überkompensiert. Die Auswirkungen auf die Gesundheit der Menschen zeigen mittlerweile zahlreiche wissenschaftliche Untersuchungen. Ab 65 dB(A) können gesundheitliche Schäden auftreten, wie Bluthochdruck und Herzkreislauferkrankungen. Lärm mindert auch die körperliche und geistige Leistungsfähigkeit.

Gewinnmaximierung ist auch auf dem Verkehrssektor überall das Leitmotiv für knallharten Wettbewerb. Der dadurch entstehende Leistungsdruck führt zwangsweise dazu, dass Mensch und Umwelt weitgehend vernachlässigt werden. Ein hoher Preis für Globalisierung und Mobilität. Wie so oft, stellt sich unnatürlicher Egoismus dem echten Fortschritt auch hier in den Weg.

Da alle Menschen mobil sein wollen, kann es definitiv nicht darum gehen, Mobilität zu verbieten, um Mensch und Umwelt zu schonen, sondern alle Anstrengungen zu unternehmen, um umweltfreundliche Technologien nicht nur zu entwickeln, sondern diese auch schnellstmöglich zuzulassen und einzusetzen. Und das geschieht eben oftmals aus Profitgier nicht.

Insofern ist Mobilität weniger ein Zeichen des Fortschritts, sondern viel mehr Beleg für kranke Gesellschaftsstrukturen.

***(d) Energie*:**

Die Energieversorgung hat komischerweise in den letzten hundert Jahren, außer der Perfektionierung des Verteilersystems, gar keine Fortschritte gemacht. Immer noch werden Öl, Gas, Kohle und Holz, also fossile Brennstoffe verfeuert und schädigen das Ökosystem. Über die Gefahren von Atomenergie, braucht man kaum Worte zu verlieren. Sie sind bis heute ein großes Konfliktthema. Was so stark daran verwundert ist die Tatsache, dass es kaum jemanden zu geben scheint, dem dieser immense Widerspruch aufgefallen ist. Wenn es auf allen anderen Gebieten, einen viel publizierten, superrasanten Fortschritt gibt, dann ist der hundertjährige Stillstand in der Energieversorgung höchst merkwürdig und nicht mehr nachvollziehbar. Woran liegt das? Vielleicht daran, dass fossile Brennstoffe nur begrenzt vorhanden sind? Man muss sich ins Bewusstsein rufen, dass Ausübung von Macht nur auf einem einzigen Prinzip aufbauen und sich stützen kann. Und dieses Prinzip heißt **Mangel**wirtschaft. Ist also eine lebenswichtige Ressource nur begrenzt vorhanden, kann man darauf ein Monopol errichten und Macht ausüben. Die Illusion des **Mangel**s schürt automatisch die notwendigen Existenzängste, welche die Menschen steuerbar macht. Und wenn Macht einzig und allein auf Basis dieses **Mangel**prinzips funktionieren kann, wäre es dann nicht logisch, dass alles erdenkliche unternommen wird, um alle Menschen an dieses **Mangel**prinzip zu ***binden***? Wäre es dann nicht logisch, dass alles dafür getan wird, etwaig vorhandene, unbegrenzte Energieressourcen und Kapazitäten zu blockieren, ihre Existenz zu leugnen und unter den Tisch zu kehren? Wenn kein wirtschaftlicher **Mangel** vorhanden wäre, würde das doch jeden Menschen absolut unabhängig machen und die Macht wäre verloren. Wir können heute im Universum Energiemengen und Kräfte beobachten, die ausreichen, um eine ganze Galaxis zu zerstören. Da erscheint es geradezu lächerlich, wenn behauptet wird hier auf Erden wären die Energieressourcen stark begrenzt. Erinnern wir uns bitte - Alles besteht aus Energie.

Die Argumentation der Energieindustrie ist, dass die Nutzung kosmischer Energieressourcen an der technischen Machbarkeit scheitere. Das Heliotrop des Architekten Rolf Disch steht dem entgegen. Rolf Disch zählt mittlerweile zu den bekanntesten Solararchitekten Europas. Im Laufe der Jahre bekam Disch für seine Arbeiten unzählige Auszeichnungen. Seine Projekte erlangen internationale Aufmerksamkeit und Anerkennung. Rolf Disch scheut kein Risiko und beweist, dass seine Visionen funktionieren. So überzeugt er auch seine Kritiker und Zweifler. Dem drehbaren Solarhaus Heliotrop liegt die Idee zugrunde ein Gebäude zu konstruieren, das höchsten Ansprüchen an Architektur und Umweltschutz genügt und dennoch ohne lästige Einschränkungen seinen Bewohnern exklusiven Wohnkomfort bietet. Die Homepage von Rolf Disch findet sich im Quellenverzeichnis.

Die Säule des Heliotrops ruht auf einem Drehkranz mit Schwenklager, der von einem Elektromotor angetrieben wird und so eine Orientierung des Gebäudes nach dem Lauf der Sonne ermöglicht. Das zylinderförmige Heliotrop ist auf der einen Seite dreifach wärmeschutzverglast, zur anderen Seite hochwärmegedämmt. Während der Heizperiode kann das Haus mit der Glasfassade der Sonne nachgeführt werden oder aber bei großer Hitze aus der Sonne gedreht werden. Durch das Drehen des Hauses wechselt in sämtlichen Räumen das Aussichtspanorama mit der Tageszeit und erzeugt so ein Wohnerlebnis der besonderen Art. Sämtliche Räume werden durch die Sonne beheizt. Der verbleibende Wärme- und Heizenergiebedarf wird von Vakuumröhrenkollektoren zur Warmwasserbereitung in den Brüstungselementen und einem Erdwärmetauscher bereitgestellt.

Das gesammelte Regenwasser wird zum Spülen und Waschen verwendet. Abfall- und Fäkalien werden geruchlos in einer Trockenkompostanlage kompostiert, während das Abwasser in einer bepflanzten Teichkaskade geklärt wird. Auf diese Weise ist das Gebäude nicht nur zur Energienutzung und -gewinnung perfekt auf die Sonneneinstrahlung ausgerichtet, sondern spart Ressourcen, verzichtet auf umweltschädliche Chemie und ist in den natürlichen Wasserkreislauf eingebunden.

Sonne, Wind und Wasser sind kosmische Energie. Das Heliotrop beweist die technische Machbarkeit der Nutzung kosmischer Energieressourcen und dass diese Energie kostenlos gewonnen werden kann. Auch die Speicherung dieser Energie scheitert heutzutage nicht mehr an den technischen Möglichkeiten. Ein Mangel existiert nicht, er ist blanke Illusion. Diese Illusion aber ist für die Energieriesen äußerst wichtig um ihr Monopol zu sichern und auszubauen. Förderung und Ausbau von umweltschonenden und leistungsfähigeren Energiequellen werden deshalb, wie gesagt, von einer mächtigen Lobby blockiert oder zumindest stark behindert.

Und es beginnt schon weit vorher. Erfindungen die helfen, auch traditionelle fossile Brennstoffe einzusparen und wiederzuverwerten werden blockiert. Das Beispiel des Erfinders Hermann Trabold belegt dies sehr eindrucksvoll. Hermann Trabold, geboren 1939, meldete bereits 1990 einen Ölfilter zum Patent an, der den herkömmlichen Ölwechsel komplett überflüssig macht und zusätzlich dazu beiträgt, dass der Motoren- und Anlagenverschleiß merklich reduziert wird. Durch die Feinstfilterung erfährt das Öl eine Verbesserung der Schmierfähigkeit. Das Öl selbst besitzt nur eine mittelmäßige Schmierfähigkeit. Es werden Schmutzpartikel bis zu 1/10 Mikron (Zehntausendstel Millimeter) ausgefiltert, das heißt, es verbleit nur noch ein absoluter Kleinstabrieb der Metalle im Öl, der die Schmierfähigkeit um ein vielfaches erhöht. Die verbesserte Schmierfähigkeit reduziert den Motoren- und Anlagenverschleiß. Bei Hydraulikanlagen sogar bis zu 90%.

Wenn der TRABOLD-Filter breit zur Anwendung käme, wären die Umweltvorteile immens groß. Wenn Öl in Motoren, Hydraulikanlagen, Getrieben und Transformatoren gar nicht oder nur noch selten gewechselt zu werden braucht, dann werden nicht nur Kosten gesenkt, sondern auch weltweit die Rohölvorkommen geschont und der Abfall von Altöl drastisch reduziert.

Klar ist aber auch, dass extrem viel Geld durch den Verkauf und den Wechsel von Öl verdient wird. Bis heute versucht die Auto- und Ölindustrie deswegen über gebundene Wartungs- und Gewährleistungsverträge den Einsatz des TRABOLD-Filters zu verhindern, obwohl - rein juristisch - kein Hersteller oder Händler, beim Einbau des TRABOLD-Filters, die Werksgarantie pauschal aufkündigen darf.

Aber auch sonst wurde versucht auf den Erfinder selbst Einfluss zu nehmen. Die Palette reicht von Bestechung bis hin zu Morddrohungen. Bis heute ist es Herrn Trabold gelungen, sich standhaft zu wehren. Es gelang ihm schrittweise, immer mehr Unternehmen und Medien von der Leistungsfähigkeit seines Filters zu überzeugen. Dies ist aber nur ein Beispiel aus der Gegenwart, wie und warum versucht wird, fortschrittliche Erfindungen und Förderung von alternativen Technologien zu verhindern.

Spricht man über ***freie Energie***, gemeint ist eine wirklich unbegrenzt vorhandene und umweltfreundliche Energiequelle, wird man gar nicht mehr ernst genommen, weil die geltende Physik freie Energie anders definiert: „Die freie Energie ist die Energie, die frei wird, wenn ein Material sich ausdehnt ohne sich dabei abzukühlen. Dabei muss aus der Umgebung Wärme zugeführt werden.“ Doch fast jeder Mensch träumt von ***freier Energie*** als unbegrenzte und umweltfreundliche Energiequelle. Und es gibt diese ***freie Energie*** sogar für jedermann offensichtlich. Oder was stellt Solar-, Wind- und Wasserenergie denn anderes dar? Dass diese Technologie *offiziell* noch nicht in der Lage ist, den weltweiten Energiebedarf zu decken, rechtfertigt doch das überaus auffällig langsame Voranschreiten der Entwicklung auf diesem Sektor nicht. Außerdem darf angezweifelt werden, ob die offizielle Darstellung der Begrenztheit dieser Technologie der Wahrheit entspricht. Solarzellen sind heutzutage im Stande, auch bei diffusem Licht (Bewölkung) Strom zu erzeugen und das in einem weitaus größeren Ausmaß, als es die erste Generation von Solarzellen es bei reinem Sonnenlicht vermochte.

Die freie Energie wird auch Raumenergie, Schwerkraftfeld-Energie, Nullpunkt-Energie, Vakuumfeld-Energie oder Kosmische Energie genannt und ist eine unerschöpfliche erneuerbare Energie. Freie Energie-Technologien nutzen den Raum als Energiequelle. Die Quantenphysik lehrt uns, dass der Raum voller Energie ist (Nullpunktenergie). Schon lange haben Erfinder Freie Energie Technologien vorgestellt. Diese Technologien sind umweltfreundlich und produzieren kein CO^2. In den letzten 25 Jahren wurden immer ausgereiftere Technologien präsentiert. Dies führte zur Gründung verschiedener Forschungsgruppen. Die ***Deutsche Vereinigung für Raumenergie e.V.*** (DVR - http://www.DVR-Raumenergie.de/) ist die Dachorganisation im deutschsprachigen Raum.

Es gab natürlich auch Wissenschaftler, die sich schon seit der Jahrhundertwende mit der Erforschung ***freier*** und umweltfreundlicher ***Energie*** beschäftigt haben. Und sie machten gewaltige Entdeckungen. Ihre Namen, Viktor Schauberger, Nikola Tesla, Thomas Townsend Brown, Hans Coler oder Eugene Podkletnov werden gerne in die Vergessenheit verbannt.

Viktor Schauberger zum Beispiel erkannte, dass nirgends in der Natur die zerstörerische „Explosionstechnik" zur Anwendung kommt, sondern dass die Natur in allen Bereichen das <u>entgegengesetzte</u> („*Die Wahrheit liegt auf der anderen Seite*") Verfahren anwendet - die „Implosionstechnik". Schauberger erkannte, dass die Explosionstechnik „falsch bewegt", wie er es ausdrückte. Der Vorgang des Verbrennens wirkt zentrifugal (von innen nach außen), abbauend und somit lebensfeindlich. Hochwertige Naturprodukte wie Kohle, Erdöl, Erdgas und Uran, die eine enorm wichtige Rolle für die Geosphäre der Erde spielen, werden in Schlacke, Abgase und tödlich strahlendes, kurz gesagt, in minderwertigstes Material umgewandelt. Diese Abfallprodukte werden bei anhaltender Anwendung der zerstörerischen Explosionstechnik letztendlich die Umwelt immer weiter und stärker schädigen.

Bei dem von der Natur angewandten Implosionsverfahren wirken die Kräfte nicht zentrifugal nach außen, wie dies bei der Explosion der Fall ist, sondern nach innen gerichtet, also zentripetal. Eine Implosion richtet die Kraft zum Mittelpunkt hin, und erreicht schließlich im Zentrum ihr Maximum. Im Gegensatz zur Explosionstechnik, bei der eine Umwandlung edler Rohstoffe in minderwertige Produkte (Abgase, Asche... usw.) stattfindet, werden bei der Implosion qualitativ minderwertige Stoffe in höherwertige Produkte umgewandelt, also praktisch ein Veredelungsvorgang, der auch noch Energie liefert.

Schauberger konstruierte Maschinen, welche die Implosionskraft einspulenden Wassers nutzten, und mit denen man zwei Fliegen mit einer Klappe schlagen konnte - Edelwasser herstellen und Energie gewinnen. Gespeist wurden diese Maschinen mit Wasser beliebiger Qualität, auch minderwertiges und verschmutztes. Das Endprodukt war immer edelstes Quellwasser mit Heilqualitäten sowie eine ungeheure Menge an Energie. Schauberger erkannte damals schon:

„Die Wahrung des Wassergeheimnisses ist auch ein Mittel, um dem ***Gelde*** *die <u>Zinskraft</u> zu sichern. Der Zins gedeiht nur in der* ***Mangel****wirtschaft. Die Wahrung des Geheimnisses Wasser ist daher das größte Kapital des Kapitals, und aus diesem Grunde wird jeder Versuch, der dieser Klärung dient, rücksichtslos im Keime erstickt!“.*

Dafür wurde und wird Herr Schauberger von Industrie, Medien und Wissenschaft, damals wie heute, ganz gezielt korrumpiert.

Die Erfindungen eines *Nicola Tesla* erlauben, dass Strom nicht mehr durch Überlandleitungen transportiert und Flug- und Fahrzeuge nicht mehr mit Treibstoff betrieben werden müssen. Sie erlauben ein Herauskommen aus der Sackgasse, in die uns Ressourcenausbeutung, radioaktiver Müll und Verbrennungstechnologien gebracht haben. Sie bestehen in Technologien, die Ressourcen sparen helfen, neue Materialien entstehen lassen und weltweit nachhaltig sind.

Tesla war der Ansicht, dass Energie im Übermaß nicht aus dem magnetischen, sondern primär aus dem elektrischen Feld gewonnen werden könnte unter Ausnutzung hoher Spannungen und hoher Frequenzen. 1901 hat Tesla nach diesem Konzept eine Art Niedrigtemperatur- Supraleitung entwickelt.

Insgesamt tragen mehr als 1.200 Erfindungen und Patente Teslas Namen. Unter anderem gilt er als Erfinder des Radars, der Leuchtstoffröhre und spezieller Turbinen. US-Investoren weigerten sich damals, in weitere bahnbrechende Entwicklungen von Nikola Tesla zu investieren, mit der Begründung, dass sie bereits viel investiert haben (z.B. in die Stromtechnik) und dass diese Investitionen durch weitere Neuerungen entwertet würden.

Es gibt noch eine ganze Reihe weiterer Erfindungen von Wissenschaftlern zur Gewinnung und Nutzung von freier Energie, die ganz einfach verschwunden sind.

1874 hatte in Philadelphia USA schon John Worrell Keely einen Generator vorgestellt, der auf Resonanzschwingungsbasis billige Kraft erzeugte, um Maschinen zu treiben.

1926 führte Kapitän Hans Coler in Berlin zum ersten Mal seinen Generator für freie Energie vor, und es wurde ihm von der Hochschule bescheinigt, dass es sich wohl um eine völlig neue Art von Energie handeln müsse. Gäbe es den Bericht des British Intelligence Objectives Sub-Committee nicht, wären die Erfindungen des deutschen Marinekapitäns Hans Coler wohl in den Kriegswirren des 2. Weltkrieges verloren gegangen.

1931 führte Nicola Tesla sein völlig benzinloses Auto vor. Das Auto, ein umgebauter PKW der Marke Pierce Arrow, verfügte über einen Elektromotor und einen Energiekonverter.

1933 fuhr Ing. Greichen aus Nürnberg ebenfalls mit einem benzinlosen Auto, das mit einem Resonanz-Schwingungs-Motor lief, bis nach Berlin, um es als möglichen „Volkswagen“ vorzustellen. Das System bestand aus einem Akkumulator, einem Dynamo, einem großen Hubmagneten und einem Druckluftzylinder. Greichen ist mitsamt seinem Fahrzeug, das durch einen Wandler angetrieben wurde, auf dem Weg von Altenburg nach Berlin spurlos verschwunden.

1943 liefen die Coler-Konverter in der militärischen Erprobung bereits mit 6 Kilowatt Stundenleistung.

1952 liefen die Auswertungen der erbeuteten deutschen Geheimpatente in den USA voll an, eine ganze Anzahl Versuche auf dem Gebiet neuer physikalischer Ebenen wurden vorgeführt und protokolliert, darunter auch die Aufhebung der Schwerkraft zu Flugzwecken.

1960 beschrieb Ing. Kromrey aus Genf seine Maschine und Methode, die Schwerkraft bei seinem Generator mit zu nutzen, und er erreichte nachweislich weit über 120 % Wirkungsgrad.

1973 lief der erste große Generator von Ing. Edwin Gray rein aus kosmischer Kraft mit vollen 50 KW. 1974 sollte ein von Paul M. Lewis neu gestaltetes, kraftstoffloses Auto mit Gray-Motor laufen, doch die Staatsanwaltschaft von Los Angeles beschlagnahmte Prototypen und Konstruktionszeichnungen. Bis zu seinem Tod unter mysteriösen Umständen arbeitete er weiter an seinem Motor.

1981 führte der Sohn von Dr. Moray den Konverter seines Vaters in Europa bei einzelnen Firmen vor, um die Lizenz zu verkaufen. Von der Volkswagenstiftung wurde er ausgelacht.

1983 wurde in einem Büro in Konstanz ein frei laufender Energie-Konverter auf Magnetbasis vorgestellt und im Labor eines Großbetriebes in der Leistung bestätigt.

1984 wurde in demselben Büro von Prof. Seifert eine Wärme-Schwingkammer vorgeführt, welche in der Lage ist, mehr Energie abzugeben, als hineingesteckt wird. Das Geheimnis liegt in einer Resonanzschwingung.

Die Frage ist, **warum** man den Sachverstand jedes Wissenschaftlers, der sich mit dem Thema ***freier Energie*** beschäftigt, anzweifelt, ignoriert oder herunterspielt und **warum** die Bevölkerung das immer alles glaubt und akzeptiert? Ein Forscher kann sich mal irren, aber doch nicht alle! Hunderte Patente haben diese Wissenschaftler und Erfinder angemeldet. Ein jeder Interessierte kann sich heute im Internet oder auf den Patentämtern selber informieren und sich von schwarz auf weiß vorliegenden

Dokumenten, zur Erzeugung von umweltfreundlicher und freier Energie, überzeugen. Da diese Patente den Weg zu einer hundert Prozent umweltfreundlichen und unabhängig machenden Gewinnung von freier unbegrenzter Energie aufzeigen, dürfte klar werden, **warum** sie bis heute nicht beachtet und umgesetzt wurden. Solche Forschungen versprechen eben erstens keinen Profit, sondern Unabhängigkeit für die Bevölkerung und gefährden damit zweitens, das Machtmonopol der Energiekonzerne.

Ziemlich effizient wehren sie sich sogar dagegen. Das konnte man beispielsweise 2008 sehr gut beobachten. Aufgrund der absichtlich herbeigeführten Öl- und Energiepreisexplosion, wurde ernsthaft über eine Ausweitung der Atomenergieversorgung nachgedacht, um einer wirtschaftlichen Stagnation entgegen zu wirken. Sogar die OPEC argumentierte, dass die Anhebung der Fördermengen zu keiner Preissenkung führen werde, da die Ölpreise künstlich hochgehalten würden. Durch die Preisexplosion wurden also Existenzängste geschürt, was die Akzeptanz für Atomenergie sofort hat in die Höhe schnellen lassen. Der erhoffte Atomausstieg war damit wieder in weite Ferne gerückt. Erst die Atomkatastrophe von Fukushima im März 2011 bewegte zumindest in Deutschland die Regierung wieder zum einlenken.

Ein anderer, sehr bemerkenswerter, Umstand ist das Stillhalten der Umweltschutzorganisationen. Normalerweise müssten gerade diese ein ausgeprägtes Interesse an allen „grünen" Alternativtechnologien haben, die es zur Serienreife gebracht haben und von Industrie und Politik trotzdem ignoriert werden. Umweltschutzorganisationen verfügen über eine breite Akzeptanz in der Öffentlichkeit und über genügend Plattformen in den Medien. Damit wären sie mächtig genug, *„ignorierte"* Technologien bekannt zu machen und könnten so dazu beitragen, dass sich alternative Lösungskonzepte schneller am Markt etablieren. Ganz nebenbei könnten sie so Ihre Interessen auch wesentlich wirksamer wahren. Bedauerlicherweise beschränken sie sich lediglich auf lautstarke Forderungen und nervenaufreibende Auseinandersetzungen mit Politik und Industrie, weshalb es letztendlich noch eine geraume Weile dauern wird, bis sich „freie Energie" nachhaltig durchsetzen kann.

Momentan können die Energieriesen zwar noch argumentieren, dass sich der Umwandlungsprozess von Sonne, Wind und Wasser aufwendig und schwierig gestaltet und deshalb die daraus gewonnene Energie im Endpreis teuer ist. Aber mit zunehmendem technologischem Fortschritt wird diese Argumentationslinie nicht mehr haltbar sein. Deswegen wird bereits an neuen Strategien und Konzepten gearbeitet, damit wir Menschen auch in Zukunft viel Geld für erneuerbare Energien bezahlen müssen, obwohl sie fast nichts mehr kosten dürften, weil Wind, Sonne und Wasser in unendlichen Mengen vorkommen.

Hinzugefügt werden muss, dass Bereiche wie die Esoterik die Begrifflichkeiten dieser Alternativphysik in erheblichem Maße missbrauchen. Denn man muss sich als klar denkender Mensch doch die Frage stellen, wie es möglich sein kann, dass wenn diese Technologien verborgen gehalten oder nicht umgesetzt werden, die Esoterik trotzdem Produkte zu einem völlig überteuerten Preis anbieten kann, welche angeblich mit diesen Technologien arbeiten? Noch mal in aller Deutlichkeit; sollte den Menschen irgendwann einmal echte ***freie Energie*** zugänglich sein, dürfte ein Produkt, das mit freier Energie betrieben wird, fast nichts mehr kosten.

Menschen, die diese Produkte teuer kaufen und dann feststellen, dass sie nicht funktionieren, verlieren natürlich den Glauben an eine Alternativtechnologie. Die Esoterik trägt somit ganz vehement dazu bei, dass sich Energiekonzerne und Medien mit ihrer Verschleierungstaktik ziemlich leicht tun. Wo ist da der echte Fortschritt?

Oder gehört die Esoterik zur Taktik?

(e) Fazit:

Diese Probleme haben Ihre Hauptursache in der egoistisch motivierten Umsetzung und Anwendung von Forschungsergebnissen. Dazu gehört auch deren Vertuschung oder Unterdrückung, wenn es sein muss. Wissenschaftliche Forschung sollte unbedingt ohne Erfolgs- und Zeitdruck stattfinden und nicht profitgebunden sein. Nur so kann sie zu einer ganzheitlichen Entwicklung des Menschen beitragen und damit Teil eines intelligenten Fortschritts sein. Kapitalgesteuert führt sie die Menschen in eine falsche und verheerende Richtung.

Kapitel 5: Politik als unser Spiegelbild

Kommen wir zur Politik. Ein Großteil der Wähler ist sicherlich der Auffassung, dass in der Politik hauptsächlich egoistische Ziele verfolgt werden und Korruption weit verbreitet ist. Die sprichwörtliche Wahlverdrossenheit ist diesbezüglich ein bezeichnendes Indiz. Unzählige Politskandale dürften außerdem diesem Standpunkt der Wähler ein deutliches Gewicht verschaffen.

Die Politik eignet sich aber gerade deshalb hervorragend zur näheren Betrachtung unserer eigenen egoistischen Motive. Wir reagieren zu Recht wütend und frustriert auf die Machenschaften der lobbyistisch beeinflussten Politik. Aber genau dieses Gefühl führt uns ebenfalls trotzbedingt, zu demselben egoistischen Verhalten.

Ein Mensch, der durch Beförderung eine Führungsposition erworben hat, wird die Position des Arbeitgebers gegenüber den Arbeitnehmern vertreten. Selbst dann, wenn sie falsch und ungerecht gegenüber der Belegschaft ist. Er wird dies tun, weil mit seinem Aufstieg auch eine Anhebung seines sozialen Status verknüpft ist, die er nicht aufs Spiel setzen will. Er wird dies seinem Gewissen gegenüber damit rechtfertigen, dass andere genauso und noch viel schlimmer handeln. Außerdem wird ihn das Gefühl, mehr Macht und Einfluss zu besitzen, faszinieren und ihn beflügeln, weiter die Karriereleiter hochzuklettern.

Das Handeln eines Menschen mit großer Macht wird genau aus derselben Motivation heraus geprägt. Ein Politiker beispielsweise, erhält Macht und wird an seine Macht gewöhnt. Er lernt Privilegien genießen, die er dann auf keinen Fall aufgeben möchte. Da er diese nicht aus eigener Kompetenz und Kreativität, sondern nur mit Hilfe des „Systems“ erzielen konnte, ist ihm diese Abhängigkeit immer bewusst. Er wird damit hochgradig korrumpierbar und über die Medien kontrollierbar. Anders ausgedrückt, es herrscht überall dasselbe übertrieben egoistisch motivierte Verhalten, ganz egal in welchem sozialen Umfeld ein Mensch lebt. Bei Menschen, die einen geringen sozialen Status haben, kommen Frust, Wut, Neid und Missgunst als Motivation für ungesunden Egoismus hinzu.

Fazit: Was im kleinen Rahmen geschieht und existiert, lässt sich aufs Große übertragen. Viele Organismen und Mechanismen wachsen, indem sie ein Grundmuster immerzu wiederholen. Verhaltensweisen zeigen ebenfalls, auch wenn sie sich in unterschiedlichen Stadien der Entwicklung befinden, immer wieder die gleichen Grundmuster auf, allerdings mit andern Auswirkungen. Diese These hat Naturgesetzcharakter und lässt sich beim Menschen schon von klein auf an beobachten. Ein Kind bekommt ein neues Spielzeug. Die anfängliche Begeisterung wird zur Gewohnheit und führt dazu, dass das Kind sein Interesse daran verliert. Irgendwann wird das Spielzeug nicht mehr benutzt und das Kind wünscht sich etwas neues, möglichst etwas Besseres. Bei Erwachsenen ist das Verhalten gleich, nur die Spielzeuge sind größer und gefährlicher. Man spielt gerne mit Reichtum und Macht und möchte diese ständig vergrößern und ausweiten. Man gibt sich mit dem bisher erreichten nicht mehr zufrieden, weil man das Interesse daran verloren hat. Deswegen will man nach einer bestimmten Zeit mehr. Dafür sind viele bereit, alles zu riskieren und ihre Skrupel komplett abzulegen. Intrigen, Mobbing und Korruption sind im Berufsleben allgegenwärtig. Diese Miniverschwörungen werden, übertragen auf die Weltpolitik, zu großen Verschwörungen.

Viele Menschen zweifeln an der Existenz von Verschwörungen. **Warum**? Bei Begriffen wie Mobbing, Intrigen, Korruption und Machtgier haben sie keine Probleme mit der Akzeptanz. **Warum** also bei Verschwörungen? Das ist absolut unlogisch. Verschwörungen sind die logische Konsequenz aus dem Vorhandensein von ungesundem Egoismus. Mobbing, Intrigen, Korruption und Machtgier entstehen ebenfalls daraus. Logischerweise müssen dann auch Verschwörungen daraus hervorgehen. Verschwörungen sind nichts anderes als die intensivste Form von Intrigen und Korruption. Es sind Handlungen die im Geheimen stattfinden um mehr Macht zu erlangen. Und **warum** wohl sind diese Handlungen geheim? Weil sie mit Legalität und Moral nichts zu tun haben. Wäre dies der Fall, wären sie auch nicht geheim. Einige mögen der Ansicht sein, dass der Egoismus des Menschen nicht stark genug ausgeprägt ist um große Verschwörungen anzuzetteln. Die tragische Geschichte menschlicher Kriege und Gewalt beweist das Gegenteil. Für den so genannten Enthüllungsjournalismus oder die Skandalpresse ist sogar ein richtiger Markt entstanden.

Kriege sind ein Paradebeispiel für die Existenz von Verschwörungen, sind sie doch das Instrument überhaupt, um sehr viel Geld zu verdienen und damit mehr Macht zu erlangen und weiter auszubauen. Viele werden sagen, Kriege kosten doch Unmengen von Leben und Geld, wie soll denn damit Geld verdient werden? Das ist nur augenscheinlich richtig. Den kriegführenden Nationen kostet der Krieg meist so viel Geld, dass sie dadurch an den Rand des Ruins gebracht werden. Das bedeutet, die Staaten müssen sich, um ihren Krieg überhaupt führen zu können, durch Inanspruchnahme horrender Kredite meist hoffnungslos verschulden. Sind sie dann verschuldet, kann ohne weiteres Einfluss auf das politische und wirtschaftliche Geschehen genommen werden. Der Schweizer Gelehrte Jean-Jacques Babel stellte fest, dass die Menschheit in den letzten 5600 Jahren rund 14500 Kriege mit dreieinhalb Milliarden Toten aufzuweisen hat. Das ist die Hälfte der jetzigen Weltbevölkerung. Die Zahl der geführten Kriege seit der Neuzeit, sprich des 16. Jahrhunderts indem sich auch das moderne Bankwesen zu etablieren begann, liegt bei circa 310. Das Kreditgeschäft entwickelte sich offiziell schon im Mittelalter. Es muss aber davon ausgegangen werden, dass bereits im römischen Reich ein sehr ähnliches Finanz- und Kreditsystem existierte, mit dem an den zahlreichen Feldzügen verdient wurde. Der Untergang eines Imperiums wie das der Römer, Griechen, Araber oder Spanier basierte letztendlich auf der Existenz eines Zinssystems welches zur Vermögenskonzentration einiger Privilegierten führte.

Kreditgeber und Banken, die Kriege mit Darlehen finanzieren, knüpfen natürlich Bedingungen an die Gewährung, denen sich ein in Bedrängnis geratenes Land nicht entziehen kann. Mit Kriegsfinanzierungen lässt sich das allermeiste Geld verdienen, und nicht nur Geld, sondern auch Macht. Macht deshalb, weil es den international operierenden Bankiers vor allem darum geht, ein Land zu verschulden. Krieg setzt immer enormes Kapital voraus, und ohne Kapital können Regierungen keinen Krieg durchführen. Es ist durchaus gebräuchlich in einem stattfindenden Krieg beide Parteien zu finanzieren. Beim amerikanischen Bürgerkrieg (1861-1865) wurden die Nordstaaten von der Londoner Rothschild-Bank finanziert, die Südstaaten bekamen ihre Kriegsfinanzen von der Pariser Rothschild-Bank. Logischerweise lässt sich so auch der Ausgang eines Krieges meistens beeinflussen. Wer im Übrigen glaubt, dass Zentralbanken im staatlichen Besitz sind, der irrt.

Genau deswegen wird es immer irgendwo einen Krieg geben. Egal ob Weltanschauungs-, Grenz-, Unabhängigkeits-, Religions-, Bürger-, oder wie in der Gegenwart, Antiterrorkrieg, man wird immer einen Grund finden. Dafür werden extra Krisen provoziert, welche dann militärisch gelöst werden um den „*...Frieden zu sichern!*“. Obwohl sich die Bevölkerungen aller Nationen grundsätzlich einig sind und keinen Krieg wollen, werden Regierungen ständig von Beratern auf mögliche Kriegsgefahren hingewiesen, die nur durch Aufrüstung neutralisiert werden können. Das sichert gute Profite für Rüstungskonzerne und Banken, die große Anteile an der Industrie halten, sowie für die Berater, die entweder direkt über Aktienoptionen am Gewinn der Rüstungsindustrie partizipieren oder eine topbezahlte Position in Aussicht gestellt bekommen. Die Nationen müssen sich verschulden, um die zusätzliche Staatsbelastung der Rüstung zu finanzieren, was den Geldgebern hohe Zinsgewinne sichert. Da die Berater alle beteiligten Nationen so gegeneinander hetzen, reicht eine weitere Missinformation oder ein kleiner Funken, um einen „Präventivschlag“ zu provozieren, der mit einem Gegenschlag beantwortet werden muss. Es kommt zum ersehnten Krieg. Die Rüstungsanstrengungen vervielfachen sich, ebenso der finanzielle Aufwand, der an Banken, Rüstungskonzerne und Berater fließt.

Aufgepeitscht von den Medien konnte sich so z.B. der Erste Weltkrieg aus einer Bagatelle in Sarajewo (Julikrise) entwickeln, dem als direkte Konsequenz der Versailler Vertrag folgte. Er konstatierte die alleinige Kriegsschuld des Deutschen Reichs und seiner Verbündeten und verpflichtete es daher zu eklatant hohen Reparationszahlungen an die Siegermächte. Diese einseitige Schuldzuweisung hat in den darauf folgenden Jahren und auch später zur Kriegsschulddebatte geführt. Die Unterschriften von Hermann Müller und Johannes Bell unterstützten die, vor allem durch Hindenburg und Ludendorff sowie später auch von Adolf Hitler, propagierte Dolchstoßlegende. Mitunter kam es, aufgrund dieser Tatsache und der Weltwirtschaftskrise, welche ebenfalls eine indirekte Konsequenz des ersten Weltkrieges war, zum Zweiten Weltkrieg. Mit einer geschickt, provozierten Krise konnten so, aufgrund aller darauf aufbauenden Provokationen, innerhalb kurzer Zeit zwei Weltkriege stattfinden, mit einem Kostenvolumen von mehreren Billiarden Dollar, nach heutiger Rechnung.

Die Kosten des einen, sind der Gewinn des anderen.

Einem größenwahnsinnigen und rassistischen Diktator mit finanzieller und politischer Unterstützung zuerst an die Macht zu verhelfen, um ihn später verteufeln und militärisch bekämpfen zu können, gehört zur systematischen Methodik. Die Beispiele Adolf Hitler und Saddam Hussein belegen dies auf drastische Weise.

Derzeit wird gegen den Terror Krieg geführt. Da der Krieg gegen den Terror nicht zu gewinnen ist, liefert er eine lange Zeit einen guten Vorwand für weitere „militärische Operationen". Aus demselben Grund aber, wird der Antiterrorkrieg permanent Truppen an einen Kriegsherd binden. Das bedeutet, dass mit jedem neu hinzugekommenen Schauplatz die Zahl der Truppenkontingente steigt, was für die Alliierten irgendwann nicht mehr darstellbar sein wird. Zudem wird der Widerstand in der Bevölkerung anwachsen. Und so muss man für die Zukunft planen und jetzt schon nach anderen Gründen suchen, um einen Kriegsvorwand zu haben.

Fast jede Nation, die heute verschuldet ist, hat auch irgendwann einmal Krieg geführt. Eine Auflistung der Staatsverschuldung aller Länder in $, Stand 2011, findet sich im Anhang. Hier wird manch einem vielleicht bewusst, wie astronomisch hoch die Summen sind und wie abstrakt sie wirken. Auch wird einigen klar werden, dass die Regierungen dieser Länder zwangsläufig nicht mehr unabhängig handeln können. Vielmehr können die Gläubiger dieser abstrakten Summen das Geschehen bestimmen.

Die Verfahren zur Gewährung von Krediten haben sich zwar verfeinert, jedoch ist der Grundtenor gleich geblieben. Der Internationale Währungsfonds (IWF) beispielsweise, vergibt unter bestimmten Auflagen befristete Kredite an Staaten und Entwicklungsländer, die nicht zuletzt aufgrund kriegerischer Auseinandersetzungen unter wirtschaftlichen Problemen zu leiden haben. Wenn ein Land in Zahlungsschwierigkeiten kommt, kann es finanzielle Hilfe vom IWF beanspruchen. Die Inanspruchnahme eines Kredites ist an bestimmte Bedingungen gekoppelt, die das Land zu erfüllen hat. Diese werden als „Strukturanpassungsprogramme“ bezeichnet. Ganz offiziell einsehbare Bedingungen für die Gewährung von Krediten sind zum Beispiel:

- $ Kürzung der Staatsausgaben
- $ Ziel einer niedrigen Inflation und einer Steigerung des Exports
- $ Liberalisierung des Bankenwesens

Die den Staaten auferlegten Bedingungen können zudem Privatisierung von öffentlichen Einrichtungen wie Sparkassen, Elektrizitäts- und Wasserversorgung, Telekommunikation usw. sowie Entlassung von bestimmten Gruppen von Mitarbeitern vorsehen.

Ursprünglich war der IWF so ausgelegt, dass die Mitgliedsstaaten bei Vorhandensein entsprechender Voraussetzungen automatisch das Recht hatten, IWF-Kredite zu erhalten. Nach dem Korea**krieg** kollabierten die Preise für Rohstoffe jedoch, was zu entsprechenden Zahlungsbilanzkrisen in einzelnen Mitgliedsstaaten führte. Zu dieser Zeit wurde die Konditionalität eingeführt, das heißt, IWF-Kredite wurden abhängig gemacht von der Erfüllung bestimmter Auflagen.

Die „Private Sector Development“ (PSD) ist eine Strategie der Schwesterorganisation Weltbankgruppe. Ziel ist die Privatisierung in Entwicklungsländern voranzutreiben, sie ist für alle Teile der Weltbank gültig, und alle anderen Strategien müssen auf PSD abgestimmt sein. Die Vergabe von Krediten ist auch an grundlegende Reformen im Sinne der PSD geknüpft, die private Herstellung von Infrastruktur soll gefördert werden. Die Weltbank argumentiert, dass die Staaten öffentliche Unternehmen bevorzugen und einen Wettbewerb verhindern wollen.

Viele staatliche Betriebe werden auf Druck der Weltbank privatisiert und Handelshemmnisse abgebaut, was zu Ausbeutung von Beschäftigten und Rohstoffen, zu Umweltzerstörung durch internationale Konzerne und zur Ruinierung von einheimischen Bauern und Betrieben durch subventionierte Importe führt, oftmals ohne dass das Land oder seine Bewohner davon profitieren können.

Die Kritik an der Weltbank und am IWF ist durchaus berechtigt, kommt sie doch zum Teil auch aus deren eigenen Reihen. Joseph Eugene Stiglitz ist ein US-amerikanischer Ökonom. Er war von 1995 bis 1997 der Vorsitzende und von 1997 bis 2000 Chefökonom der Weltbank, die ihm aufgrund seiner Kritik an ihr kündigte. Einer breiteren Öffentlichkeit bekannt wurde er durch sein Buch „*Die Schatten der Globalisierung*", eine scharfe Kritik an der Politik der Weltbank und des IWF und des amerikanischen Finanzministeriums. Stiglitz ist auch als Kritiker u.a. der Wirtschaftspolitik der US-Regierung unter George W. Bush hervorgetreten.

Dass es Verschwörungen gegeben hat, ist außer Zweifel. Auch in der Gegenwart gibt es sie. Nicht umsonst existiert ein so genannter ***Corruption Perceptions Index*** der Organisation ***Transparency International***, welcher regelmäßig eine Rangliste der korruptesten Länder erstellt. Natürlich wird über die Existenz und Richtigkeit aktueller Verschwörungen heiß diskutiert, da sie logischerweise verschleiert und geheim gehalten werden, der Nachweis somit kaum mehr erbracht werden kann. Erst wenn es niemanden mehr interessiert, viel später in der Zukunft also, wird die Geschichtsschreibung dann objektiv und sachlich darüber berichten können.

Machtgier ist ebenfalls eine Folge von ungesundem Egoismus und hat die Kontrolle und Steuerung der Menschen zum Ziel. Das Mittel dazu ist das **Mangel**prinzip, die Organisationsform die Hierarchie. Jedes System, jede Firma, jede Organisation und jeder Staat ist hierarchisch aufgebaut - sie haben eine pyramidale Struktur. Alles was im Kleinen existiert, existiert auch im Großen. Diesem Naturgesetzcharakter folgend, muss auch das Gesamtgeschehen auf der Erdkugel hierarchisch und pyramidal aufgebaut sein. Somit gelangt man automatisch zum zentralen Steuerpunkt des Weltgeschehens.

Macht zentralisiert sich zwangsläufig, das liegt in der Natur dieses Phänomens.

Kapitel 6: Religion

Übertrieben egoistische Zielsetzungen machen auch vor einem für die Menschen äußerst sensiblen Thema wie Religion nicht halt. Schon immer wurden Kriege im Namen der Religion geführt. Schon immer wurde Gewalt im Namen der Religion angewandt. Begriffe wie Kreuzzüge, Inquisition und Heilige Kriege kennt man aus dem Geschichtsunterricht. Auch wer sich nur wenig mit Religion beschäftigt erkennt auch hier den großen Widerspruch. Alle sechs Weltreligionen sind durchweg von friedfertigen Lehren und Motiven geprägt. Es ist die Rede von Gleichheit, Brüderlichkeit, Nächstenliebe, Karma, kosmischer Harmonie und Verbundenheit.

***Warum** kommt es also zu massiver Gewalt und Glaubenskriegen?*

Religiös motivierte Kriege und Gewalt wurden und werden von hohen kirchlichen Würdenträgern oder religiösen Führern initiiert. Die Frage ist **warum** sie so etwas tun, beziehungsweise sie überhaupt keine Skrupel haben solche schwerwiegenden Sünden zu begehen und ihre Anhänger dazu anzustiften? Religiöse Führungspersönlichkeiten müssten, genau wie die Manager von Konzernen, über ein wesentlich tieferes und breiteres Fachwissen verfügen als ihre Basis. Sie müssten demnach doch wissen, dass sie sich, ihrer jeweiligen Lehre gemäß, für ihr sündiges Verhalten nach dem Tode verantworten müssen. Wie können sie erwarten, ein vollkommenes Leben nach dem Tode zu führen, in die nächst höhere Ebene aufzusteigen oder erlöst zu werden, wenn sie ihrer eigenen Lehre hier auf Erden derart zuwider gehandelt haben? Sind ihnen egoistische und machtpolitische Ziele doch wichtiger als die höheren Ziele ihrer Religion? Verfügen sie vielleicht über eine Art religiöses Geheimwissen, das sie zu gewissen eklatanten Zuwiderhandlungen oder Sünden wie Mord und Krieg bevollmächtigt? Oder ist es ihnen egal, weil sie vielleicht wissen, dass sie nach dem Tode gar keine Repressalien zu fürchten haben? Es scheint niemand bei solchen Verbrechen über den Tod hinaus zu denken. Aber das genau ist doch das Kernziel einer jeden Religion. Aus der Hoffnung an ein Leben nach dem Tod schöpfen außerdem viele religiöse Menschen ihre Lebenskraft. Religionsführer anscheinend nicht. Im Gegenteil, ganz bewusst nutzen sie den Glauben ihrer Anhängerschaft aus, indem sie den Menschen höchste religiöse Erfüllung durch den Märtyrertod versprechen, wenn sie im Krieg für die heilige Sache sterben.

Religionsführer haben offensichtlich keine Angst nach dem Tod für Ihre Sünden büßen zu müssen, sonst würden sie das nicht tun, was sie tun.

Was sind also die Gründe, **warum** einflussreiche Persönlichkeiten, Religionen für ihre egoistischen Zwecke missbrauchen? Wer im Übrigen glaubt, dass Glaubenskriege nur von fundamentalistischen Gruppierungen ausgerufen werden, der irrt. Hat nicht auch ein amerikanischer Präsident im Namen Gottes 2003 einen **Angriff**skrieg gegen den Irak geführt? Und tat er dies wirklich nur aus selbstloser Motivation, weil er das irakische Volk von einem Tyrannen befreien wollte? **Warum** wollte die amerikanische Administration ausgerechnet dem irakischen Volk helfen? **Warum** nicht auch einem Volk Afrikas? **Warum** nicht dem Sudan, Kongo, Ruanda, Liberia oder Elfenbeinküste? In den äußerst grausamen Afrikanischen Kriegen gab es in den letzten Jahrzehnten ca. sechs Millionen Tote, darunter viele Kindersoldaten. Korrupte Regierungen, Diktatoren und Warlords kamen und gingen. Das alles hat die US-Regierung nur wenig interessiert. Überhaupt werden die Geschehnisse in Afrika auf der ganzen Welt kaum wahrgenommen. Wäre dort nicht ein Friedenseinsatz der Weltpolizei USA angebrachter gewesen? Sicher gab es kurzfristige Friedenseinsätze dort. Das wahrt den Schein. Aber es gab niemals einen **Angriff**skrieg um einen Diktator zu stürzen. Dabei gäbe es so viele davon in dieser Region.

Was machte ausgerechnet den irakischen Diktator und sein Volk so interessant für den amerikanischen Präsidenten? Die Kontrolle über das zweitreichste Ölvorkommen, nachdem man eine US liberale Regierung im Irak eingesetzt hat, ist doch ein plausibles Motiv. Wie setzt man eine US liberale Regierung ein, wenn es freie Wahlen im Irak gegeben hat, werden sich viele fragen? Ganz einfach. Wer die Berichterstattung des Krieges in den Medien verfolgt hat, dem wird aufgefallen sein, wie „human" der Krieg geführt wurde. Mit seinen „intelligenten Waffensystemen" zerstörte das US-Militär nur wirtschaftlich relevante Infrastruktur. Offiziell geschönt, gab es kaum „Kollateralschäden", also tote Zivilisten. Die wirtschaftliche Infrastruktur wieder herzustellen, ist aber nun mal das teuerste am ganzen Wiederaufbau nach dem Krieg. Die Kreditgeber und Investoren kommen natürlich aus den USA und aus dem Westen. Das bedeutet für jede neue irakische Regierung, auch wenn sie frei gewählt wird, finanzielle Abhängigkeit vom Westen. Somit hat Amerika seine Ölversorgung längerfristig sichergestellt. Eine Manipulation der Wahl erübrigt sich.

Mit seinen wachsenden Ölvorkommen gewinnt nun auch Afrika für die Weltwirtschaft zunehmend an Bedeutung und rückt damit ebenfalls in den Mittelpunkt des Interesses ausländischer Regierungen. Wenn im Jahr 2015 Amerikas Ölimporte aus dieser Region auf ca. 25 Prozent angestiegen sein werden, entschließt sich die US Administration vielleicht, auch ein afrikanisches Volk mittels **Angriff**skrieg und „im Namen Gottes" von einem Diktator zu befreien. Oder einem anderen Volk zu helfen, schließlich werden noch andere Völker von Diktatoren regiert.

Aber Vorsicht; Nahezu unbemerkt von der Weltöffentlichkeit hat ein globaler Wettlauf um die Märkte und Ressourcen Afrikas begonnen. Während die G8-Staaten um Konzepte zur nachhaltigen Entwicklung des Schwarzen Kontinents ringen, verdrängt China mit Milliardeninvestitionen und konkurrenzlos billigen Krediten die alten Kolonialmächte aus Afrika und sichert sich so den Zugriff auf Afrikas Ölressourcen. „Nun haben wir die Wahl zwischen Asien und dem Westen", sagt Olusegun Obansanjo, der Präsident Nigerias, dem bevölkerungs- und ölreichsten Land des Kontinents.

Da bleibt nur zu hoffen, dass sich beim Kampf um das afrikanische Öl in Zukunft kein Konflikt zwischen Atommächten anbahnt.

Vor allem, wenn man weiß, dass Chinas Wirtschaft auch deswegen so rasant wächst, weil vieles für die USA produziert und dorthin exportiert wird und die USA wiederum ihrerseits bei den Chinesen Schulden aufnehmen.

Kaum vorstellbar, dass ein Gott, in dessen Namen all diese Handlungen vorgenommen werden, das alles für gut heißt. Religionskriege sind also ein totaler Widerspruch ihrer eigenen Lehren, für den es keinerlei Rechtfertigung gibt und auch niemals geben kann. **Warum** folgen Menschen dann, scheinbar bedenkenlos, den kriegerischen Aufrufen solcher mysteriösen religiösen Führungspersönlichkeiten? Auf jeden Fall bieten Religionen immer einen guten Vorwand, um Krieg zu führen. Fast könnte man aufgrund der unzähligen Religionskonflikte in der Menschheitsgeschichte glauben, dass sie extra für diesen Zweck geschaffen wurden.

Wenn man sich einmal näher mit einzelnen Religionen beschäftigt und sich anschaut, **warum** es beispielsweise „römisch-katholische Kirche" heißt, kommen doch so manche Zweifel an der Richtigkeit vieler Überlieferungen auf. Das Ganze hat im Jahre 325 nach Christus auf dem christlichen Konzil zu Nicäa (Türkei) stattgefunden, und wurde vom römischen Kaiser „Konstantin dem Großen" einberufen, einem skrupellosen Imperator, welcher unter anderem seine Frau und seinen ältesten Sohn töten ließ. Konstantin der Große hatte mit dem Christentum nichts zu tun, er war Heide und frönte dem Mithras-Kult (Sonnengott). Auf diesem Konzil wurde die römisch-christliche Reichskirche ins Leben gerufen, und die christliche Urkirche verbannt.

Allein die Tatsache, dass Konstantin ein Heide war, der die Statuten der römisch-christlichen Reichskirche festlegte, mutet skurril an. Aus Sicht Konstantins war die Sicherung des Religionsfriedens eine wesentliche kaiserliche Aufgabe, weil dadurch politischer Nutzen entstand. Konstantin erhoffte sich wohl vom Christentum eine stabilisierende Wirkung für die eben erst wiedergewonnene Einheit des Römischen Reiches. Diese verbindende Funktion war durch den Arianismusstreit gefährdet. Eine Spaltung der Kirche drohte. Deshalb griff er auch mit Kompromissformeln massiv in den Konzilverlauf ein. Schauen wir uns einmal an, was auf diesem Konzil unter der Mitwirkung von Kaiser Konstantin alles beschlossen, bestätigt und als Reichsgesetz verkündet wurde:

1. Die Person Jesus Christus wurde zu Gottes Sohn erhoben und Gott gleichgestellt, obwohl die christliche Urkirche etwas anderes lehrte. Dies hatte wiederum zur Folge, dass sich ein weltweiter Marienkult entwickelte, denn die Mutter Jesu war ja nun die Mutter eines Gottes.
2. Der 25. Dezember, der als Geburtstag des Gottes Mithra galt, und als „Tag der unbesiegbaren Sonne" gefeiert worden war, wurde kategorisch auch als Geburtstag von Jesus festgesetzt, obwohl die christliche Urkirche Maria Empfängnis am 8. Dezember feierte.

3. Der Papst durfte sich „Pontifex Maximus“ (höchster Priester) nennen, die Bischöfe bekamen einen Kopfschmuck, der als Mithra bezeichnet wurde. Mithra war der Sohn eines Gottes, dessen griechischer Name Helios war, die Ägypter nannten ihn Ra.
4. Rom wurde zum Zentrum des römischen Christentums erklärt, der Kirchenbau ging von nun an auf Staatskosten; Priester wurden ebenfalls vom Staat bezahlt, und erlangten somit Beamtenstatus.
5. Die urchristlichen Bräuche und Gebote wurden aufgehoben, wie zum Beispiel die fleischlose Ernährung, der Verzicht auf Alkohol und das Verbot des Gelobens und Schwörens.
6. Als einer der folgenreichsten Einschnitte, wurde die Lehre der Reinkarnation (irdische Wiedergeburt) beseitigt, und deren Aufrechterhaltung unter schwerer Strafe verboten. Die Reinkarnation war nämlich bis dahin ein fester Bestandteil der kirchlichen Lehre.

Das Konzil dauerte zweieinhalb Monate und Bischöfe, welche die Beschlüsse dieses Konzils nicht anerkannten, wurden mit dem kirchlichen Bannfluch belegt. So entstand das Fundament der römisch-katholischen Kirche. So ziemlich jeder Christ kennt die Jesusgeschichte, oder zumindest das was uns überliefert wurde.

In kurzen Stichworten:

- → Geboren am 25.12. (ca. 6 vor Christus)
- → Von der Jungfrau Maria
- → Drei (heilige) Könige folgten einem Stern nach Bethlehem
- → Mit 12 Jahren Lehrer
- → Wirkte Wunder
- → Hatte 12 Jünger
- → Wurde ermordet (starb am Kreuz)
- → Nach drei Tagen wiederauferstanden
- → Zum Himmel aufgestiegen
- → Wurde bezeichnet als das Licht, die Wahrheit, Sohn Gottes u.v.m.

Wer jedoch glaubt, dass diese Jesusgeschichte einmalig ist, hat weit gefehlt. Jesus ist nur der letzte Messias in einer langen Kette von Gottheiten, Heiligen, Propheten, Wundertätigen, die genau dieselben Eigenschaften, ja fast dieselbe Lebensgeschichte wie Jesus hatten. Und das schon sehr lange vor ihm. Den Anfang macht vor ca. 5000 Jahren Horus, der ägyptische Sonnengott, die personifizierte Sonne im ägyptischen Götterreigen. Ihm folgen die Gottheiten

→ Mithra (ca. 1200 v.Chr. Persien)
→ Attis von Phrygien (ca. 1200 v. Chr. Griechenland)
→ Dyonisos (ca. 500 v. Chr. Griechenland)
→ Krishna (ca. 900 v. Chr. Indien)
→ Jao von Nepal (ca. 800 v.Chr.)
→ Siddharthas (der Buddha von vor 2500 Jahren)

Es gibt in der Geschichte der letzten 5000 Jahre noch mehr solcher Erlösergeschichten. Sie alle hatten folgende Gemeinsamkeiten:

→ Geboren am 25.12.
→ Von einer Jungfrau
→ Wirkten Wunder
→ Gestorben (ermordet)
→ Nach drei Tagen wiederauferstanden
→ Wurden bezeichnet als das Licht, die Wahrheit, Sohn Gottes u.v.m.

Joseph aus dem Alten Testament und Jesus aus dem Neuen Testament hatten beide eine mystifizierte Geburt. Joseph hatte 12 Brüder, Jesus hatte 12 Anhänger, Joseph wurde von seinem Bruder Judah für 20 Silberlinge verraten, Jesus wurde von Judas für 30 Silberlinge verraten. Beide begannen ihre „Arbeit" im Alter von 30 Jahren. Dass Jesus tatsächlich gelebt hat, daran bestehen kaum Zweifel. Doch wird er seltsamerweise in keinem historischen Dokument der damaligen Zeit erwähnt. Erst ca. 70 bis 120 Jahre später wird Jesus erstmalig, und das seltsamerweise in römischen Schriften, als der Messias hochgelobt.

Sind all diese Aspekte nicht ausreichend Grund dafür um Fragen stellen zu dürfen? Diese andere Form der Geschichtsschreibung wird vom Vatikan, aus nachvollziehbaren Gründen, nicht unbedingt gerne publiziert.

Religionen gehören einfach zu den heiklen Themen, zu denen wir Menschen kaum kritische Fragen akzeptieren wollen. Eine davon lautet:

***Warum** gibt es überhaupt mehrere Glaubensrichtungen?*

Wenn die Menschen ihren Ursprung und den des Universums wirklich kennen würden; Wenn sie also definitiv wüssten, wer oder was das alles erschaffen hat, gäbe es dann nicht (wenn überhaupt) nur noch **1** Religion oder Glaubensrichtung? Das Argument, dass alle Religionen denselben Schöpfer meinen und ihm lediglich verschiedene Namen gegeben haben, kann keinesfalls die Antwort auf diese Frage sein. Taoismus, Konfuzianismus und Buddhismus beispielsweise, kennen keine Götter oder einen allmächtigen Schöpfer, sondern praktizieren ausschließlich, von Menschenhand begründete Lehren. Hinduismus hingegen, verehrt viele Götter für jeden Zweck und Anlass.

Wenn es also nachweislich verschiedene Glaubenslehren gibt, die nicht von ein und demselben Schöpfer sprechen, welche ist dann die richtige? Ist die Existenz so vieler und verschiedener Religionen nicht viel eher ein Indiz dafür, dass wir unseren Ursprung eben nicht kennen? Dass wir eben nicht wissen, wer oder was den Kosmos und alles Leben erschaffen hat? Wie schon im Kapitel über intelligenten Fortschritt erwähnt, wissen wir weder woher wir kommen, noch wohin wir gehen. Wir können deshalb unsere Herkunft und Zukunft nur von Spekulationen und Glauben abhängig machen. Religionen sind unbestreitbar auch eine Sache des Glaubens. Und was lehrt uns eine alte Volksweisheit wiederum?

Glauben heißt nichts wissen!

Nur aus diesem Grund konnten so viele Glaubensrichtungen entstehen. Nur weil wir nichts über Herkunft und Zukunft wissen halten unzählige Gelehrte und Philosophen auch unzählige, verschiedene „Wahrheiten“ und Erklärungen über die Herkunft, Zukunft und Sinn des Lebens für uns bereit. Für die Wissenschaft aber ist klar, dass wir über *„Start und Ziel“* bis jetzt nichts wissen. Welchen Sinn haben Religionen dann überhaupt? Sicherlich tragen sie als ***künstliches geschaffenes Regelwerk*** dazu bei, dass der Mensch soziale Strukturen aufbauen kann, die er von

Natur aus nicht zu haben scheint. Das könnte eine mögliche, von vielen Antworten sein.

Im Kern suchen Religionen auch nach dem Unbeschreiblichen, nach dem Alles umfassenden und nach dem Unbegreiflichen, das wir „Gott" nennen. Es sei ausdrücklich auf das Wort „...suchen..." hingewiesen. Die Kirchen aber tun so als hätten sie die Antwort schon gefunden. Und das nicht zu unserem Seelenfrieden, nein, auch um uns steuern zu können. Man sollte keinesfalls übersehen, dass die Kirchen durch ihre Anhängerschaften, welche selber meist in Armut leben, zu astronomischen Reichtümern gelangt sind. Der Hamburger Autor und Politologe Carsten Frerk hat 2001 ein Buch veröffentlicht, mit dem Titel: „Finanzen und Vermögen der Kirchen in Deutschland". Seine Recherchen ergaben, dass die Christen-Institutionen die reichsten Unternehmer der Republik sind. Drei Jahre lang recherchierte Carsten Frerk penibel Zahl um Zahl. Er las Haushaltspläne und Bilanzen, befragte Finanzräte und Stiftungsaufseher, durchforstete Rechenschaftsberichte und Staatskirchenverträge. Dann rechnete er zusammen und kam auf eine stattliche Summe. Die beiden großen Kirchen in Deutschland, so sein Fazit, verfügen über ein Gesamtvermögen von fast fünfhundert Milliarden Euro.

Der Unterschied zwischen Schein und Wirklichkeit zeichnet sich durch einen weiteren Umstand besonders deutlich ab. Nach übereinstimmenden Aussagen von Fachanwälten im Arbeitsrecht und Mitarbeitern sind Kirchen und Gewerkschaften die unsozialsten Arbeitgeber. Ausgerechnet die Institutionen, welche Menschlichkeit, Gleichheit und soziale Gerechtigkeit propagieren.

Über die Kirchen als Arbeitgeber sagt der Ex-Bundesverfassungsrichter Jürgen Kühling:

„Es klingt nach Bananenrepublik, es passiert in Deutschland. Der zweitgrößte Arbeitgeber (nach dem Staat) muss sich nicht an das allgemeine Arbeitsrecht halten, ja nicht einmal die Grundrechte seiner Beschäftigten beachten: die Kirchen. In ihren Diensten stehen rund 1,3 Millionen Menschen - ohne Streikrecht, ohne Betriebsräte und mit ungewöhnlichen Loyalitätspflichten..."

Darüber hinaus gibt es noch eine Reihe weiterer Fragen, die von keiner religiösen Schrift auch nur ansatzweise beantwortet werden. Zum Beispiel die Frage nach Vollkommen- und Unvollkommenheit.

→ **Warum** wurde der Mensch als ein lasterhaftes und unvollkommenes Wesen geschaffen - wir sind doch Gottes Ebenbild? Könnte der Umstand, dass wir Gottes Ebenbild sind vielleicht bedeuten, dass Gott ebenfalls unvollkommen ist - schließlich macht nicht nur der Mensch alleine Fehler, sondern die ganze Natur?

→ **Warum** sollte ein so vollkommenes Wesen wie Gott denn überhaupt ein unvollkommenes Wesen wie den Menschen erschaffen? Welcher Nutzen würde ihm daraus entstehen und welches logische Ziel soll verfolgt werden? Hat Gott deswegen etwas Unvollkommenes geschaffen, damit er es beherrschen kann - ist er etwa machthungrig? Das wiederum wäre logisch, denn der Mensch als sein Ebenbild ist ziemlich machthungrig.

Tatsache ist, dass der Mensch nicht vollkommen ist. Tatsache ist, dass der Mensch bisher überhaupt keinen perfekten Zustand kennt, weder wissenschaftlich, noch philosophisch, noch religiös. In der Philosophie und in religiösen Publikationen wird die Vollkommenheit Gottes zwar oft beschrieben, aber nicht empirisch belegt. *„Da Gottes Wesen das erste Sein, die oberste Ursache und reiner Akt ist, bleibt ihm jeder Mangel fern, ist er also vollkommen.“* Das ist, abgesehen von der abstrakten Wortwahl, die sowohl der Philosophie als auch der Theologie zu eigen ist, nichts weiter als eine Behauptung. Wie schon gesagt, könnte der Umstand, dass es verschiedene Religionen gibt, eher Indiz dafür sein, dass der Mensch über die Schöpferkraft und die Existenz von Vollkommenheit gar nichts weiß.

Der einzige Umstand, der die Unterscheidung von Vollkommen- und Unvollkommenheit in einen nachvollziehbaren und logischen Zusammenhang bringt ist, wenn dies beabsichtigt ist um den Menschen ein schlechtes Gewissen zu machen. Ein „unvollkommener“ Mensch mit einem schlechten Gewissen hat Angst. Angst vor Konsequenzen und Repressalien. Ängstliche Menschen sind steuerbar. Nur der reue- und bußfertige Sünder wird sich unterordnen und vom schlechten Gewissen getrieben, willig einen regelmäßigen Obolus an seine Kirche entrichten. Hauptkritikpunkt an Sekten ist, dass die Mitglieder ihre Habe der Gemeinschaft zur Verfügung stellen müssen. Erreicht wird dies durch das „schlechte Gewissen", das den Mitgliedern gemacht wird - *„Nur wer der weltlichen Verführung entsagt, kann Heil und Erlösung bei der Gemeinschaft (Sekte) erwarten..*". Bei anerkannten Religionsgemeinschaften aber läuft es nicht anders. **Warum** also werden Sekten dafür kritisiert? Vielleicht weil sie wirtschaftliche Konkurrenz bedeuten?

Zudem wird der reue- und bußfertige Sünder den Religionsführern zweifelsfrei in den nächsten Religionskrieg folgen, da er „durch den Märtyrertod seine sündige Seele reinigen kann und so einen besonders guten Platz im Himmelreich bekommt".

„Gottes Wege sind unergründlich..." Immer wenn solch schwierige Fragen oder Widersprüche auftauchen, die das Geschehen berechtigt in Frage stellen, halten die Kirchen dieses Argument bereit. Es ist eine altbewährte Taktik, Dinge die man verschleiern will oder nicht beantworten kann, möglichst abstrakt zu formulieren. Dies gilt natürlich auch für Politik und Wirtschaft.

Um den Interpretationsspielraum möglichst gering zu halten, sei ausdrücklich erwähnt, dass hier nicht die Existenz einer Schöpferkraft angezweifelt wird. Sehr wohl aber wird der Weg, mit dem Kirchen und Religionsgemeinschaften den Menschen an diesen Akt heranführen, scharf kritisiert. Die Kirchen können nur bestehen, weil Erkenntnisse aus der Wissenschaft nicht beachtet werden. Das könnten genauso mögliche Antworten sein. Auf das „**Warum**?" kommt es an und das ist hier ebenso wenig geklärt.

Kapitel 7: Eine humane Gesellschaft

Für eine solche halten wir uns. Doch auch hier ***liegt die Wahrheit auf der anderen Seite***, denn die wenigsten dürften wissen, dass wir, obwohl wir eine „humane“ Gesellschaft sind, solch heikle Themen wie Sklaverei bis heute nicht lösen konnten. Bei dem Wort „Sklaverei“ denkt man unwillkürlich an das antike Rom oder die Karibik des 19. Jahrhunderts. Doch Sklaverei ist Realität und weltweit vorhanden. Der amerikanische Wirtschaftshistoriker und Soziologieprofessor Kevin Bales geht davon aus, dass weltweit ***27 Millionen Menschen*** „durch eine andere Person vollkommen beherrscht werden, um sie wirtschaftlich ausbeuten zu können“. Schwerpunkt dieser modernen Sklaverei ist der indische Subkontinent, doch gehören auch Nord- und Westafrika zu den Gebieten, in denen diese Form der Ausbeutung längst nicht ausgestorben ist.

In der Allgemeinen Erklärung der Menschenrechte von 1948 heißt es unmissverständlich: *„Niemand darf in Sklaverei oder Leibeigenschaft gehalten werden; Sklaverei und Sklavenhandel sind in aller Form verboten.“* Damals gab es durchaus noch Staaten, in denen Sklaverei legal war. Erst 1949 wurde sie in Kuwait offiziell abgeschafft, 1952 in Katar, 1962 im Jemen und gar erst 1970 in Oman. Heute gibt es zwar keine Sklaverei mehr in dem Sinn, dass ein Mensch vor dem Gesetz Eigentum eines anderen Menschen ist. Doch gibt es andere Formen vollständiger Abhängigkeit, die keineswegs humaner sind.

Die Tatsache, dass man schlechte Schokolade schöner verpackt, ändert nichts an Ihrem miserablen Geschmack.

Auf dem indischen Subkontinent hat sich die Sklaverei vor allem in Form der Schuldknechtschaft erhalten. Dabei werden die Schulden von Generation zu Generation weitergegeben und können nicht durch Arbeit abgeleistet werden. Da der Schuldner lediglich Naturalien oder ein kleines Stück Land zur Nutzung als Gegenleistung erhält, ist eine Rückzahlung praktisch unmöglich.

Ein weiterer Schwerpunkt der Sklaverei ist weltweit die Prostitution von Kindern. Meist werden diese von ihren Eltern aus Geldnot verkauft; wehren sie sich, werden sie von den Bordellbetreibern so lange vergewaltigt und geschlagen, bis sie sich in ihr Schicksal fügen. So berichtet Kevin Bales von einem 15-jährigen Mädchen namens Siri, das jeden Morgen mit Schmerzen im Genitalbereich aufwacht. Diese Schmerzen erinnerten sie „an die 15 Männer, mit denen sie in der vergangenen Nacht Sex hatte". 35.000 Mädchen wie Siri soll es in dem südostasiatischen Land geben. Thailand hat die höchste HIV-Rate in der Welt. Erkrankt ein Mädchen, wird es von dem Bordellbetreiber auf die Straße gesetzt. In der Regel kehren diese Frauen dann in ihr Heimatdorf zurück, um zu sterben.

Und während in der Antike und auch im Amerika des 19. Jahrhunderts ein Sklavenhalter in der Regel auch unproduktive Sklaven versorgt hat, also Kinder, Schwangere, Kranke und Alte, werden die Sklaven unserer Zeit, wie Kevin Bales es drastisch ausdrückt, einfach „weggeworfen". Sklaven sind so billig, dass es sich nicht lohnt, unproduktive Zeiten zu überbrücken. Für eine Sexsklavin muss ein brasilianischer Bordellbetreiber rund 150 Dollar bezahlen. Dem stehen monatliche Einnahmen von rund 10.000 Dollar gegenüber. Zum Vergleich: Auf den Sklavenmärkten der amerikanischen Südstaaten kostete ein Sklave, auf heutige Lebenshaltungskosten umgerechnet, rund 40.000 Dollar. Heute gilt eine Sexsklavin für 150 Dollar schon als teuer. Rund zehn Milliarden Dollar werden nach aktuellen Schätzungen jährlich im Menschenhandel umgesetzt. Ein lukratives Geschäft, dem Behörden und Polizei in vielen Ländern machtlos oder gleichgültig gegenüberstehen. Zur Prostitution gezwungene Frauen in Brasilien erzählen, dass sie zum Teil sogar von Polizisten geschlagen worden seien, wenn sie ihre Peiniger anzeigen wollten.

Ein Brennpunkt der Sklaverei in Afrika ist Mauretanien. Dort wurde die Sklaverei zwar 1980 für „beendet" erklärt. Geändert hat sich dadurch überhaupt nichts: „Wohin man auch blickt, an jeder Straßenecke und in jedem Laden, auf allen Feldern und Weideflächen sieht man Sklaven. Sie fegen und putzen, sie kochen und betreuen die Kinder, sie bauen Häuser und hüten Schafe, sie schleppen Wasser und Ziegel. Sie erledigen alle Arbeiten, die mühselig, unangenehm und schmutzig sind. Die Wirtschaft Mauretaniens lastet einzig auf ihren Schultern", beschreibt Kevin Bales die alltägliche Realität in dem nordwestafrikanischen Land. Da die Sklaverei in Mauretanien auf einer Jahrhunderte langen Tradition beruht, entspricht sie noch am ehesten dem herkömmlichen Bild einer Sklavenhaltergemeinschaft, die nicht allein auf maximalen Profit ausgerichtet ist, wie dies bei Sexsklavinnen oder Sklaven, die in Schuldknechtschaft leben, der Fall ist. Doch auch hier rechnet Kevin Bales vor, dass ein Sklave eine höchst profitable Anschaffung ist: So berichtet er von einem Sklavenhalter, dessen vier Sklaven über das Land fahren und Wasser verkaufen. Sie allein verschaffen ihm monatlich so viel Geld wie ein Mauretanier durchschnittlich in einem ganzen Jahr verdient. Die Gewinnspanne beträgt 265 Prozent.

Ähnlich wie in Mauretanien stammen auch im Sudan, wo es bis zu 100.000 Sklaven geben soll, die Sklavenhalter aus der arabischen Oberschicht und die Sklaven überwiegend aus der schwarzafrikanischen Bevölkerungsschicht im Süden des Landes. Durch den Bürgerkrieg, der das Land seit Jahren heimsucht, wird diese Entwicklung noch gefördert. So geht man davon aus, dass aus den umkämpften Regionen im Süden des Landes zwischen 1986 und 2002 insgesamt mehr als 14.000 Menschen entführt und versklavt wurden. Seit dem Ende des Bürgerkriegs im Süden wurde die Region Darfur zum Schwerpunkt solcher Entführungen. Im Norden des Landes müssen diese Männer, Frauen und Kinder als Haushaltssklaven oder in der Landwirtschaft arbeiten, ohne dass sie dafür Lohn bekämen.

Zu den Erscheinungsformen moderner Sklaverei werden bisweilen auch die „Kindersoldaten“ gerechnet. Weltweit soll es rund 300.000 geben, die meisten davon in West- und Zentralafrika, wo sie in Bürgerkriegen und Aufständen verheizt werden. Doch nicht nur dort: Von 14.000 Kindersoldaten geht die Organisation Terre des Hommes in Kolumbien aus; auch auf den Philippinen, in Burma, Indien, Afghanistan und Indonesien werden Kinder von aufständischen und oppositionellen Gruppen eingesetzt. Über die erschreckende Situation der Kindersoldaten schreibt Terre des Hommes: „Die Kinder werden oft geschlagen, misshandelt und gezwungen, Grausamkeiten zu begehen. Sie müssen zum Beispiel andere Kinder töten, wenn diese fliehen wollten. Diese Behandlung hat nur ein Ziel: Einschüchterung, Erzwingung absoluten Gehorsams und Abstumpfung gegen Grausamkeit.“

In Europa sollte man vor diesem Hintergrund aber nicht in Hochmut verfallen: Kevin Bales verweist auf Tausende von „Haushaltssklavinnen“ in westlichen Großstädten, die geschlagen und erniedrigt, von jeder Schulbildung ausgeschlossen werden. Und auch in westliche Bordelle werden afrikanische, asiatische oder osteuropäische Frauen unter falschen Versprechungen gelockt. Dort werden ihnen die Pässe abgenommen, die Frauen gegebenenfalls auch mit Schlägen gefügig gemacht. Und der stete Druck von Gewinnmaximierung und Kostensenkung ist ein Faktor, der dafür verantwortlich ist, dass Kinderarbeit in der Dritten Welt nach wie vor weit verbreitet ist. Diese Ausbeutung, die sich oft nur in Nuancen von moderner Sklaverei unterscheidet, betrifft weltweit 250 Millionen Kinder. Und man sollte keinesfalls vergessen, dass wir in der westlichen und „zivilisierten“ Welt, die Nutzer, der durch Kinderarbeit hergestellten, billigen Produkte sind.

Sklaverei und Kriege sind natürlich die offensichtlichsten Aspekte, welche die immensen Widersprüche unserer angeblich „humanen“ Gesellschaft aufzeigen. Hervorgerufen durch Kapital- und Leistungsdruck existiert noch eine wesentlich größere Vielfalt an inhumanen Ausprägungen. Die heutigen Schlagworte lauten: Ausgrenzung, Massenarbeitslosigkeit, Diffamierung, Intrigen, Mobbing, Pflegenotstand. Hierbei handelt es sich um die „modernen“ Formen von Inhumanität. Nach wie vor gibt es aber auch die „traditionellen“ Formen wie: Armut, Mord, Gewalt, sexueller Missbrauch, Erpressung, Diebstahl, Betrug.

Das saubere Bild einer humanen Gesellschaft, das sich vielfach in unserem Gehirn manifestiert hat, trägt also deutliche Wunden. Menschen, die sich dieses Umstandes bewusst sind, engagieren sich in Menschenrechtsorganisationen oder unterstützen diese. Sie sind aber in der Minderheit. Am Beispiel der humanen Gesellschaft, kristallisiert sich noch ein anderer Umstand deutlich heraus. Es gibt viele Menschen, die insgeheim wissen, wie viel Inhumanität auf der Welt immer noch existiert. Sie sind froh, selber nicht davon betroffen zu sein und wünschen sich, dass dieser komfortable Zustand für sie weiter anhält. Eine Mischung aus schlechtem Gewissen und Leistungsdruck lässt sie diesen Umstand deswegen verdrängen. Es wird das ursprünglich saubere Bild aufs Neue im Kopf kreiert, schließlich hat man selber genug Stress und will seine „wichtigen“ Aufgaben ohne Gewissensbisse zuverlässig erledigen können. Vergessen wird, dass auch die momentan eigene Situation sich sehr schnell verschlechtern kann. Dann wäre man froh, von einer wirklich humanen und sozialen Gesellschaft wieder aufgefangen zu werden. Insofern ist die Haltung der Verdrängung und Ignoranz nicht nur kontraproduktiv, sondern ausgesprochen dumm.

Wenn die Menschheit sich intelligent entwickeln will, muss sie sich der Thematik Humanität mit wesentlich mehr Engagement stellen. Dazu ist wichtig, dass wir begreifen lernen, übergeordnet und weltweit, einheitlich zu agieren. Um dies effizient tun zu können, dürfen wir uns von den mannigfaltigen Problemen, die durch übertriebenen Egoismus entstehen, nicht weiter auseinander dividieren lassen. Deshalb kommt der weltweiten Bekämpfung dieses unnatürlichen Egoismus auch die tragendste Rolle zu, um diese Ziele zu erreichen. Die Frage ist natürlich, wie? Dazu gibt es Lösungsansätze, die von den meisten als utopisch angesehen werden. Utopisch deshalb, weil wir unnatürlichen Egoismus als unabänderlich, unbezwingbar oder gar als Naturgesetz betrachten. Wie gesagt, wir betrachten es so, das heißt, es ist nichts weiter als eine Auffassung oder Interpretation. Unser Leben ist voll davon. Viele Autoren gehen davon aus, dass das Leben reine Wahrnehmungssache ist und wirkliche Fakten gar nicht oder nur sehr begrenzt existieren. Das heißt im Umkehrschluss, dass das Problem des übertriebenen Egoismus durchaus bezwingbar und veränderbar ist. Nötig ist lediglich eine Abkehr von veralteten und traditionellen Denkstrukturen. Wenn man sich die Geschichte ansieht, so waren es immer die Querdenker, die sich vom herkömmlichen Denken abgewandt haben und so einen Fortschritt, sei es technisch, wissenschaftlich oder politisch, überhaupt erst möglich gemacht haben. Wären die alteingesessenen und gewohnten Denkweisen weitergelebt worden, könnte es durchaus sein, dass sich der Mensch heute noch in Rüstung und zu Pferd fortbewegen müsste.

Utopisch ist nur, was wir als solches betrachten. Wenn wir aufhören es als solches anzusehen, ist es auch nicht länger utopisch.

Da das Geld längst nicht mehr nur Zwischentauschmittel ist, sondern sich immer mehr als Mittel zur Machterlangung etabliert hat und es in dieser Funktion als Steuerungsinstrument benutzt wird, um Macht zu erhalten und zu erweitern, muss es in logischer Konsequenz auch die

Ursache für übertriebenen und unnatürlichen Egoismus sein. Genau aus diesem Grund sollte seine heutige Funktion und Daseinsberechtigung auf den Prüfstand gestellt werden. Dieser („*utopische*“) Denkansatz erfordert mutiges Umdenken und Loslösung von bisherigen Wertvorstellungen, weshalb er auch eine geraume Zeit brauchen wird, um sich durchzusetzen. Auf vielen Gebieten agiert der Mensch fortschrittlich, weil er immer wieder alte Strukturen hinterfragt hat. Was so erstaunlich ist, dass gerade beim Geld, welches eines der ältesten Instrumente der Menschheitsgeschichte ist, dieser Überprüfungsprozess ausgeblieben ist. Das einzige, was sich weiter entwickelt hat, sind die Manipulationsmöglichkeiten, wie in *Kapitel 11* noch ausführlicher beschrieben wird. Dort werden wir uns mit der Entstehung des Geldes näher befassen.

Wiederholen wir noch einmal ganz bewusst, was die heutige Funktion des Geldes ist: *Es ist Mittel zur Machterlangung und es ist Steuerungsinstrument um Macht zu erhalten und zu erweitern. Deshalb muss es die Ursache für übertriebenen und unnatürlichen Egoismus sein.*

Somit dürfte der übertriebene Egoismus wiederum der Grund sein, warum die Funktion und Daseinsberechtigung des Geldes ganz gezielt ***nicht*** hinterfragt worden ist und weiterhin ***nicht*** hinterfragt wird. Um der Korrektheit die Ehre zu geben sei erwähnt, dass natürlich seit Jahrhunderten die Daseinsberechtigung des Geldes von Menschen hinterfragt worden ist, diese aber als Träumer und Utopisten abgetan wurden. Eine <u>offizielle</u> Neuorientierung hat nie stattgefunden. Q.e.d.

Es ist eben nicht utopisch, über eine Abschaffung des Geldes nachzudenken (*Die Wahrheit liegt auf der anderen Seite*). Es ist lediglich nicht gewollt. Das ist ein großer Unterschied. „Nicht gewollt“ heißt nicht „utopisch“ und schon gar nicht „unmöglich“. Es ist sehr wohl möglich. Wie, das sehen wir uns in Kapitel 13 näher an. Nochmal: Es ist wichtig, überall auf der Welt einheitlich zu agieren, wenn wir die meisten unserer unsäglichen Probleme lösen wollen. Um dies effizient tun zu können, dürfen wir uns von den vielen Problemstellungen, die durch unnatürlichen Egoismus entstehen, nicht weiter auseinander dividieren lassen. Geld als Steuerungsinstrument wird bewusst dazu eingesetzt, um Menschen auseinander zu dividieren. Genau damit soll Einheit unter den Menschen vermieden werden.

Geld hat den natürlichen in unnatürlichen Egoismus verwandelt.

Geld *→ unnatürlicher Egoismus → Uneinigkeit → Neid, Missgunst, Zwietracht, → Hass → Streit → Krieg →* ***Angst****.*

So sieht der chronologische, unnatürliche Aufbau der menschlichen Entwicklung aus, solange das Geld existiert. **Warum** also sollte es utopisch sein, das Geld, welches die Ursache dieser traurigen Reihenfolge ist, abzuschaffen. Das Gegenteil ist wahr; Es muss sogar unsere Pflicht sein.

Solange wir uns an diesen wirklich intelligenten und humanen Schritt nicht heranwagen und ihn weiter als utopisch betrachten, wird ***Angst*** *in unzähligen Formen unser Taktgeber sein.*

Kapitel 8: Die Angst

Und so häufen wir jede Menge Fachwissen über Beschaffenheit und Struktur des Lebens auf der Erde an und gewinnen den Eindruck, dass der Mensch das Entwicklungsfähigste ist, was die Natur geschaffen hat. Vielleicht ist das auch so. Vielleicht aber auch nicht. Der Gedanke gefällt uns einfach, intelligent zu sein, in die Zukunft zu blicken und uns zu fragen, welch wunderbare Entwicklung uns noch bevorsteht. Zweifler sind dabei nicht willkommen.

Und trotzdem sollten wir uns fragen, ob die Entwicklung des Menschen auch eine intelligente und richtige war. Sind wir zum Beispiel friedfertiger geworden? Nach wie vor gibt es viele Kriege auf der Welt. Die Kriegsführung und die Begründungen haben sich zwar geändert, dennoch sind es nicht weniger geworden. Ganz im Gegenteil. Im 19. Jahrhundert hat sich die Zahl der kriegerischen Konflikte gegenüber dem 18. Jahrhundert fast verdoppelt. Im 20. Jahrhundert hat sie sich beinahe verdreifacht.

Eine intelligente Zivilisation müsste wesentlich weniger aggressiv sein.

Es gibt so ein Argument um all die hier angeführte Kritik, möglichst zerschlagen zu können. Nämlich dass Krieg führen so etwas wie ein Urinstinkt sei. An den Tieren mit ihren Revier- und Beutekämpfen könne man das beobachten. Selbst in der Steinzeit haben sich verschiedene Gattungen gegenseitig bekämpft. Die stärkere Spezies habe überlebt. Sogar innerhalb der eigenen Gattung gab es Beutekämpfe und dergleichen.

Nun, das Überleben einer Spezies hing von wesentlich mehr evolutionsbedingten Faktoren ab als vom Kampf mit einer anderen Art. Dass Kämpfe, die dem Erhalt der eigenen Gattung und somit dem Überleben dienen, auf Instinkt zurückzuführen sind, mag durchaus stimmen. Die allermeisten Kriege und Konflikte der Menschheitsgeschichte aber, dienten und dienen nicht dem Überleben der menschlichen Rasse, sondern der Befriedigung des unnatürlichen Egoismus einiger Privilegierter und können daher mit Instinkt wenig zu tun haben. Wie kann es deshalb sein, dass Kriege und Konflikte sich vermehren, je „zivilisierter" eine Gesellschaft ist? Das sieht eher nach einer Rückentwicklung menschlicher Intelligenz aus.

Schauen wir, wie es sich für eine intelligente Gesellschaft gehören würde, verantwortungsvoll in die Zukunft? Hektik, Stress und Profitgier lassen uns kaum Zeit dazu. Und wenn wir keine Zeit mehr haben, wie können wir dann noch über unsere Entwicklung nachdenken? Das **Mangel**prinzip und das schlechte Gewissen schüren große Ängste im Menschen. Angst um die Arbeitsplätze. Angst um die knappen wirtschaftlichen Ressourcen, also Energie, Öl, Strom, Gas, Benzin und Wohnraum. Wirtschaftlich erfolgreiche Menschen, die Reichtum, Macht und Einfluss erlangt haben, haben wiederum Angst, diese zu verlieren. Die Angst bestimmt unser Denken, Fühlen, Handeln und Leben. Sie ist einer der Haupttriebfedern des unnatürlichen Egoismus und sie macht die Menschen steuerbar.

Die wirtschaftlichen Ressourcen werden immer teurer, weil sie angeblich knapp sind. Die Löhne aber werden niedriger, weil Arbeitsplätze angeblich knapp sind. Die Gewinne der Großkonzerne dagegen werden immer astronomischer, weil die Löhne aufgrund knapper Arbeitsplätze und wirtschaftlicher Ressourcen niedriger werden und sie außerdem dadurch weniger Stellen besetzen müssen. Die Rekordinsolvenzen betreffen fast ausschließlich mittelständische und kleine Unternehmen. Die großen Konzerne dagegen fusionieren zu immer größeren Giganten oder kaufen kleinere Unternehmen einfach auf, eben weil sie astronomische Gewinne erwirtschaften. Hier muss man doch spätestens aufwachen und den nächsten, eklatanten Widerspruch erkennen. Wie können die Industriegiganten solch überragende Gewinne einfahren und weiter florieren, wenn offiziell die Ressourcen so knapp sind und die Wirtschaft deshalb stagniert? Logisch gedacht müssten sich die negativen Auswirkungen einer Stagnation auch auf Großkonzerne übertragen. Ganz offensichtlich passiert das aber nicht. Im Gegenteil, der Profit steigt. Die Politik mahnt nur allzu gerne an, dass die Ankurbelung der Wirtschaft von gesunden Unternehmen abhinge, weshalb der Staat die großen Unternehmen und multinationale Firmen steuerlich und finanziell unterstützen muss um „ausländische Investitionen anzulocken“. Nun, die meisten großen Unternehmen strotzen nur so vor Gesundheit, zahlen kaum Steuern und werden finanziell unterstützt, nur ist von einer Ankurbelung kaum etwas zu erkennen. **Warum**? Die einzig einleuchtende Erklärung ist, dass die Wirtschaftsflaute eine Illusion ist. Ein Mittel zum Zweck. Man verdient an der entstandenen Existenzangst durch die angeblich schlechte Wirtschaftssituation und baut seine Macht dadurch weiter aus.

Das ist immer dann möglich, wenn ein Staat verschuldet ist. Man kontrolliert die Wirtschaft durch Kredite. Die Gewährung von Krediten ist immer an Auflagen, man benutzt auch gerne das Wort „Reformen", gebunden. Eine verschuldete Nation kann sich gegen Auflagen kaum mehr zu Wehr setzen. Und über diese Auflagen kann man, vereinfacht dargestellt, das Land nach den eigenen Interessen steuern. Die Wirtschaft (Großkonzerne und Bankenwesen) hat den Regierungen definitiv einen Großteil der Macht abgenommen. Durch Profitgier und Marktausbau getrieben, ist jedes Mittel recht dieses Ziel zu erweitern. Auch in den westlichen Ländern steigt die Kluft zwischen Arm und Reich. Arbeitsplätze werden abgebaut, langerkämpfte Arbeiterrechte werden abgebaut, Sozialleistungen gestrichen und öffentliches Gut privatisiert. Der Verlierer ist immer das arbeitende Volk. *„Eine Gesellschaft, die sich immer stärker in Arm und Reich spaltet, muss mit mehr Drogenmissbrauch, Gewalttätigkeit und Kriminalität rechnen. Was sie im Sozialen spart, gibt sie am Ende für mehr Polizei, Justiz und Gefängnisse wieder aus.*" sagt der Politologe und Armutsforscher Christoph Butterwegge. Die andauernde Negativmotivation führt zu einer Zukunftsblindheit, zu einer „Nach mir die Sintflut!" Mentalität. Jeder ist angewiesen, für sich selbst zu sorgen. Der Mensch wird dadurch individualistischer, egoistischer und verliert sein Gemeinschafts- und Solidaritätsgefühl.

Solidarität und Gemeinschaftssinn aber sind unumgängliche Tugenden um sich intelligent weiter zu entwickeln. Verliert der Mensch diese nach und nach, wird er ängstlicher und dadurch leichter manipulierbar.

Multinationale Konzerne besitzen keine demokratischen Strukturen. Wir haben sie nicht an die Macht gewählt. Trotzdem haben sie durch die Deregulierung der Wirtschaft und Finanzmärkte direkt und indirekt Macht über unsere Gesellschaft und Zukunft erlangt. In der Wirtschaft baut sich langfristige Verantwortung immer weiter ab. Vorstandsgehälter werden angehoben, bei gleichzeitigen Entlassungen. Viele so genannte „neue Manager" setzen auf schnellen Gewinn als auf langfristige Absicherung ihrer Unternehmen und werden dabei von der Politik noch gedeckt. Genügend Politiker lassen sich am lukrativen Geschäft beteiligen. Sie sitzen entweder in den Vorständen solcher Unternehmen oder haben mit dubiosen Unternehmensberaterverträgen mehr als großzügige Nebeneinnahmen. Diese Nebenberufe mögen von Gesetzes wegen legitim sein, dennoch ist äußerst schleierhaft wie diese Politiker die Zeit für solche Nebentätigkeiten freischaufeln, zumal die meisten von ihnen den Beruf des Politikers als extremen und leidenschaftlichen Full Time Job für „Workaholics“ propagieren und der Beruf des Unternehmensberaters ebenfalls ein Full Time Job ist.

Um seiner Verantwortung gegenüber dem Volk nachzukommen, was sehr viel Zeit, viel Kraft, hohe Konzentration und ein extremes Engagement erfordert, könnte ein Politiker normalerweise keinen Nebenberuf mehr ausüben. Äußerst fragwürdig ist also wenn er's doch tut. Als mündiger und vernünftiger Wähler sollte man Politikern, die für eine Nebenbeschäftigung überhaupt noch die Zeit finden, das Vertrauen entziehen.

Selbst wenn ein Politiker als Idealist beginnt, muss er auf seinem Karriereweg, auf der Suche nach Wahlmehrheiten, irgendwo immer schmutzige Kompromisse eingehen, Versprechen abgeben, die er nicht halten kann, mit anderen Worten lügen, um Wahlen zu gewinnen, Einfluss zu maximieren und sich sowohl finanzielle als auch politische Unterstützung zu sichern. Da es so, bedingt durch die Natur seiner Existenz, kaum einen ehrlichen Politiker geben kann, wächst sein moralisches und gegebenenfalls auch kriminelles Schuldkonto (Entscheidungen gegen eigene Überzeugung oder besseres Wissen, zu Ungunsten seiner Wähler, Bestechung, Untreue, Verrat etc.) mit jedem Karriereschritt an, er wird erpressbar. Weicht er dann plötzlich von den Vorgaben ab, die ihm die Wirtschaft diktiert, wird dieses Schuldkonto sofort an die Öffentlichkeit gebracht. „Beweise“ lassen sich dann leicht beschaffen.

So bekommt man die Politik dazu mitzuspielen. Die Wirtschaft stellt die Spielregeln auf und setzt die Regierungen unter Druck die entsprechenden Gesetze zu bestimmen. Durch die Deregulierung der Wirtschaft steht es den Firmen frei abzuwandern. Somit erpressen sie Steuererleichterungen, Subventionen und den Abbau von Arbeitnehmerrechten und Sozialleistungen. Falls die Politik nicht entsprechend handelt, verlegt die Firma ihre Produktionsstätten problemlos in Billiglohnländer. Durch den Druck des Standortwettbewerbs überbieten sich die Staaten mit „Sozialhilfe“ an die Konzerne anstatt die Sozialleistungen an die Bevölkerung auszubauen. Fast alle großen Konzerne haben durch Abwanderung in Billiglohnländer enormen Gewinn gemacht, und konnten so ihre Macht erst in diesem Ausmaß ausbauen. Ein anderes bewährtes Mittel ist die permanente Forderung nach Privatisierung. Die großen Konzerne sehen natürlich auch in öffentlichen Dienstleistungen einen potenziellen Markt, und setzen die Regierungen unter Druck immer mehr davon zu verkaufen. Genau genommen heißt das: Staatliche Firmen und öffentliche Dienstleistungen, welche durch Steuergelder mühsam aufgebaut worden sind, und eigentlich dem Volk gehören, werden verschleudert. Von dieser Betrachtungsweise aus gesehen, hat das Volk dem Staat diese Güter zur Verwaltung anvertraut. Dieser missbraucht somit das Vertrauen seiner Bürger, was mittlerweile nicht mehr verwundert.

Das offensichtliche Ziel der multinationalen Konzerne und Banken ist die Installation einer virtuellen Machtstruktur, die über die Regierungen wacht.

Diese inhumanen Vorgänge spielen sich im Rahmen der „Globalisierung“ ab. Wie aber funktioniert Globalisierung wirklich? Ein bekanntes Internetlexikon gibt Auskunft darüber - Und zwar so, dass sich jeder weitere Kommentar erübrigt:

„...Unter Globalisierung versteht man den Prozess der zunehmenden internationalen Verflechtung in allen Bereichen (Wirtschaft, Politik, Kultur, Umwelt, Kommunikation etc.). Diese Intensivierung der globalen Beziehungen geschieht auf der Ebene von Individuen, Gesellschaften, Institutionen und Staaten. Als wesentliche Ursachen der Globalisierung gelten der technische Fortschritt, insbesondere in den Kommunikations- und Transporttechniken, sowie <u>die politischen Entscheidungen zur Liberalisierung des Welthandels.</u>

<u>*Einfluss der Industriestaaten:*</u> Moderne Industriezweige benötigen für ihre spezialisierten und hochwertigen Waren Märkte, welche die Nachfrage ihrer heimischen Volkswirtschaft übertreffen. Diese Märkte finden sie zu einem Großteil in anderen Industrieländern, zum Teil auch in

Entwicklungsländern. Handelspolitisch treten Industriestaaten daher in der Regel für die Öffnung von Märkten gerade für hochwertige Industrieerzeugnisse ein. Die staatliche Handlungsfähigkeit in diesen Ländern wird aber z. B. dadurch eingeschränkt, dass Standorte für Firmensitze und Produktionsstätten auch nach der international verglichenen Steuer- und Abgabenbelastung gewählt werden. Dabei sind jedoch die Staaten auf Steuereinnahmen angewiesen, die von Beschäftigten bezahlt werden - sei es aus Unternehmenssteuern oder aus direkten und indirekten Steuern. Dies kann zu politischen Impulsen für unliebsame Veränderungen (z. B. Rückbau des Sozialstaates) beitragen.

Einfluss der Schwellenländer: Schwellenländer haben durch niedrige Löhne bei niedrigen Lebenskosten die Möglichkeit, Anschluss an die Weltwirtschaft, Wirtschaftswachstum und verhältnismäßigen Wohlstand zu erreichen. Andererseits führt Marktöffnung und Ausrichtung für Weltmärkte oft zu drastischem Strukturwandel, dessen Schattenseite der Niedergang nicht international wettbewerbsfähiger Branchen in bedeutendem Umfang sein kann.

Einfluss der Entwicklungsländer: Entwicklungsländer, die von politischer Instabilität, mangelhafter Rechtssicherheit und unzureichender Infrastruktur geprägt sind, können in der Regel selbst bei niedrigsten Löhnen kaum produktive Auslandsinvestitionen anziehen. Auf diese Weise sind Entwicklungsländer häufig vom Globalisierungsprozess ausgeschlossen, was ihre Rückständigkeit noch verstärkt. Viele dieser Länder haben zum Schutz ihrer fragilen Wirtschaftsstrukturen und zur Einnahmeerzielung relativ hohe Zölle. Andererseits werden vor allem den wettbewerbsfähigen landwirtschaftlichen Produkten aus Entwicklungsländern in den Industrieländern durch hohe dortige Importzölle oder Importkontingentierung nur limitierte Marktzutrittschancen gewährt. Zudem sind viele Entwicklungsländer vom Export nur eines Rohstoffes abhängig, so dass sich Schwankungen der Weltmarktpreise katastrophal auf deren Wirtschaft auswirken können.

Rolle produzierender Unternehmen: Viele Unternehmen produzieren mittlerweile weltweit (Global Players) und haben so die Möglichkeit, die unterschiedlichen Arbeitskosten, Investitions-, Steuer- und sonstige Bedingungen in den unterschiedlichen Ländern zu ihren Gunsten innerhalb des Unternehmens zu nutzen. National operierende kleinere Unternehmen, die diese Möglichkeiten zunächst nicht haben, sind durch die Konkurrenz international operierender Unternehmen vielfach in ihrer Existenz bedroht. Viele sehen sich gezwungen, ihrerseits z. B. Arbeitsplätze in „Billiglohnländer" zu verlegen, was wiederum negative Rückwirkungen auf Arbeitsmärkte und heimische Nachfrage in „Hochlohnländern" haben kann, wenn dort keine entsprechend entlohnten neuen Arbeitsplätze entstehen. Nach Schätzungen sind multinationale Unternehmen an ca. 2/3 des Welthandels beteiligt und ca. 1/3 des Welthandels findet direkt zwischen Mutter- und Tochterunternehmen von Konzernen, also „intra-firm" statt.

Einfluss von Banken und Finanzwesen: Finanzintermediäre gelten dank moderner EDV als die Hauptbeschleuniger der Globalisierung, denn es lassen sich Milliardenbeträge innerhalb von Sekunden über den Globus verschieben. Andererseits stehen sie selbst in einem globalen Wettbewerb um möglichst rentable Anlagemöglichkeiten an den jeweiligen Standorten mit dem günstigsten Ertrags- und Risikoprofil. Dies führt dazu, dass sie ihrerseits Geldanlagen mit dem Ziel hoher Profite tätigen und so soziale Aspekte in den Hintergrund treten. Durch die schnellen Bewegungen auf dem Devisenmarkt entstehen Risiken der Instabilität für die einzelnen Währungen (vgl. Debatte um Tobin-Steuer)..."

„*Die größten Gefahren, die von der Globalisierung ausgehen, sind die Vermarktung und die Privatisierung unseres Planeten*" sagt die indische Globalisierungskritikerin Vandana Shiva. Die indische Umweltaktivistin und Bürgerrechtlerin Vandana Shiva ist Quantenphysikerin und Direktorin der Forschungsstiftung für Wissenschaft, Technologie und Ökologie in Neu Delhi. Für ihr Engagement wurde sie 1993 mit dem Alternativen Nobelpreis ausgezeichnet.

Einer der trügerischsten Behauptungen der Verfechter der herrschenden Wirtschaftsordnung zufolge bringe der „freie Markt" Wirtschaftswachstum und sei demnach das einzige Gegenmittel gegen die globale Armut. Die harten Fakten strafen diese Behauptung Lügen. Das Pro-Kopf-Wachstum in den 70er Jahren betrug 3,6 Prozent. In den 80er Jahren sank es auf nur 0,7 Prozent und ging von 1990 bis 2000 weiter auf minus 0,2 Prozent zurück. In den vormals stalinistischen Ländern, die jetzt als „Reformländer“ bezeichnet werden, fiel das Pro-Kopf-Einkommen in den zehn Jahren seit 1990 um 50 bis 75 Prozent.

Der Unterschied zwischen den reichen kapitalistischen Ländern und den Entwicklungsländern wird größer, anstatt kleiner. Nicht nur die relative Armut nimmt zu, auch die absolute Armut kehrt zurück. In dem Jahrzehnt bis 1980 mussten 118 Millionen Menschen in 9 Ländern einen absoluten Rückgang des Pro-Kopf-Einkommens hinnehmen. 1998 gab es davon 60 Länder mit einer Gesamtbevölkerung von 1,3 Milliarden Menschen. Dies gilt auch für reiche Industrienationen wie Deutschland. Dort haben sich seit 2000 die sozialen Unterschiede verschärft. Laut dem jüngsten Armuts- und Reichtumsbericht der Regierung ist inzwischen jeder vierte Deutsche arm oder muss durch staatliche Leistungen vor Armut bewahrt werden.

Die so genannten Milleniumsziele der Vereinten Nationen (UN) sind Entwicklungsziele für das Jahr 2015, die im Jahr 2000 von einer Arbeitsgruppe aus Vertretern der UNO, der Weltbank, der OECD und mehreren NGOs (Nichtregierungsorganisationen) formuliert worden sind. Ein Entwicklungsziel gilt der Bekämpfung von extremer Armut und Hunger. So soll die Zahl der Armen Menschen bis 2015 halbiert werden. Die Zwischenbilanz zum Welternährungstag am 16. Oktober 2009 bezeichneten Hilfsorganisationen als katastrophal. Die Ziele sind weit verfehlt worden. Der Hunger in der Welt nimmt zu anstatt ab. Nach wie vor gibt es keinen Fortschritt in der Hungerbekämpfung. In 33 der insgesamt 88 vom Forschungsinstitut für Ernährungspolitik (International Food Policy Research IFPRI) untersuchten Länder ist die Lage sehr ernst oder gravierend.

Einer der wichtigsten Faktoren in diesem Prozess ist das globale Finanzsystem, über das der Reichtum von den Armen zu den Reichen umverteilt wird. Das Kapital von reichen Ländern, sollte eigentlich in arme Länder fließen. Aber das Gegenteil passiert. Selbst die Weltbank, nicht gerade bekannt für eine radikale Kritik an der Globalisierung, hat letztendlich zugegeben, dass Kapital netto nicht mehr von den Ländern mit hohem Einkommen in Wirtschaften fließt, die es für das Erreichen ihrer Entwicklungsziele bräuchten. Die Bank sagt damit, dass die Armen die Reichen finanzieren.

Globalisierung dient in Wahrheit der Machtausweitung. Dass Globalisierung auch zur Bekämpfung der Armut beitragen soll, dieses Argument wird allein schon im Lexikon unter dem Punkt: *Einfluss der Entwicklungsländer* ziemlich plausibel widerlegt. Insofern kann man diesen Prozess mit drei Worten beschreiben.

Globalisierung ist Zentralisierung

Kein Wunder, dass die meisten Menschen in Angst leben.

Kapitel 9: Die Illusion

Diese Entwicklung ist nicht menschlich, sondern unmenschlich. Sie ist nicht gerecht, sondern ungerecht. Sie ist nicht sozial, sondern unsozial. Erst recht ist sie nicht verantwortungsvoll, sondern verantwortungslos. Kurz gesagt, ist diese Entwicklung alles andere als intelligent. Die hoch entwickelte, fortschrittliche und intelligente Zivilisation, für die wir uns halten, ist durch den ungesunden Egoismus des Menschen zur Illusion verkümmert. Sie ist schlichtweg nicht existent. Und weil wir in einer Illusion leben, **liegt die Wahrheit** logischerweise immer genau **auf der entgegengesetzten Seite**.

→ Echter Fortschritt würde die Natur gesund erhalten. Illusorischer Fortschritt hingegen zerstört die Natur und baut Energiekonzerne auf.
→ Echter Fortschritt würde den Menschen gesund erhalten. Illusorischer Fortschritt macht den Menschen krank und die Pharmaindustrie gesund.
→ Echter Fortschritt würde Frieden bedeuten. Illusorischer Fortschritt bedeutet Krieg um Machtstrukturen zu erweitern und daran zu verdienen.
→ Echter Fortschritt verläuft intelligent. Illusorischer Fortschritt nicht, er gaukelt einen intelligenten Verlauf lediglich vor.

Viele werden sagen, dass hier nichts Neues geschrieben steht und, dass der Unterschied zwischen echtem und illusorischem Fortschritt jedem bekannt ist. Die Frage die sich stellt ist, **warum** die Menschen dann das alles mit sich geschehen lassen? **Warum** die Menschen sich immer weiter in das illusorische Geschehen hineinziehen lassen ohne was dagegen zu unternehmen? Die Argumentation, man könne nichts dagegen unternehmen, weil die Lobbys zu mächtig sind, beweist lediglich die immense Wirksamkeit des **Mangel**prinzips. Die daraus resultierende Existenzangst hat Resignation erzeugt.

Resignation ist der größte Widerspruch zu einer intelligenten, fortschrittlichen Zivilisation und zugleich der beste Beweis für die Illusion einer solch fortschrittlichen Gesellschaft.

Illusion bedeutet außerdem sich Dinge, Werte und Ziele wichtig zu machen, die in Wahrheit überhaupt nicht wichtig sind. Das führt zur Oberflächlichkeit und damit zur permanenten Unzufriedenheit, wie wir sie heute tagtäglich erleben. Kurz vor unserem Tod fragen wir uns dann: „**Warum** und Wofür das alles?“. Das ist genau einer der Kernfragen in diesem Buch. Nur im Sterbebett dürfte es dafür ein wenig zu spät sein.

Es ist, als befände sich der Mensch durch seinen übertriebenen Egoismus und die daraus resultierende Oberflächlichkeit in einer Art Dämmerzustand, unfähig geworden, tiefer zu gehen und zu hinterfragen was da noch alles sein könnte. Der Mensch hat die Illusion als seine Welt akzeptiert. Er bemüht sich kaum mehr um eine ganzheitliche Betrachtungsweise. Diejenigen die noch hinaus in den Kosmos schauen und versuchen dieser epochalen und überdimensionalen Wunderwelt, derer wir alle ein Bestandteil sind, auf die Spur zu kommen, sind insgesamt in der Minderzahl. Die meisten Menschen leben ihr oftmals kleinkariertes Leben weiter in dem festen Glauben, sowieso nichts verändern zu können. Sie hoffen, dass andere ihre Probleme lösen. Psychotherapien haben, wie gesagt, Hochkonjunktur. Viele flüchten sich außerdem in esoterische Lebensberatungen oder sonstige ominöse Lebenshilfen. Das einzige, was sie dabei erfahren ist ein Geldverlust.

Warum wollen so viele Menschen nicht selbst aktiv werden und ihr Leben zum positiven verändern? Haben sie es durch all die hier beschriebenen Umstände bereits verlernt? **Warum** geben sie Unsummen dafür aus, dass andere für sie aktiv werden? Was so stark verwundert ist der Umstand, dass sowohl die Psychotherapie als auch alle anderen Lebenshilfen und -beratungen, zur Eigeninitiative raten, das heißt, die Dinge selbst in die Hand zu nehmen. Es ist im Grunde die Haupterkenntnis. Nur scheinen viele ausgerechnet diesen Teil der Beratung komplett auszublenden und zahlen später erneut viel Geld für andere „lebensberatende“ Maßnahmen.

Im Grunde ist es sehr einfach. Wer die Dinge anderen überlässt, der muss mit dem Ergebnis der anderen leben und es zwangsläufig akzeptieren. Nur wer selbst mitgestaltet, kann auch wirklich Einfluss auf den Verlauf und somit auf das Resultat nehmen. Vor diesem Hintergrund betrachtet, ist der Mensch ein sehr mächtiges Wesen. Leider scheinen viele Menschen alles zu tun, um ihre Macht an andere abzugeben und wundern sich dann, wenn das Ergebnis für sie nicht zufriedenstellend verläuft. Einfach weiter zuzusehen und nichts zu unternehmen ist, wie so oft, die dümmste Lösung. Man kann durchaus recherchieren und herausfinden, wie sehr wir manipuliert sind. Das ist nicht einfach und erfordert Mut zur Selbsterkenntnis. Hier aber scheitern bereits die Meisten, denn die Einsicht, einen großen Teil des Lebens auf Illusionen gesetzt zu haben und systematisch betrogen worden zu sein, ist zu unerträglich, um sie sich eingestehen zu können. Also wird die Illusion weiter gelebt und ständig bestätigt, damit sie auf keinen Fall zerfällt.

Man muss die Dinge selbst angehen, dazu gibt es keine Alternative. Alles andere ist Illusion.

Wer das nicht glaubt oder es nicht umsetzen kann, wird sein ganzes Leben für Therapien oder Beratungen vergeuden. Deshalb muss man begreifen, dass die allerbeste Art, eine intelligente Zukunft vorzubereiten, die Lösung der dringenden Gegenwartsprobleme ist. Das Lösen von Problemen entwickelt einen Menschen und wirkt seiner Stagnation entgegen. Ein Sprichwort sagt, um dem Übel entgehen zu können, muss man es verstehen lernen. Um verstehen zu können, muss man sich auf die Suche nach dem „**Warum**?" machen und mit Hilfe logischen Denkvermögens die richtigen Fragen stellen. Beweise braucht man meist keine. Sie werden in der heutigen Zeit sowieso ständig manipuliert, verändert oder geschönt. Unweigerlich zeigen sich auch so eklatante Widersprüche auf, die unser Weltbild komplett auf den Kopf stellen. Es zeichnen sich, anhand dieser Widersprüche, logischerweise auch die Lösungsmöglichkeiten ab.

Kapitel 10: Was tun?

Das größte Problem des Menschen sind seine Überheblichkeit und seine Selbstüberschätzung gegenüber dem Rest der Schöpfung, welche auch Kinder des ungesunden Egoismus sind. Man könnte also sagen, wenn es dem Menschen gelingt dieses Problem zu überwinden, hat er das gröbste überwunden, denn der übertriebene Egoismus ist es, der den Menschen an einer intelligenten Entwicklung hindert.

Überall dort wo es den Menschen gelingt, den ungesunden Egoismus auszuschalten oder ihn auf ein gesundes Maß zu reduzieren, ist intelligentes Handeln möglich und größtenteils auch erfolgt. Dies kann man beispielsweise in vielen Bereichen der Kunst und auch der Wissenschaft beobachten, denn dort ist Idealismus der vorherrschende Wesenszug. Künstler sind zufriedenere Menschen, besagt eine alte Volksweisheit. Zufrieden, obwohl viele brotlos sind, wie man weiß. Dasselbe gilt im Übrigen auch für helfende und heilende Berufe.

Wie kann ein Mensch zufrieden sein, wenn er nur wenig hat?

In einer Illusion **liegt die Wahrheit** immer genau **auf der anderen Seite**. Deshalb führen materieller Gewinn, Genuss, Luxus und Oberflächlichkeiten auch nicht zur Zufriedenheit. Zwar glauben viele, sich dieser Weisheit bewusst zu sein, jedoch hält sich kaum einer daran. Es wird sich weiter die Erfüllung materieller Ziele und Wünsche zum Lebensinhalt gemacht und überall dort, wo der Kommerz Einzug hält, fällt alles dem ungesunden Egoismus zum Opfer. Vielen Menschen ist dieser Umstand eben nicht richtig ***bewusst***.

Jedoch wenn es um ein lang ersehntes Ziel angestrebten Genusses geht, dann dämmert es, endlich am Ziel angelangt, auch dem letzten Gedankenopfer dahingehend, dass der im Vorfeld immer und immer wieder gedanklich herbeigesehnte Augenblick sich nicht in dem Maße genießen lässt, wie man es erwartet hat.

Klar ausgedrückt, sehr viele reiche Menschen sind, obwohl es ihnen an nichts fehlt, immer noch absolut unzufrieden. Diesen Widerspruch dürfte es nicht geben, wenn Reichtum glücklich machen würde. **Warum** also betreiben wir trotzdem ständig eine zermürbende Hetzjagd nach materiellem Zugewinn und sämtlichen anderen Oberflächlichkeiten?

Gesundheit, geistiger Reichtum und Bescheidenheit sind die wirklich zuverlässigen Garanten für Zufriedenheit. In diese Eigenschaften und Wesenszüge sollten wir deswegen investieren.

Da die Gegenwartsprobleme sich über mehrere Generationen hinweg aufgebaut haben, wird es auch einen entsprechenden Zeitraum dauern, sie zu lösen. Insbesondere dann, wenn sich mächtige Organisationen aus Gründen der Beibehaltung und Erweiterung ihrer Macht, einer Lösung in den Weg stellen. Ein probates Mittel besteht in der Weitergabe oder Korrektur von Informationen, und zwar den Informationen, die von den Lobbyisten verfälscht oder uns von ihnen vorenthalten werden. Eine Lobby ist eine mächtige Vereinigung von Menschen oder Organisationen, die gemeinsame Interessen verfolgen und diese mit aller Macht verwirklichen wollen. Die größte Vereinigung aber, und das sollte man sich unbedingt ins Gedächtnis rufen, ist das **Volk**. Also hat das Volk auch die größte Macht. Nur um diese Macht nutzen zu können, muss das Volk richtig informiert sein. Um die Macht des Volkes zu unterwandern, werden Informationen deshalb manipuliert oder vorenthalten. Richtige Informationen sind daher der Schlüssel um erkennen zu können, was mit uns und unserer Welt nicht stimmt. Der Austausch und die Weitergabe von korrekten Informationen ist ein langwieriger und ausdauernder Prozess, aber er bringt das Volk im Laufe der Zeit auf den aktuellen und richtigen Stand der Dinge. Es ist eine Art, über Generationen hinweg andauerndes, Briefing, eine Art sehr lange Einsatzbesprechung. Ist diese irgendwann weit genug fortgeschritten, wird das Volk handeln.

Dass dies schon in gewissen Teilen der Erdkugel geschieht, beweist ein **Volk** wie das von Norwegen. Was den Bereich Energieversorgung angeht, setzt Norwegen stärker als andere auf die erneuerbaren Energien und eine höhere Energieeffizienz. Das Potential der Energieträger Wind, Bioenergie, Sonne, Wellen und Gezeiten ist in Norwegen groß und soll künftig noch besser ausgeschöpft werden.

Ganz anders als beispielsweise in Deutschland. Dort wollen Lobbyisten mit der ältesten und umweltschädlichsten Art der Energieerzeugung weiterhin große Gewinne machen und werden von der Politik unterstützt. Die Bundesregierung wird die Energieversorger für ihre geplanten neuen Kohlekraftwerke mit Verschmutzungsrechten, den so genannten CO^2-Zertifikaten ausstatten. In den kommenden Jahren sollen 27 neue Braun- und Steinkohlekraftwerke gebaut werden. Sie alle bekommen die wertvollen CO^2-Zertifikate geschenkt. Diesen Wert der Zertifikate können die Stromkonzerne als vermeintliche Kosten auf den Strompreis aufschlagen und Zusatzgewinne einstreichen. Damit werden für die neu geplanten Kohlekraftwerke den Konzernen zusätzliche Gewinne von um die vier Milliarden Euro möglich gemacht.

Norwegen hingegen will weg von veralteten Strukturen und künftig weltweit führend sein, wenn es um die Entwicklung und Nutzung umweltverträglicher Energieträger geht. Die Energieversorgung in Norwegen stützt sich auf die Elektrizität, die praktisch ausschließlich aus der reichlich vorhandenen Wasserkraft gewonnen wird. Damit das Land auch in ferner Zukunft sicher und zuverlässig versorgt wird, soll der Bedarf immer mehr aus anderen umweltfreundlichen Quellen gedeckt werden. Der Staat spielt in der Energieversorgung eine wichtige Rolle. Er will sein Engagement durch den Bau und Kauf von Kraftwerken weiter ausbauen. Auf der politischen Ebene steuert er die Produktion und die Verteilung der Energie durch einen zentralen Netzbetreiber (Statnet) sowie eine nationale Agentur zur Administration der Wasser und Energieressourcen (*Norwegian Water Resources and Energy Directorate, NVE*). Priorität haben die umweltfreundlichen Energieträger, der Ausbau der Wasserkraft und die umweltschonende Nutzung des Erdgases. Wichtige Ansatzpunkte sind: Der Kauf von grünen Zertifikaten über erneuerbare Energien und Mini- und Mikrokraftwerke, der Ausbau der Windenergie sowie die Entwicklung des Energieträgers Wasserstoff. Besonders wichtig ist, dass die CO^2-freien Gaskraftwerke nicht auf Kosten der erneuerbaren Energie ausgebaut werden.

Mit dieser überaus mutigen Vorreiterrolle setzt das Volk von Norwegen traditionelle Energieversorger äußerst vehement unter Druck. Besonders, wenn man bedenkt, dass in den Chefetagen dieser Energiegiganten die Technologien zur Erzeugung von freier Energie schon lange in den Schubladen vergammeln. Dieses Beispiel zeigt auf, dass die Lage nicht aussichtslos ist und andere Völker auf diesen Zug aufspringen sollten.

Wenn man genau beobachtet, stellt man fest, dass immer mehr Menschen merken, dass mit unserem Weltbild, unserer Kultur und mit unserer Art zu leben, einfach vieles nicht stimmt. Man stellt fest, dass immer mehr Menschen sich darüber Gedanken machen und sich damit auseinandersetzen. Sie beschäftigen sich durchaus damit, wie man all dies verbessern könnte. Und Sie kommunizieren miteinander, was das wichtigste ist auf diesem schweren Weg zum Ziel.

Man mag über Internet denken wie man will, aber hier wurde eine Plattform geschaffen, auf der sich Menschen aus aller Welt austauschen können und so wird die Kommunikation, wie überhaupt der ganze langwierige Veränderungsprozess, um ein vielfaches beschleunigt, was so wahrscheinlich gar nicht beabsichtigt war. Der rasante Fortschritt von Internet und Multimedia wurde ja hauptsächlich deswegen zugelassen, um den Menschen noch stärker zu beeinflussen und ihn dadurch steuern zu können. Dabei wurde übersehen, dass auch die Menschen, welche über den Tellerrand hinaus denken, sich diese Foren zu Nutze machen und nun dabei sind, wahre und richtige Informationen zu verbreiten. Die „Generation Facebook“ hat beispielsweise 2011 in beinahe ganz Nordafrika eine politische Revolution ausgelöst und der Demokratie zum Sieg verholfen. Das Briefing der Menschen ist also bereits im vollen Gange und das macht Mut. Sollte jemand den Eindruck haben, dieses Werk hätte Demoralisierung zum Ziel, so sei ihm versichert, das Gegenteil ist der Fall. Jeder hat heute mehr denn je die Möglichkeit, sich mit richtigen Informationen zu versorgen und durch deren Weitergabe zur Verbreitung beizutragen. Was die „Allmacht“ der Lobbys anbelangt, sagt wiederum eine alte Volksweisheit richtigerweise: *„Kein Imperium währt ewig!“* das heißt, jede Lobby und damit jedes Machtzentrum zerfällt eines Tages. Warum das so ist, soll hier kurz umrissen werden.

Jede Vereinigung, ganz gleich wie sie beschaffen ist und wie groß sie ist, lebt in der Regel von Beitragszahlern. Zielsetzung ist in den allermeisten Fällen Einflussnahme auf irgendein Geschehen. Interessant ist, dass die meisten Netzwerke, die zu mächtigen Lobbys mutieren im Grundsatz positive Zielsetzungen haben. So unglaublich das auch klingen mag, aber der Vergleich mit einer Sekte hält hier durchaus stand und sei deswegen auch gestattet, weil immer dann, wenn die Vereinigung Erfolg hat und dadurch wächst, sich die Dinge immer mehr einer Sekte angleichen. Um

Erfolg zu haben werden die Mitglieder zunächst zu einer „starken Gemeinschaft“ verschworen. Mit zunehmendem Erfolg wächst der Einfluss immer weiter an, aber auch der soziale Unterschied zwischen dem einfachen Mitglied und dem Vorstand. Was außerdem wächst, ist der Druck weiterhin Erfolg zu haben. Das ist oftmals auch der Punkt, an dem es zu einer Spaltung innerhalb einer Lobby kommen kann. Denn das Eigeninteresse für einen Vorstand am verbesserten sozialen Standard und am Machteinfluss (auch innerhalb der Organisation selbst) festzuhalten, steigert sich ebenfalls. So wird der Erfolgsdruck einfach nach unten an die Basis durchgereicht. Es entsteht ein Delta zwischen den eigentlichen Zielen und Grundprinzipien der Vereinigung und den Eigeninteressen des Vorstandes. An diesem Punkt angelangt, geht es meist nur noch darum weiter zu wachsen, nicht der ursprünglichen Ziele wegen, sondern um noch einflussreicher zu werden und so die eigene Position zu stärken, ganz so wie es auch in Sekten praktiziert wird. Dies wiederum führt dazu, dass sich die Beitragszahler von ihren Vorständen ausgenutzt und nicht mehr vertreten fühlen. Interner Widerstand beginnt sich zu formieren. Auch ist in den Chefetagen längst ein interner Machtkampf entbrannt, der das Delta zur Basis nur noch vergrößert. Der provokante Vergleich mit einer Sekte soll bildhaft deutlich machen, dass es überall sehr ähnlich zugeht, egal ob es sich um einen Verband, eine Partei, Gesellschaft, Genossenschaft, Gemeinschaft, Kommission, Kartell, kirchliche oder religiöse Organisation oder um eine Gewerkschaft handelt. Wird die Organisation zu groß und zu mächtig, kommt der ungesunde Egoismus ins Spiel und das Ganze entwickelt Sektencharakter. Und je mächtiger die Organisation ist, desto größer wird die interne Spaltung sein, was irgendwann automatisch zum Zerfall führt. Die interne Zerstrittenheit und der Machtkampf innerhalb von Lobbys sind bezeichnend und nachweisbar. Natürlich ist dies keine kurzfristige Entwicklung. So ein Prozess dauert seine Zeit.

Die in Kapitel 9 beschriebene Resignation erzeugt in uns die Wahrnehmung, man könne nichts gegen Lobbys unternehmen, weil sie zu mächtig sind. Dieser Glaube ist insofern falsch, weil sich alle Lobbys aufgrund ihrer eigenen Struktur eines Tages von selbst erledigen. Der übertriebene Egoismus zerfrisst alles, auch die eigene Macht.

„Kein Imperium währt ewig!“ Dem uralten Wissen der Volksweisheiten wieder mehr Bedeutung beizumessen ist mit Sicherheit eine sehr gute Methode, richtige Informationen von falschen zu unterscheiden.

Kapitel 11: Wissen bringt Heil

Wie filtert man noch korrekte Informationen von unkorrekten heraus? Ein pragmatischer Ansatz ist generell, den Lauf der Geschichte und des Geschehens zu recherchieren. Daraus ergibt sich ein durchaus transparentes Bild, das der Wahrheit schon ziemlich nahe kommt. Das heißt, hat man einen Artikel oder eine Information zu einem bestimmten Themenbereich, sollte man sich auch die Zeit nehmen, die Entstehungsgeschichte dieses Themas und den Verlauf des Geschehens genau zu betrachten. Erst dann kann man den Artikel oder die Information bezüglich Ihres Wahrheitsgehalts vernünftig einschätzen. Anhand von Beispielen soll diese Vorgehensweise näher erläutert werden.

Recherchethema 1: *Geld und Geldwirtschaft*

Für ganz viele Menschen ist dieses Thema vollkommen undurchsichtig und verworren, hat sich doch das Finanzwesen zu einem weltweit derart komplexen und engmaschigen Netz entwickelt. Außer für Experten ist das System bis auf einige einfachere Geldgeschäfte fast nicht mehr zu durchschauen. Mit vielen Fachbegrifflichkeiten wie, Inflation, Deflation, Anleihen, Fonds, Assets, Stocks, Devisen, Bond-Vigilantes, Realverzinsung, Fiat-Money, monetisieren usw., wird die Undurchsichtigkeit dieser Mechanismen noch verstärkt. Will jemand sein Geld anlegen, braucht er einen sehr guten Finanzberater, dem er zu 100% vertrauen kann und auch muss, denn er wird nur schwer verstehen was der Fachmann mit seinem Geld macht und **warum.** Oder aber er beschäftigt sich, mittels Ausbildung oder Studium, solange mit dem Thema, bis er selbst ein Experte ist. Und selbst Experten sind an diesem Thema schon gescheitert.

Da Geld und Geldwirtschaft ganz eng an den ungesunden Egoismus, dem Todfeind der Intelligenz, gekoppelt sind, ist es wichtig die Struktur zumindest halbwegs zu verstehen um dadurch wiederum ein Verständnis für die Zusammenhänge und die absolut unbefriedigende Situation in der wir uns heute befinden, zu entwickeln.

Zu Deutsch: Will man wissen, warum es in der heutigen, angeblich so fortschrittlichen Zivilisation, immer noch so viel Elend, Leid und Krieg gibt, diese Zustände sind in Wirklichkeit ja nicht weniger sondern mehr geworden, muss man sich mit der Wurzel allen Übels beschäftigen, dem Geld!

Aber wie, wenn man selbst kein Experte ist? Wie schon der Spruch „***die Wurzel allen Übels****...*“ sagt, gehen wir ganz zurück zum Anfang und recherchieren wir Geschichte des Geldes. Denn nur die Geschichte von Anfang an ermöglicht es auch dem Laien die Zusammenhänge halbwegs durchschaubar zu machen. Begeben wir uns also auf eine hochdramatische Reise voller krimineller Energie.

a) Tauschhandel

Die Geschichte des Geldes begann schon weit vor unserer Zeitrechnung. Bereits in der Bronzezeit haben die Menschen unterschiedlichste Waren als allgemeine Tauschmedien genutzt. Dieses erste Geld nennt man daher Waren oder Sachgeld. In Tauschgesellschaften, in denen sich einzelne auf die Produktion bestimmter Güter spezialisierten, um diese dann gegen andere Güter von anderen zu tauschen, kam es beim Tausch zu Problemen. Diese bestanden zum einen darin, dass der Wert der einzelnen Güter ermittelt werden musste, damit sie miteinander vergleichbar waren. Man benötigte daher eine Recheneinheit. Des Weiteren konnte es sein, dass der Tauschpartner nicht das Gut besaß, was man ertauschen wollte. In so einem Fall kam der Tausch nur zustande, wenn der Tauschpartner ein Gut besaß dessen allgemeine Akzeptanz so groß war, dass sich damit das gewünschte Gut problemlos woanders eintauschen ließ. Hierfür brauchte man daher ein allgemein anerkanntes Tauschmittel. Das dritte Problem beim Tausch ergab sich daraus, dass man das erhaltene Tauschmittel eventuell erst später gegen andere Güter eintauschen wollte. Es war daher wichtig, dass das Tauschmittel nicht mit der Zeit an Wert verlor. Als Lösung sollte eine Zwischeninstanz dienen, die den Gegenwert der Tauschwaren garantierte.

b) Zahlungsmittel Gold und Silber

Um ca. 3100 v. Chr. im altägyptischen Reich diente Gold bereits als Zahlungsmittel. Dieses hatte allerdings noch eine Barrenform, so dass es beim Zahlungsverkehr noch gewogen und auf seine Echtheit hin geprüft werden musste. Gold und Silber brauchte man vor allem dort als Zahlungsmittel, wo direkter Tausch von Waren zu viele Umstände bereitete. Das war vor allem dann der Fall, wenn Waren aus weit entfernten Regionen ins heimische Gebiet geholt werden sollten. Man zog also mit einer bestimmten Menge an Gold los, um in anderen Regionen Waren zu erwerben. Gold und Silber bewahrten stets ihren Wert und somit die Stabilität, die durch Schürfung ständig neu hinzugekommene Menge an Edelmetall führte zu keinem Überangebot und somit Wertverfall, denn parallel dazu wuchs ja die Anzahl der Menschen. Der Handel zwischen weit entfernten Regionen wuchs beständig und wurde durch Schaffung von verbesserten Transportwegen zusätzlich angekurbelt. Bedingt durch den permanenten Warenaustausch zwischen entfernten Regionen entstanden nach und nach mächtige Handelsfamilien, die durch Erfahrung zu beträchtlichen Reichtümern gelangten. Das bedeutete, diese Handelsfamilien horteten immer mehr Gold und Silber und somit Macht- und Kaufpotential. Der Grund, warum es überhaupt zu einer Hortung kommen konnte, lag darin, dass man die in fernen Regionen erworbenen Waren am Heimatort mit hohem Gewinn verkaufen konnte. Somit blieb immer Gold und Silber in Barrenform übrig.

c) Grundzüge des Bankenwesens

Diese Hortung von Gold und Silber erlaubte es schließlich, dass man in den jeweiligen entfernten Handelsregionen Gold- und Silberdepots errichtete. Somit brauchte man kein Gold und Silber mehr auf seinen Handelsreisen mitzuführen, was auch, bedingt durch Wegelagerei, gefährlich war. Man hatte nun in der entfernten Handelsregion sein sicheres Depot, aus dessen Bestand man die dort neu erworbenen Güter bezahlen konnte.

Doch mit der Zeit entstand eine Verfahrensweise, die neben hohen Gewinnspannen einen Schritt in Richtung Inhumanität darstellte - der Verleih von Gold und Silber. Man machte nämlich seine Gold- und Silberdepots auch solchen Händlern zugänglich, die über kein eigenes Depot verfügten. Dafür verlangte man eine entsprechende Gebühr, den **Zins**!

So wuchs das Gold- und Silbervermögen bestimmter Familien beträchtlich an. Die Gold- und Silberdepots, die in fernen Regionen angelegt waren, mussten natürlich sicher sein. Dazu braucht es sichere Gebäude, vertrauenswürdiges Personal und, gerade was andere Länder anbelangt, gute Beziehungen zur dortigen Obrigkeit. Dies alles hatten sich die führenden Handelsfamilien mit der Zeit sichern können, das dazu nötige Kapital hatten sie mittlerweile im Überfluss. Nun wollten viele andere Händler, ebenfalls sichere Golddepots in denjenigen Handelsregionen anlegen, in denen sie tätig waren, sie konnten sich aber keine eigenen Sicherheitseinrichtungen leisten. Und selbst wenn sie es sich leisten konnten, dann war es bereits vielerorts der Fall, dass die dortige Obrigkeit dies nicht gestattete, weil sich dort schon die mächtigen Handelsfamilien insgeheim das Monopol gesichert hatten. Man bot den Händlern an, deren Goldreserven, ebenfalls gegen Gebühr, mit zu verwahren.

Somit verdiente man doppelt. Zum einen durch den Verleih von eigenem Gold und Silber aus dem Depot, zum anderen durch die Verwahrung fremden Gold und Silbers. Wer Gold ins Depot zur Verwahrung einbrachte, bekam als Beleg ein versiegeltes und unterschriebenes Dokument, das den Wert des eingelagerten Goldes verbriefte. Derjenige, der sich Gold auslieh, musste ein Schulddokument unterzeichnen, das dann vernichtet wurde, wenn er das geliehene Gold samt Zinsen wieder zurückbrachte. So entstanden die ersten Handelskassen. Es dauerte gar nicht lange, da wuchsen, bedingt durch immer mehr Handelsaktivität, die eingelagerten Golddepots mehr und mehr an. Auf der anderen Seite gab es jedoch auch immer mehr Nachfrage von Minderbemittelten, die sich Gold leihen wollten. Es kam zur Situation, da konnte man theoretisch kein Gold mehr verleihen, da sich bereits alles eigene Gold entweder im Verleihstadium befand oder momentan durch eigene Handelsaktivitäten gebunden war. Dies führte in der Praxis dazu, dass man auch das *fremdverwahrte* Gold verlieh, das einem selbst gar nicht gehörte, und für dessen Verwahrung die rechtlichen Besitzer bezahlen mussten. Das kann man durchaus als reinen Betrug ansehen.

d) Grundzüge des Geldwesens

Irgendwann ging man dazu über, gar kein Gold oder Silber mehr direkt auszuhändigen und alles über Wertpapiere abzuwickeln, sozusagen die Geburt der Devise. Da mittlerweile alle Goldverleiher Filialen in vielen nationalen und internationalen Handelsregionen hatten, wurde dieser Schritt von den Händlern auch durchweg akzeptiert.

Es entstanden nach und nach in den wichtigsten Handelszentren Gold-Verwahrungsdepots unterschiedlicher Handelsfamilien. Konkurrenz bedeutete wiederum, man bekam für sein jeweils eingelagertes Gold ein Wertpapier, das nur in den Filialen gültig war, die dem entsprechenden Goldverwahrer angehörten. Ursprünglich bekam man für sein eingelagertes Gold ein einziges Dokument, das den eingelagerten Goldwert verbürgte. Um das Rücktauschen von Wertpapier in Gold zu vermeiden, und um einen Handel, der rein auf dem Austausch von Wertpapieren basiert zu ermöglichen, musste das ursprüngliche Wertpapier in möglichst viele kleine Häppchen (Geldscheine) zerlegt werden. Mit diesen kleinen Häppchen konnte man nun Waren erwerben, vorausgesetzt, Käufer und Verkäufer hatten ihr Goldvermögen beim gleichen Goldverwahrer deponiert.

Der nächste Schritt bestand darin, die unterschiedlichen Wertpapiere zu vereinheitlichen, um somit eine allgemeine Gültigkeit zu erreichen. Nun war es also möglich, auch denjenigen Verkäufer per Wertpapier zu bezahlen, der seinen Goldvorrat bei einem konkurrierenden Goldverwahrer deponiert hatte. Dieser Schritt führte dazu, dass überhaupt kein deponiertes Gold mehr zurückgetauscht werden musste. Der goldlose Handel war entstanden, man bezahlte von nun an mit Geld. Mittlerweile, und bedingt durch mehr und mehr Konkurrenz, erhielt man für sein eingelagertes Gold von den Goldverwahrern Zinsen, jedoch waren diese Guthaben-Zinsen stets bedeutend niedriger als die im Leihungsfall zu bezahlenden Schuld-Zinsen.

War es bereits Betrug, das ursprünglich eingelagerte ***Fremd***gold gegen Zins zu verleihen, so ging man jetzt noch einen Schritt weiter. Der nächste Schritt bestand nämlich darin, Geld, und somit privaten Reichtum, aus dem puren Nichts zu erschaffen. Die Methode dazu war relativ einfach, man druckte einfach wesentlich mehr Wertpapiere (Geld), als man überhaupt an Goldreserven zur Verfügung hatte. War ursprünglich alles, was an Wertpapieren in Umlauf war, physikalisch in deponiertem Gold vorhanden und somit gedeckt, so war dies plötzlich nicht mehr der Fall, es kam zu einer massiven Unterdeckung. Diese Unterdeckung hätte natürlich im Falle eines Komplettrücktausches aller Wertpapiere gegen das eingelagerte Gold, ein massives Problem seitens der Goldverwahrer, mittlerweile Bankiers genannt, zu Folge gehabt.

e) Zins - der Krebs des Geldsystems

Aber auch das Nehmen von Zinsen führte zwangsläufig dazu, dass Geld aus dem Nichts geschaffen wurde und bis heute wird. An dieser Stelle ist ein kleiner Exkurs zum Zinsthema angebracht. In den großen Weltreligionen nahm die Diskussion um ein Zinsverbot einen großen Stellenwert ein. Die Auffassungen der geistlichen Theoretiker ändern sich leider, wie die Zeiten in denen sie lebten. Zinsen haben etwas mit einem Krebsgeschwür gemeinsam - sie wuchern! Und weil sie wuchern, vergrößern sie die Schulden. Dieser Umstand führt dazu, dass Geld aus dem Nichts geschaffen werden muss, um die zahlungsunfähig gewordenen Schuldner mit frischem Kapital versorgen zu können. Die Anzahl der Schuldner steigt ständig und damit auch die Vermögenskonzentration der Gläubiger.

Ein einfaches Rechenbeispiel: Ein Geldverleiher verleiht 100 Milliarden Dollar zu 5% jährlichen Zinsen. Damit hat er nach einem Jahr einen Anspruch auf 105 Milliarden Dollar. Nach zwei Jahren wächst sein Vermögen auf 110 Milliarden und 250 Millionen. Bereits nach zehn Jahren beläuft sich der Anspruch auf rund 163 Milliarden und nach nur 15 Jahren auf rund 208 Milliarden Dollar. Also 108 Milliarden Dollar Zinsgewinn. Geld, für das der Kreditgeber selbst nicht arbeiten muss. Das bedeutet, der oder die Kreditnehmer der 100 Milliarden Dollar müssen so enorm produktiv sein, dass sie nach nur 15 Jahren Laufzeit mehr als das doppelte des aufgenommenen Kredites zurückzahlen können. Bei fünf Prozent Zinsen verdoppelt sich der Betrag alle 14,2 Jahre.

Letztendlich müssen die Zinsen immer durch das Volk erarbeitet werden. Da sich aber auch das Zinsguthaben ebenfalls wieder verzinst, entsteht ein Schneeballeffekt, der dazu führt, dass die Produktivkraft des Volkes eines Tages nur noch für das Aufbringen der Zinsschuld eingesetzt werden muss. Das ist dann spätestens der Zeitpunkt an dem die Wirtschaft endgültig zusammenbricht. Um das zu verhindern, wird Geld aus dem Nichts erschaffen und in den Wirtschaftskreislauf in Form neuer Kredite (die natürlich auch verzinst werden müssen) gepumpt. Insofern verhindert man den Kollaps damit nicht sondern zögert ihn mit wesentlich schlimmeren Auswirkungen hinaus.

Um es auch den absoluten Laien verständlich zu machen, hier eine noch einfachere Rechnung: Stellen wir uns vor, es gäbe nur drei Menschen auf der Welt.

1. Einen Geldverleiher
2. Kunde A
3. Kunde B

Alle Drei hätten sich auf Geld als Zwischentauschmittel geeinigt. Geld kann aber nur vom Geldverleiher hergestellt werden. Der Geldverleiher wirft seine Maschine an und stellt 2000 Geldmünzen her. Der Geldverleiher verleiht jedem der beiden Kunden jeweils 1000 Münzen und fordert nach einem Jahr 5% Zinsen, also 1050 Geldmünzen zurück. Kunde A und B handeln miteinander. Kunde A stellt sich geschickter an und kann tatsächlich nach einem Jahr seine Schulden plus 5% begleichen. Er zahlt 1050 Geldmünzen zurück. Rein rechnerisch sind aber insgesamt nur 2000 Geldmünzen im Umlauf. Daher kann Kunde B nur 950 Geldmünzen zurückzahlen und bleibt 100 Münzen (50 aus der restlichen Kreditsumme plus 50 Münzen Zinsen) schuldig. Das Zinssystem hat also eine Schieflage erzeugt.

1. Der Geldverleiher macht keinen Gewinn
2. Kunde B hat weiter Schulden

Was also passiert? Der Geldverleiher stellt, um seinen Gewinn zu sichern, zusätzlich 100 Geldmünzen her und leiht sie dem Kunden B, damit er seine Schulden zurückzahlen kann. Dafür verlangt er erneut 5% Zinsen. Vielleicht wird anhand dieses Beispiels das Paradoxon eines Zinssystems langsam bewusst, denn folgendes ist nun passiert:

1. Kunde B hat seine Schulden zwar zurückgezahlt, hat aber rein rechnerisch immer noch Schulden im Wert von 5 Münzen, da er die zusätzlich geliehenen 100 Geldmünzen ebenfalls mit 5% Zinsen bedienen muss

2. Der Geldverleiher kann durch das Zinssystem 105 Geldmünzen als Gewinn verbuchen. Genau genommen hat er sich seinen Gewinn ohne produktive Arbeit einfach selbst hergestellt

Wolfgang Gebauer (*1942), dt. Geldtheoretiker, Professor an der Universität Frankfurt/Main, vorher u.a. bei der Deutschen Bundesbank erklärt dieses Beispiel beinahe exakt auch so seinen Studenten, Zitat:

„*Das erzähle ich immer den Studenten; die staunen dann und wissen gar nicht, was sie dazu sagen sollen: Wir beide sind jetzt auf dem Mars und gründen da eine Kolonie. Sie sind der Vertreter der Marsbewohner, und ich bin der Banker; denn wir wissen, dass wir eine Geldwirtschaft brauchen. Und nun sagen Sie: Ich brauche 100 Geldeinheiten. Dann sage ich: Schön, ich gebe Ihnen einen Kredit, und dann haben Sie diese 100 Geldeinheiten zur Verfügung. Da ich ein bescheidener Banker bin, verlange ich nur 3% Zinsen. Ich frage Sie: Können Sie nach einem Jahr, das sei die Laufzeit des Kredits, das Geld zurückzahlen, und zwar so, dass Sie die gesamte Schuld getilgt haben? Die Antwort lautet: Nein, das können Sie nicht. Warum? Es existieren nur 100 Geldeinheiten, Sie müssen aber 103 zurückzahlen. Und um diese 3 zurückzuzahlen, brauchen Sie einen zusätzlichen Kredit, damit diese 3 überhaupt entstehen. Das bringt den Zinseszins-Mechanismus in Gang!*"

Weil es so wichtig ist, dass die Menschen - um eine positive Veränderung herbeizuführen - sich mit dem Zinsmechanismus mehr beschäftigen um ihn genauer verstehen zu lernen, hier noch ein paar klare Zitate von Persönlichkeiten, die von Geldwirtschaft und Politik durchaus einiges verstehen:

„*Das Geld ist für den Tausch entstanden, der Zins aber weist ihm die Bestimmung an, sich durch sich selbst zu vermehren. Daher widerstreitet auch diese Erwerbsweise unter allen am weitesten dem Naturrecht.*"

Aristoteles (*384 v.Chr., †322 v.Chr.), griech. Philosoph

„*Man könnte rein theoretisch mit einer 20-Stunden-Woche seinen Lebensstandard, den man heute hat, decken, wenn man nicht eben auch noch ein Drittel der Zeit für die Zinsen arbeiten müsste.*"

Helmut Creutz (*1923), dt. Architekt und Wirtschaftsanalyst,
auf der INWO-CD „Der Fluss des Geldes" (2001)

„In dem kapitalistischen System steckt ein Rechenfehler. Die Kapitalisten können nicht rechnen. Das ist die ganze Wahrheit. Wenn sie rechnen könnten, würden sie wissen, dass keine Wirtschaft andauernd Zins und Zinseszins zahlen kann.“

Paul C. Martin (*1939), Autor und Wirtschaftsjournalist,
in "Wann kommt der Staatsbankrott" (1982)

„...ein Krieg gegen die gesamte Dritte Welt, ein Krieg um die Auslandsschulden. Seine schärfste Waffe ist der Zinssatz, und die ist tödlicher als die Atombombe.“

Luis Ignácio Lula da Silva (*1945), bras. Präsident

Vielleicht wird anhand dieses Beispiels und der Zitate klar, warum es den Bankiers irgendwann automatisch darum gehen musste, das Geld von der Golddeckung zu lösen. Nur so konnte sich das wuchernde Krebsgeschwür Zins noch stärker und schneller ausbreiten und damit die Gewinne unermesslich hoch anwachsen lassen. Sehen wir uns weiter an, wie es dazu kam.

f) Schaffung der Zentralbanken

Um eine Regierung zu zwingen, eine Papiergeld produzierende Zentralbank zu erschaffen, deren Grundsubstanz aus privaten Mitteln kommt, und die deswegen auch von Privatleuten im Endeffekt geführt wird, muss man die Regierung exakt solange in ein kostspieliges Kriegsgeschehen verwickeln, bis ihr das Gold ausgeht. Eine solchermaßen in Bedrängnis geratene Regierung wird dem legalisierten Betrug Tür und Tor öffnen, auch wenn sie weiß, welch verheerende Folgen dies letztendlich für das Volk haben wird. Sie wird in diesem Fall der Schnellumwandlung von Gold zu Geld, samt betrügerischer Geldscheinvermehrung und daraus resultierender Inflation, zustimmen, denn sie bekommt von dieser Bank die dringend benötigten Kredite, um weiterhin zahlungsfähig zu bleiben. Auf ähnlichem Wege ist die Bank von England entstanden.

Der aus der holländischen Herrscherdynastie „Oranien-Nassau“ stammende Wilhelm III. (genannt „Wilhelm von Oranien“) heiratete im Jahre

1677 in England Maria II., die dem Geschlecht der Stuarts entstammte. Im Jahre 1689 wurde Wilhelm III. gemeinsam mit seiner Gattin Maria II. gekrönt, er war somit König von England, Schottland und Irland. König Wilhelm III. verwickelte England in viele kriegerische Auseinandersetzungen, vornehmlich gegen Irland und Frankreich. Allein die kriegerischen Auseinandersetzungen im pfälzischen Erbfolgekrieg dauerten 8 Jahre. Kriege verschlingen Unmengen an Kapital, und so kam der Zeitpunkt, an dem die britische Staatsschuld schwindelnde Höhen erreichte. Es wurde der britischen Regierung von Investoren der Vorschlag unterbreitet, eine Papiergeld produzierende Zentralbank zu errichten. Das britische Parlament weigerte sich anfänglich dagegen, doch schließlich kam es am 27. Juli 1694 zur Gründung der Bank von England.

Das eingebrachte Kapital der privaten Investoren betrug im Falle der Bank von England 72.000 Pfund in Gold und Silber. Basierend auf diesem Kapital kam es nun zur Kapitalvermehrung. Die britische Regierung gestattete der Bank von England die Ausgabe von Banknoten in sage und schreibe 16,66-facher Höhe des eingebrachten Edelmetall-Kapitals. So wurden aus 72.000 Pfund Edelmetall plötzlich 1.200.000 Pfund Papiergeld. 1.128.000 Pfund waren also nicht mehr durch Gold und Silber gedeckt. Die britische Regierung erklärte sich bereit, die gesamten 1.200.000 Pfund Papiergeld als Darlehen aufzunehmen und die gedruckten Noten als legales Zahlungsmittel in Umlauf zu bringen. Weiterhin wurde vereinbart, dass die britische Regierung dieses Darlehen nicht an die Bank von England zurückzahlen muss, lediglich jährliche Zinsen in Höhe von 8,33 Prozent waren zu zahlen. Dieser Zinssatz bescherte der Bank von England und somit den privaten Investoren einen jährlichen Zinsertrag von satten 100.000 Pfund. Nach nur einem Jahr überstieg allein der Zinsertrag den Wert des ursprünglich eingebrachten Edelmetall-Kapitals bereits um 28.000 Pfund, jedes weitere Jahr brachte bereits 100.000 britischer Pfund an Reingewinn.

Noch bevor es zur Gründung der Bank von England kam, entstand in Holland die Bank von Amsterdam, 1716 wurde die Bank von Frankreich gegründet, allesamt Zentralbanken nach ein und demselben Muster erschaffen. Und nicht nur nach gleichem Muster erschaffen, sondern auch zum gleichen Zweck. Der Zweck einer jeden Zentralbank besteht hauptsächlich darin, eine Regierung in solchem Maß zu verschulden, dass sie letztendlich die Bedingungen der Gläubiger akzeptieren muss und kaum mehr freien Handlungsspielraum hat. Die Basis dieser Überschuldungspolitik ist, klar ausgedrückt, nichts anderes als Betrug in Reinform.

Das absolute Negativbeispiel in punkto Zentralbanken fand jedoch in Amerika statt. Auch hier war das Entstehungsmuster das gleiche. Durch den amerikanischen Unabhängigkeitskrieg war Amerika bei der bereits bestehenden Finanzwelt hoch verschuldet, und der Schuldenberg wuchs stetig an. Ein Bankenkartell, bestehend aus den weltweit führenden Bankhäusern Morgan, Rockefeller, Rothschild, Warburg und Kuhn-Loeb, drängte die amerikanische Regierung dazu, eine ***private*** Zentralbank nach englischem Vorbild zu errichten. Da die Amerikaner jedoch bereits in punkto Zentralbank bittere Erfahrungen gemacht hatten, und weitsichtige Mitglieder des Kongresses keinesfalls das Schicksal des Landes in die Hände internationaler Bankiers legen wollten, weigerte man sich standhaft. Daraufhin drohten die Bankiers, falls man sich weiterhin gegen die Errichtung einer privaten Zentralbank weigern sollte, das Land in eine Währungskrise zu stürzen. Diese Drohung wurde im Jahre 1907 in einer Rede vor der New Yorker Handelskammer öffentlich ausgesprochen. Trotz dieser Drohung blieb der amerikanische Kongress weiterhin standhaft, doch es kam, wie es die Bankiers mittels eines Vertreters angekündigt hatten. Es wurde eine Währungskrise initiiert, die zu einer Panik am Kapitalmarkt führte, was schließlich viele Menschen an den Rand des Ruins brachte.

Die amerikanische Regierung konnte sich dem Druck nicht mehr entziehen und so wurde am 23. Dezember 1913 eine ***private*** Zentralbank, deren Name „FEDERAL RESERVE BANK" heute „FEDERAL RESERVE SYSTEM" (kurz: FED) lautete, eröffnet. Die ***privaten*** Haupt-Anteilseigner der FED waren allesamt bereits etablierte Bankiers aus Europa und New York. Die amerikanische Regierung muss sich bis heute von deren Zentralbank (FED) Papiergeld gegen Zins leihen und als Sicherheit so genannte Obligationen (Schuldverschreibungen) hinterlegen. Diese Bank ist weder staatlich (federal) noch hat sie wirkliche Reserven. Ihr offizieller Zweck ist es, für die Stabilität des Dollars zu sorgen. Doch seit der Gründung der FED hat der Dollar über 95% seines Wertes verloren.

g) Aufhebung der Golddeckung

Der amerikanische Papier-Dollar war eine Zeit lang tatsächlich zu einem gewissen Teil gedeckt, es bestand ein realer Goldgegenwert als Sicherheit. Die amerikanische Regierung hatte nämlich dem Volk das Versprechen gegeben, dass jedermann zu jeder Zeit den Wert der US-Dollarnote gegen Gold eintauschen kann. Der Grund, warum der Dollar eine gewisse Zeit lang Golddeckung hatte, war ein Erlass des amerikanischen Kongresses, der im Jahre 1900 den Golddollar als Währungseinheit in den Vereinigten Staaten einführte. Neben dem Golddollar existierte auch noch ein wuchtiger Silberdollar, er bestand aus 371,25 Gramm reinen Silbers. Der wesentlich kleinere Golddollar bestand aus 24,75 Gramm reinen Goldes. Anhand dieses Golddollars wurde der Wert des Papiergeldes festgelegt. Bis zum Jahre 1934 war Papierwährung durch Münzen aus purem Gold (oder Silber) gedeckt, Banknoten konnten also jederzeit im entsprechenden Verhältnis gegen Münzgeld eingetauscht werden, das Gold oder Silber enthielt. Im Jahre 1934 kam es zum „Gold Reserve Act". Alle Goldmünzen und Goldzertifikate wurden durch die Bundesregierung eingezogen und durch andere Formen der Landeswährung mit gleichem Nennwert abgegolten. Die Prägung von Goldstücken wurde offiziell beendet. Zum damaligen Zeitpunkt waren rund 310 Millionen US-Dollar in Goldstücken im Umlauf. Danach war das gesamte im Umlauf befindliche Geld, sowohl Papiergeld als auch Münzen, ohne Deckung.

Die Aufstockung der Goldreserven in Fort Knox sollte die Illusion einer goldgedeckten Währung aufrechterhalten. Den Dollar zur Welthandelswährung zu erheben war die wahre Absicht. Der sich anbahnende 2. Weltkrieg schaffte die Voraussetzungen dazu. Noch vor dessen Ende fand am 1. Juli 1944 eine 22-tägige Währungs- und Finanzkonferenz der Vereinten Nationen, in Bretton Woods (England) statt. Die Konferenz, an der 44 Nationen teilnahmen, führte zur Einrichtung des Internationalen Währungsfonds (IWF) und der Internationalen Bank für Wiederaufbau und Entwicklung (Weltbank). Das Abkommen von Bretton Woods trat im Dezember 1945 nach der Unterzeichnung durch 30 Staaten in Kraft. Ziel war es, nach dem Ende des 2. Weltkrieges, den Welthandel und internationalen Zahlungsverkehr neu zu ordnen und zu stabilisieren. Das neue Weltwährungssystem beruhte auf der Gewährleistung möglichst freier Umtauschbarkeit der Währungen, bei festen Wechselkursen. Die Mitgliedsstaaten verpflichteten sich, für ihre Währungen entweder Goldparitäten oder Paritäten (Wertgrößen) zum US-Dollar, der selbst eine Goldparität aufwies, zu vereinbaren. Damit wurde der US-Dollar zur neuen Leitwährung der Weltwirtschaft.

Durch die Währungskonferenz von Bretton Woods wurden 30 Staaten verpflichtet, ihre jeweilige Währung in Gold abzusichern, oder in US-Dollars, da jeder US-Dollar ja angeblich in Gold gedeckt war. Gold, das in Fort Knox eingelagert war. Tatsache ist, es hat niemals eine unabhängige Kommission die Bestände von Fort Knox überprüft. 1970 ordnete Präsident Nixon eine Inventur in Fort Knox an. Das Ergebnis war niederschmetternd, denn es stellte sich heraus, dass nur 11 Milliarden US-Dollars in Gold gedeckt waren.

Am 15. August 1971 erklärte Präsident Nixon das amerikanische Umtauschversprechen für null und nichtig, es folgte die Anweisung, Dollar nur noch gegen Dollar einzutauschen. Im Dezember gleichen Jahres wurde der Dollar offiziell vom Gold gelöst. Dies war notwendig, weil die USA zahlungsunfähig gewesen wären, wenn nur ein Land mit größeren Dollarreserven seine US-Dollars hätte einlösen wollen. Die offizielle Argumentation war, dass eine Golddeckung unnötig wäre, weil Geld durch Dienstleistungs- und Warenwert abgedeckt sei. Das ist nur eine Halbwahrheit, denn die Golddeckung sollte in erster Linie verhindern, dass unkontrolliert Papiergeld gedruckt wird und somit in keinem Verhältnis mehr zum Dienstleistungs- und Warenwert steht. Den US-Papierdollar kann man aufgrund der Entwicklung praktisch als Falschgeld bezeichnen. Dieses von der Golddeckung losgelöste Falschgeld bekam einen verschleiernden und manipulierenden Namen, der den Anschein der Seriosität wahren sollte. „Die freien Devisen".

Eine andere (zunächst plausibel scheinende) Argumentation für die Loslösung ist, dass durch die Begrenztheit des natürlichen Rohstoffes Gold, es eines Tages zwangsläufig zu einem Ungleichgewicht kommen muss, weil die Produktivität bedingt durch das Bevölkerungswachstum und den technischen Fortschritt ständig steigt. Das könnte das Wirtschaftswachstum bremsen. Aus diesen Gründen gilt Gold heute als ungeeignet zur Währungsdeckung, zumal mit wachsender Geldmenge als Gegenreaktion der Zentralbanken auf die normalerweise sinkende Umlaufgeschwindigkeit auch die Goldmenge als Deckung adäquat mitwachsen müsste. Vereinfacht ausgedrückt und zur besseren Verständlichkeit kann man sagen, dass die Geldmenge immer simultan mit der Produktivkraft des Menschen ansteigen sollte, wenn man wirtschaftlichen Aufschwung ohne Verlust der Stabilität gewährleisten will. Somit müssten die Goldbestände analog mitwachsen, was aufgrund der natürlichen Begrenztheit nicht ewig möglich ist. Doch bei näherem Hinsehen wird diese Argumentation relativ gegenstandslos.

Erstens werden, ähnlich wie beim Öl, trotz aller negativen Prognosen immer wieder neue Goldvorkommen entdeckt. So in jüngster Zeit Ende der achtziger Jahre in Venezuela an der Grenze zu Guyana, 2000 in Red Lake - Kanada, 2002 im Südwest Pazifik zwischen Tonga und Neuseeland und 2007 in Val d'Or, Quebec - Kanada. Entdeckungen neuer Lagerstätten und vor allem der Einsatz neuer Fördertechniken konnten die Produktion sogar enorm steigern. Wurden im 15. und 17.Jahrhundert etwa 6 - 8 Tonnen Gold pro Jahr weltweit gewonnen, brachten es im 20. Jahrhundert die 80er Jahre bereits auf 1200 Tonnen, das Jahr 1995 auf 2300 Tonnen und gegenwärtig werden ca. 2700 Tonnen pro Jahr gefördert. Schätzungsweise 45 Prozent des Goldes, das seit der Entdeckung Amerikas gefördert wurde, befindet sich momentan in den Tresoren von Regierungen oder Banken. Weitere 30 Prozent sind zu Schmuck verarbeitet worden oder liegen in privaten Safes. Und ein Rohstoff, der seit Kolumbus immer noch zu 75 Prozent der gesamten Weltförderung existiert, ist schwerlich als knapp zu bezeichnen. Kurz gesagt bedeutet das, dass die Golddeckung durchaus noch eine ganze Weile hätte aufrechterhalten werden können, wenn man voraussetzt, dass die Geldmenge im Vorfeld adäquat mitgewachsen wäre, was aber nicht der Fall war. Die Geldmenge war unter anderem durch Finanzierungen für den Vietnamkrieg unverhältnismäßig stark angewachsen. Im Rahmen von Bretton Woods oder einem anderen Regulierungssystem hätten die USA Maßnahmen ergreifen müssen, um die Ungleichgewichte in ihrer internationalen Position zu korrigieren. Ein Weg wäre gewesen, die Militärausgaben, insbesondere für den Vietnamkrieg zu senken. Aber das hätte eine Schwächung der Stellung der USA gegenüber den anderen Großmächten zur Folge gehabt.

Zweitens besagt die - ebenfalls sehr einfache aber wesentlich plausiblere - Gegentheorie, dass die Menge des Goldes mehr oder weniger keine Rolle spielt. Das heißt, die Geldmenge, sofern sie goldgedeckt ist, müsste gar nicht simultan mit der Produktivität mitwachsen, denn wenn mehr produziert wird und die Gold- und Geldmenge bleibt gleich, dann erhöht sich lediglich die Kaufkraft des goldgedeckten Geldes. Das würde ein ständig steigendes und stabiles Wirtschaftswachstum gewährleisten.

Die Menge des Goldes beeinflusst nicht die Möglichkeit, es als Zahlungsmittel zu benutzen, sondern nur die Menge, die man dafür einsetzt.

Der Goldstandard bis 1914 war ein Garant für internationale Stabilität, stabile Preise und Vollbeschäftigung über fast ein Jahrhundert hinweg. Seine Stabilität verdankte der Goldstandard der strikten Einhaltung nationaler Gesetze und Deckungsvorschriften und dem Vertrauen der Finanzwelt in die Verlässlichkeit des Systems. Bemerkenswert ist die Tatsache, dass es damals keine internationalen Aufsichts- und Kontrollorgane (IWF, Welt-, Zentralbank,...) gab.

Mit der Theorie eines Kaufkraft steigernden Systems in einer ganz anderen Form, werden wir uns in Kapitel 13 näher befassen.

Auf Grund der Loslösung des Dollars vom Gold, kam es zu einer massiven Abwertung des Dollars, wie vorher schon beschrieben, um über 95%. 1982 belief sich die Höhe der US-Schuldverschreibungen auf über eine Billion US-Dollar, für diese Schuldverschreibung waren wie üblich Zinsen an die FED zu zahlen. Die Höhe der Zinsen betrug allein für das Jahr 1982 über 100 Milliarden US-Dollar! 1992, also nur zehn Jahre später, belief sich die Höhe der Schuldverschreibungen bereits auf über fünf Billionen US-Dollar, die Zinsen, die an die FED flossen, erhöhten sich entsprechend auf eine halbe Billion US-Dollar jährlich. So funktioniert Geld und Geldwirtschaft.

Die Teilhaber der FED sind die Bankhäuser:

→ N.M. Rothschild (London und Paris)
→ Rockefellers Chase Manhattan, Goldmann & Sachs (New York)
→ Lazard Brothers (Paris)

→ Israel Moses Seif (Italien)
→ Warburg (Hamburg, Amsterdam)
→ Kühn, Loeb & Co. (New York)
→ Lehmann (New York)

Auch andere Zentralbanken (Notenbanken) in den Staaten der so genannten westlichen Wertegemeinschaft (Banque de la France, Bank of England, Deutsche Bundesbank, Europäische Zentralbank etc.) werden von ihnen weitestgehend kontrolliert. All diese Zentralbanken, von denen die meisten Menschen irrtümlicherweise annehmen, sie wären in staatlichem Besitz oder von den jeweiligen Staaten kontrolliert, stehen ebenfalls unter privater Kontrolle, denn sie sind mit der US-amerikanischen Federal Reserve Bank über die Bank für Internationalen Zahlungsausgleich (BIZ) mit Sitz in Basel, welche selbstverständlich auch eine privatrechtliche Gesellschaft ist und den oben genannten Bankiersfamilien gehört, eng vernetzt.

Über die Aufhebung der Golddeckung wird heute noch viel und sehr kontrovers diskutiert. Auf jeden Fall hätte man danach ein System entwickeln müssen, das die Verhältnismäßigkeit zwischen Geldmenge und Produktivität soweit als möglich absichert und ein stabiles Wachstum gewährleistet. Dies ist aber nicht geschehen und so wuchs die Geldmenge weiter überproportional zur Produktivität an. Da sich der Wert des Goldes heute nicht mehr an der Produktivität bemisst sondern - wie jede andere Ware - nach Angebot und Nachfrage, ist sein Wert stark schwankend. Deshalb würde das heute vorhandene Gold wahrlich nicht mehr als Wertdeckung für eine bedeutsame Währung ausreichen. Die gegenwärtig vorhandene Goldmenge entspricht einem aktuellen Marktwert von etwa 2,5 Billionen € (Januar 2006) und wäre hypothetisch somit gerade einmal geeignet, die Staatsschulden Deutschlands und Spaniens zu decken. Vergessen wir aber nicht, dass ein zweiter Grund für die unzureichende Wertdeckung in der unverhältnismäßig hohen Geldmenge, die nach Aufhebung der Golddeckung förmlich explodiert ist, liegt.

Mit Hilfe des Instruments „Dollar" ist es dem Finanzestablishment also gelungen, den größten Teil der weltweiten wirtschaftlichen Realwerte, darunter auch den größten Teil des auf der Erde geschürften Goldes, unter Kontrolle zu bringen. Diese Kreise sind mittlerweile auch in Besitz der meisten großen Konzerne und Versicherungsgesellschaften, die sie über gut bezahlte Aufsichtsratsmitglieder nach Belieben steuern können.

h) Welche Aufgaben erfüllt Geld heute?

Das Geld, das wir in der Tasche oder am Bankkonto haben, erfüllt mehrere Aufgaben:

→ Ein Tauschmittel
Geld erlaubt den indirekten Austausch von Waren. Im Gegensatz zum direkten Tauschgeschäft wo etwa Hühner gegen Getreide getauscht werden, wird immer nur Ware gegen Geld getauscht, was die Transaktion einfacher macht.

→ Eine Maßeinheit für Werte
Ohne Geld wäre es etwa kaum möglich, eine Firmen-Buchhaltung zu machen, da darin alles in Geld-Werten dargestellt werden muss. Ebenso erlaubt die Preisauszeichnung dem Konsumenten eine sofortige Wertabschätzung.

→ Ein Medium zur Wert-Aufbewahrung
Da Geld jederzeit in Waren und Dienstleistungen jeglicher Art umgetauscht werden kann, eignet es sich gut zur Wert-Aufbewahrung - es ist damit gespeicherte Arbeitskraft - aber nur, wenn das Geld stabil im Wert ist.
In Wahrheit haben wir wesentlich mehr Geldmengen als Waren und Dienstleistungen im Umlauf, was ein gefährliches Ungleichgewicht darstellt.

→ Ein legales Zahlungsmittel
Für jede Art von Schulden wird Geld genommen, um diese zu tilgen. Die Staaten schreiben per Gesetz vor (Legal Tender Laws) welche Art von Geld zumindest zur Begleichung von Steuerschulden zu verwenden ist.

Was ist nicht Geld:
Verschiedene Finanzanlagen (Assets) werden wertmäßig in Geldeinheiten ausgedrückt, sind aber erst in Geld umzuwandeln, um damit bezahlen zu können. Diese sind:

- → Aktien (Stocks), sind Unternehmensanteile, diese können an einer Börse nur gegen/für Geld ge- und verkauft werden
- → Immobilien (Häuser, Gewerbeflächen, etc.) sind auch Wertanlagen, jedoch ist deren Kauf-/Verkauf wesentlich schwieriger
- → Investment-Fonds sind gebündelte und gemanagte Aktien und Anleihen, sind leicht kauf- / verkaufbar
- → Lebensversicherungen & Pensionsversicherungen sind auch gemanagte Wertanlagen, sind aber wesentlich schwieriger zu verkaufen
- → Anleihen (Bonds), sind Schuldpapiere mit einer bestimmten Laufzeit und einem Zinssatz, können aber jederzeit verkauft (gegen Geld umgetauscht) werden

Alle diese Anlageformen sind wertmäßig im Wesentlichen von den aktuellen Zinsen und der Kredit-Verfügbarkeit abhängig. Sind die Zinsen niedrig und Kredite leicht zu bekommen, sind die Werte dieser Anlageformen hoch - und umgekehrt.

Sparguthaben/Kontoguthaben sind dagegen Geld und real ein Kredit an die Bank.

Zinsen:
Wird Geld als Kredit verliehen, dann sind dafür Zinsen zu bezahlen. Diese werden in der Regel als jährlicher Preis (als Prozentsatz der Kreditsumme) für das verliehene Geld angegeben. Beispiel: bei 5% Zinssatz pro Jahr sind für verliehene 1.000 Euro pro Jahr 50 Euro an Zinsen zu bezahlen.

Die Zinssätze in einem Währungsraum werden von den Zentralbanken (etwa der Europäischen Zentralbank - EZB) und vom Markt festgelegt. Dabei werden die „kurzen" Zinssätze (für täglich fälliges Geld) von der Zentralbank und die „langen" Zinssätze vom Markt nach den Inflationserwartungen festgelegt. Als Maßstab dient hier die jeweilige 10-jährige Staatsanleihe, in Deutschland der 10-jährige „Bund", die Bundesanleihe.

Der Zins setzt sich aus mehreren Komponenten zusammen:

→ Grundzins, der Preis dafür, dass Geld überhaupt aus der Hand gegeben wird
→ Risiko-Aufschlag, deckt das Kredit-Ausfallsrisiko ab
→ Inflations-Aufschlag, soll die laufende Geldentwertung kompensieren
→ Bank-Gewinnspanne, die Differenz zwischen Einlage- und Kreditzinsen

i) Die „Geld-Schöpfung". Wie kommt Geld in die Welt?

Kredit-Geld:
Wie wird heute Geld produziert? Bereits im Goldstandard war nicht alles umlaufende Geld mit Gold gedeckt, sondern nur zwischen 10 bis 40%. Der Rest war „Kreditgeld", also durch Kreditvergabe erzeugtes Geld. Heute gibt es nur noch dieses. Bargeld (Scheine, Münzen) ist immer nur ein kleiner Teil dieser Geldmenge, der große Rest ist „Giralgeld" auf Bankkonten, also „elektronisches Geld".

Nehmen wir an, Anleger A macht eine Einlage bei der Bank X in Höhe von 1.100 €. Die Bank kann den Großteil des Geldes abzüglich einer Mindestreserve wieder verleihen. Dieses Konzept nennt man „Fractional Reserve Banking", also nur ein kleiner Teil der Einlage wird als Reserve gehalten.

Kreditkunde K leiht sich 1.000 € von der Bank. Die Bank richtet ein Kreditkonto ein und schreibt auf dieses die 1.000 € gut. K hebt nun dieses Geld ab und gibt es aus. Damit sind 1.000 € neues Geld „geschöpft", bzw. aus dem Nichts erzeugt worden. Denn dieses Geld landet auf anderen Bank-Konten als Einlage.

Anleger A kann nach wie vor über seine 1.100 € verfügen und sie abheben und ausgeben. Also sind 1.000 € zusätzlich im Umlauf, die Geldmenge im System ist gestiegen. Je nach der Reserveerfordernis der Banken kann einmal erzeugtes Geld durch diesen Mechanismus bis zur 10-fachen Geldmenge erzeugen.

In Wirklichkeit ist das System heute sehr komplex und auch andere Institutionen „erzeugen“ Geld. So etwa die Zentralbanken, die offiziell für die Stabilität des jeweiligen Währungsraums verantwortlich sind.

Kaufkraft und Inflation:
Werden viele Kredite vergeben, steigt die Geldmenge im System entsprechend an. Je nach Komponenten werden diese Geldmengen M1, M2 oder M3 genannt. Hier einige Zahlen:

- → USA M3 ca. + 10% im Jahr 2006
- → Euroraum M3 + 8.5%
- → China M2 + 17%
- → Euroraum M1/M3 +300% in den letzten 20 Jahren

Wenn mehr Geld im Umlauf ist, geht es in die Preise, sie steigen. Man spricht von Inflation. *Genau genommen ist Inflation die Erhöhung der Geldmenge im Währungsraum.* Was in den Statistiken veröffentlicht wird, die Verbraucherpreis-Inflation, ist nur der Teil des neuen Geldes, der in die Konsumgüter-Preise geht.

Daneben gibt es noch eine weitere „Inflation“, die „Asset-Inflation“, das heißt die Wertsteigerungen von Anlagegütern wie Aktien, Anleihen, Immobilien. Diese ist in den letzten Jahren wesentlich stärker gestiegen als die Verbraucherpreis-Inflation. Das heißt, die Kaufkraft des Geldes ist bei Aktien, Anleihen, Immobilien stärker gesunken als bei Konsumgütern. Diese Überteuerung der Assets nennt man eine „Bubble“ (Blase). Jede Bubble platzt einmal. Sollte dann eine Flucht aus den Assets einsetzen, werden die Verbraucherpreise explodieren, denn die betroffene Währung wird dann abverkauft.

Die Steigerung der Geldmenge im Euroraum in den letzten 20 Jahren hat die allgemeine Kaufkraft des Geldes auf ca. 1/3 reduziert.

Deflation:
Dieser von Politikern und Bankern gefürchtete Zustand des Finanzsystems tritt dann ein, wenn weniger Kredite neu vergeben werden als insgesamt an Zinsen zu zahlen sind. Dann schrumpft die Geldmenge, denn wird ein Kredit zurückgezahlt oder wegen Uneinbringlichkeit abge-

schrieben, dann schrumpft die Geldmenge um den Betrag. Das Problem bei diesem System ist, dass zur Bezahlung der Zinsen das dazu notwendige Geld von jemandem ausgeliehen werden muss. Das heißt, das Geld zur Zinszahlung muss im System durch neue Kreditvergabe erzeugt werden, sonst kippt das System in die Deflation.

Einen ähnlichen Zustand hatten wir in Deutschland von 2001 bis 2003 und 2009. Die Banken haben ihre Kreditvergabe eingeschränkt, damit sind besonders Aktien und Immobilien im Wert gefallen. Einige Banken kamen ins Wanken. Das, obwohl die Geldmenge weiter gestiegen ist. Der natürliche Selbstschutz-Mechanismus der Banken (Krediteinschränkung) führt diese gemeinsam in den Abgrund. Daher springt in solchen Fällen gerne der Staat mit zusätzlichen Kreditaufnahmen ein, auch wenn ein Krieg dafür erforderlich ist (USA - Afghanistan/Irak-Kriege), denn Krieg ist immer inflationär.

j) Die Finanzkrise

Durch den beschriebenen Mechanismus ist heute die Verschuldung weltweit auf ein ungeheures Maß angestiegen, denn Schulden sind durch Kreditvergabe erzeugtes Geld. Bei jedem Abschwung hat man durch Kredite (Rhetorisch verschleiert „Konjunkturprogramme“) die Geldproduktion wieder angekurbelt, um einen Absturz in eine desaströse Deflation wie in den 1930er Jahren zu verhindern. Aber irgendwann ist zwangsläufig Schluss und der überdehnte Luftballon platzt.

In der Tat gibt es einen langfristigen Kreditzyklus, den der russische Ökonom Kondratieff bereits um 1920 entdeckt hat. Daher wird dieser Zyklus mit einer Dauer von 50 bis 70 Jahren auch als „Kondratieff-Zyklus“ bezeichnet. Die Dauer ist deshalb so lang, weil nach dieser Zeit die Angst vor Schulden verschwunden ist. Der Schuldenberg erreicht wie heute so große Höhen, dass er abgebaut werden muss, bevor wieder ein neuer Zyklus beginnen kann. Diesen Zyklus kann kein Politiker vermeiden und er ist weltweit. Am Ende eines Zyklus standen immer Bürokratie, Verschuldung und Staatsbankrott. Am Anfang war immer Gold die Grundlage eines neuen Finanzsystems. Dieser Zyklus ist unausweichlich, da er von der Massenpsychologie und dem Verschuldungsgrad bestimmt ist. Man kann die Phasen nur etwas beschleunigen oder verzögern.

Es kommt die Zeit der Finanzkrise. Mit einem Börsencrash beginnt eine Zeit der Deflation, das heißt der Wert des Geldes steigt gegenüber den Assets. Massive Bankrotte stürzen die Wirtschaft in eine langjährige Depression.

„Wirtschaftskrisen gehören zum Kapitalismus wie die Hundescheiße zum Hund. Nur Hundescheiße ist leichter zu beseitigen!“

Jutta Dithfurth (*1951), Sozialwissenschaftlerin, Publizistin und Politikerin in der Sendung hart aber fair vom 12.12..2011

Gleichzeitig mit den Schulden steigen auch die Vermögen, da die Schulden des einen, Vermögen für den anderen bedeuten.

Und mit den Schulden werden gleichzeitig die Vermögen abgebaut. Das gilt allerdings nicht für alle Vermögen, denn durch geschickte Anlage hat man gegenüber den Unwissenden einen enormen Vorteil. Wirklich große Vermögen werden immer in einer tiefen Krise gemacht. Das wollen wir uns näher betrachten.

k) Was ist ein Bailout?

Wörtlich übersetzt heißt Bailout so viel wie „Notverkauf“, im wirtschaftlichen Sinn so viel wie „Hilfsprogramm“ oder „Sanierungsplan“. Auf die ökonomische Bedeutung wollen wir uns konzentrieren. Das Lexikon weiß dazu nicht all zu viel. Ziemlich kurz und lapidar erklärt es: *„Als Bailout bezeichnet man in den Wirtschaftswissenschaften den Vorgang der Schuldenübernahme und Tilgung durch Dritte.*“ Was soll sich ein Laie darunter vorstellen? Die Antwort - Herzlich wenig.

Würde man schreiben: *„Bailout ist die Schuldenübernahme durch den Steuerzahler, der damit das verantwortungslose Finanzgebaren von äußerst skrupellosen und millionenschweren Bankmanagern ausgleicht*“, so wäre das schon wesentlich verständlicher. Die weltweite Finanzkrise von 2007 bis 2009 dürfte so schnell nicht in Vergessenheit geraten. Da konnte man tagtäglich in den Nachrichten verfolgen, wie sich die Staaten mit milliardenschweren Rettungspaketen an die Banken und Konzerne gegenseitig übertrumpften. Viele Laien fragten sich, wo urplötzlich all das viele Geld dafür herkam.

Die Antwort ist so einfach wie ernüchternd. Durch neue Staatsschulden!

Ein anderer Teil dieser immensen Rettungspakete besteht aus so genannten Bürgschaften. Das sind Auszahlungsgarantien durch den Staat im Falle einer Zahlungsunfähigkeit einer Bank. Dafür muss der Staat in der Regel zwar keine Schulden aufnehmen, (außer die Zahlungsunfähigkeit tritt ein), aber diese Bürgschaften führen dazu, dass durch die Zentralbanken wieder neues Geld aus dem Nichts heraus geschaffen wird und den, in die Krise geratenen, Banken und Konzernen, in Form von neuen Krediten zur Verfügung gestellt wird. Insofern sichern die Bürgschaften lediglich neue Schulden und damit Zinseinkünfte für die Geldgeber ab. Anstatt, dass den strauchelnden Unternehmen aus den Schulden herausgeholfen wird, damit sie wirtschaftlich wieder sicher und stabil agieren können, werden sie in neue Schulden getrieben. Eine wirkliche Schuldenübernahme findet also nur sehr begrenzt statt. Hauptsächlich ist es eine ausgeklügelte Ausweitung der Schuldenfalle. Es handelt sich dabei um einen bedeutsamen Schritt auf dem Weg zur Erlangung immerwährender Zinsen.

Dieses, von lange bestehenden Regeln, geordnete System zielt darauf ab, die Regierung, also den Steuerzahler, für die Rückzahlung der Schuld einstehen zu lassen, sollte ein Schuldner gänzlich zahlungsunfähig werden. Das Abschreiben großer und fauler Darlehen zu vermeiden, ist die erste Überlebensregel einer Bank. Zu diesem Zweck werden gefährdete Darlehen immer weitergewälzt und vergrößert, damit der Schuldner mit Geld für die Weiterzahlung der Zinsen versorgt bleibt. Das tatsächliche Problem wird damit nicht gelöst, sondern immer weiter in die Zukunft verschoben und letztlich verschlimmert. Ziel ist es, auf Staaten und Wirtschaftsunternehmen Einfluss zu nehmen und sie durch deren Verschuldung steuern zu können. Ganz nebenbei helfen sich verschuldete Banken so gegenseitig aus der Misere.

Der zentrale Kern des Verständnisses all dieser Vorgänge ist die Tatsache, dass all das Geld im Bankenwesen praktisch aus dem Nichts heraus für Anleihen geschaffen wird. Die Geldmenge steigt gegenüber der Produktivität immer weiter an. Das neugeschaffene Geld strömt in den Wirtschaftskreislauf und verursacht steigende Preise die den Wertverlust der Währungen und damit die Absenkung der Kaufkraft zur Folge haben. Letzten Endes wird also das *„**Bailout**“*, dieses *„sich gegenseitig aus der Patsche helfen“*, an die Öffentlichkeit in Form einer versteckten Steuer, genannt Inflation, weitergegeben.

l) Ergebnis

Mit dieser umfangreichen Recherche, die hier nur sehr komprimiert und vereinfacht zusammengefasst ist, kristallisieren sich langsam die wahren Hintergründe dieser so extrem undurchsichtigen Vorgänge heraus. Es schält sich anhand des Ergebnisses ein immens großer Widerspruch unserer Gesellschaft ganz plastisch und für jedermann verständlich heraus. Ein Widerspruch der niemals intelligent sein kann. Man muss sich das einmal vorstellen:

Die Stabilität eines weltweiten Finanzsystems ist von dem Umstand abhängig, dass möglichst viele Menschen Schulden machen!

Wie kann das sein? In welcher Welt leben wir? Wer hat sich so etwas ausgedacht und was ist das Ziel? Etwa eine moderne Form der Knechtung der Menschheit? In ***Kapitel 7: Eine humane Gesellschaft*** stellten wir schon den Widerspruch fest, dass wir, obwohl wir eine „humane“ Gesellschaft sind, solch heikle Themen wie Sklaverei bis heute nicht lösen konnten. Diese Feststellung wird durch das Ergebnis dieser Recherche noch einmal gründlich untermauert. Der immens große Widerspruch besteht darin, dass ein intelligentes System die Freiheit des Menschen im Fokus haben müsste, das heißt, dass Stabilität eigentlich davon abhängen müsste, dass keine Schulden gemacht werden. Leider müssen wir auch hier das Gegenteil feststellen. Aber wir wissen jetzt aus all den vorherigen Kapiteln, dass die ***Wahrheit auf der anderen Seite*** liegt.

Eines erkennt jetzt auch der Laie ziemlich deutlich. Das Geld als Zwischentauschmittel, hat sich zum stärksten Ausdrucksmittel des menschlichen Egoismus entwickelt, weshalb es auch immer Kriege geben wird und muss.

Geld, Politik und Krieg haben quasi eine symbiotische Beziehung entwickelt.

Sie sind voneinander abhängig geworden. Das heißt, das eine kann ohne das andere nicht mehr existieren. Wer also den Krieg abschaffen will, muss sich zwangsläufig auch über einen Weg zur Abschaffung des Geldes Gedanken machen. Existieren kann das Geld nur, solange der Mensch vom Glauben an den **Mangel** überzeugt ist. Gäbe es keinen **Mangel**, müssten die Menschen nicht mehr tauschen sprich, sie bräuchten kein Geld mehr.

Stellen wir uns doch einmal vor, was würde beispielsweise passieren, wenn den Menschen wirklich freie Energie zur unbegrenzten Nutzung zugänglich gemacht werden würde. Was wäre die Folge? Die Preise würden fallen, und zwar gen Null. Weil die Energieressourcen unbegrenzt sind, entfallen praktisch beinahe auch sämtliche Produktionskosten. Und wenn alles kostenlos ist, was wäre die Folge? Sicherlich vorerst eine dramatische, denn wer würde noch arbeiten wollen „*...**in der heutigen Zeit***“? Wenn wir alles umsonst haben könnten, **warum** sollten wir dann noch zur Arbeit gehen, noch dazu unbezahlt? Aber wenn keiner mehr arbeitet, wer versorgt uns dann medizinisch, wenn wir krank oder verletzt sind? Wer pflegt uns, wenn wir alt sind oder erbringt sonstige Dienstleistungen, die wir alle so dringend benötigen? Wer baut unsere Häuser und Wohnungen oder arbeitet sonst in einem Handwerk, auf das wir so dringend angewiesen sind? Wer produziert unsere Lebensmittel? Wer fährt unseren Müll weg? Das Ergebnis wäre ein Zusammenbruch der sozialen und wirtschaftlichen Infrastruktur.

Das heißt, wir müssten begreifen, dass wir trotz unbegrenzter Energieressourcen und den dadurch nicht mehr existierenden Geld- und Existenzproblemen, weiter arbeiten müssen, quasi ehrenamtlich, um unsere Infrastruktur und damit unser Überleben sicherzustellen. Damit wären wir wieder beim Intelligenzvergleich zwischen Mensch und Tier. Genauso handeln Tiere, nämlich instinktiv. Sie machen exakt das, was für ihr Überleben notwendig ist. Und sie bedienen sich einfach am Reichtum der Natur, ohne zu tauschen und zu handeln. Der Mensch muss das erst wieder lernen.

In der Technik streben wir danach, die Natur und die Tiere zu kopieren. ***Warum*** *nicht auch in der Lebensweise und Weltanschauung?*

Die letzten Sätze waren absichtlich überzeichnet, da auch bei unbegrenzten Energieressourcen natürlich ein gewisser Teil an Arbeitsleistung zur Aufbereitung und Verteilung der Energie aufgewendet werden muss. Aber nur so lässt sich die immense Bewusstseinsveränderung, die notwendig wäre, plastisch verdeutlichen. Wenn alle Menschen freiwillig unentgeltlich arbeiten würden und es keinen Mangel gäbe, bräuchten wir faktisch kein Geld mehr.

Eine Infrastruktur ist ja bereits vorhanden, sodass wir nicht mehr zum Tauschhandel zurückkehren müssten. Doch dazu später mehr. Natürlich bräuchte niemand mehr arbeitslos sein, denn jeder könnte nun seinen Beitrag leisten. Wenn man die weltweite Arbeitslosenzahl in sämtliche Mitarbeiterkapazitäten mit einrechnet, ergäbe das, einen Wochenfaktor von 2-3 Tagen bei einer 20-24 Stunden Woche, ausgehend von der heutigen Situation. In Zukunft wird dieser Wochenfaktor aller Wahrscheinlichkeit nach, weiter sinken. Das würde bedeuten, dass alle Menschen viel mehr Freizeit hätten und trotzdem den Erhalt ihrer Gesamtstruktur absichern könnten. Einfach gesagt, ein schönes Leben führen mit einem guten Gewissen.

Auf den Punkt gebracht heißt das, der Mensch müsste sich, lediglich an der Natur orientiert, selbst organisieren, was ihm zweifelsfrei äußerst schwer fallen wird, denn wie schon am Anfang des Buches festgestellt wurde, braucht er ein ***unnatürliches*** und ***künstlich*** geschaffenes, Regelwerk aus religiösem Glauben, mentalitätsabhängigen Richtlinien und Gesetzen, um überhaupt soziale Strukturen aufbauen und leben zu können, ganz im Gegensatz zu den Tieren.

Das ***Geld*** *gehört ebenfalls zu den* ***unnatürlichen*** *und* ***künstlichen*** *Dingen.*

Die Mehrzahl der Leser wird nun an den Punkt kommen, an dem sie von Zweifeln gepackt die letzten gelesenen Zeilen als Grimms Märchenstunde abtun wird, was im gravierenden Maße den vorher beschriebenen Aspekt der Resignation, der im Widerspruch zu einer intelligenten und fortschrittlichen Gesellschaft steht, beweist. Wir trauen unserer eigenen Spezies einen solch großen, wirklich humanen, intelligenten und umweltfreundlichen Fortschritt, überhaupt nicht mehr zu, weil wir „instinktiv" wissen, dass das Handeln des Menschen fast immer vom ungesunden Egoismus gelenkt wird, weshalb wir letztendlich vor diesen, **unseren eigenen** schlechten Eigenschaften resignieren.

Eine wirkliche Hochkultur sollte den unnatürlichen Egoismus überwunden haben und ohne Geld auskommen.

*Nur wenige haben überhaupt den Mut im wahrsten Sinne des Wortes „umzukehren", dorthin wo **die Wahrheit liegt**, nämlich **auf der anderen Seite**, weil wir in einer Illusion leben; Schon vergessen?*

Da es sich bei dieser zeitgeschichtlichen Recherche über Geld und Geldwirtschaft um allgemein anerkannte Tatsachen handelt, eignet sie sich zur Wahrheitsfindung relativ gut. Was aber, wenn es um ein Thema geht, das keine allgemeine Anerkennung findet? Was tun, wenn es um ein äußerst umstrittenes und kontrovers diskutiertes Thema geht und eine Meinungsbildung, geschweige denn Wahrheitsfindung, dadurch kaum möglich erscheint? Betrachten wir uns ein solches Thema.

Recherchethema 2: *UFOs*

Das Thema UFO erhitzt, im wahrsten Sinne des Wortes, die Gemüter und ist so umfangreich, dass hier nur die wichtigsten Eckpunkte der Ufogeschichte kurz angeschnitten werden sollen. Hier haben wir, wie gesagt die Problematik, dass diese Recherchen umstritten sind und wir trotzdem zu einem Ergebnis kommen wollen.

a) Entstehung des UFO-Mythos

Der Zweite Weltkrieg war 1945 gerade mit dem Abwurf der Atombombe zu Ende gegangen, doch Hoffnung auf Frieden keimte bei den Menschen nicht so recht auf. Der Konflikt zwischen dem stalinistischen Osten und dem Westen kündigte eine neue weltweite militärische Auseinandersetzung an. Die Spannungen nahmen jetzt erst so richtig zu. Die erste Schlacht des kalten Krieges war 1948 die Luftbrücke nach Berlin.

Am 24. Juni 1947 sah der Geschäftsmann Kenneth Arnold aus Idaho, eine Gruppe von silberglänzenden, dreieckigen Flugmaschinen, die über den Mount Ranier im US-Staat Washington flogen. Als Arnold seine Beobachtungen zu Protokoll gab, umringt von einer Schar Reportern, verglich er das Flugverhalten der Objekte mit der einer Untertasse, die man übers Wasser springen lässt. Ein Reporter machte daraus eine fliegende Untertasse. Dieses Wort ging nun um die Welt. Seit Urzeiten wurden seltsame Lichterscheinungen am Himmel beobachtet und jeweils der Zeit oder herrschenden Ängsten nach interpretiert. Aber erst durch die journalistische Erfindung „fliegende Untertasse" hatten die Menschen einen festen Begriff, der auf jede ungewöhnliche Erscheinung am Himmel zutraf. Zeugen mussten nicht mehr umständlich erklären, was sie gesehen hatten, es war eben eine „fliegende Untertasse".

Gegen Ende des Weltkrieges hatten die Nationalsozialisten mit immer neuen Waffen aufgewartet. Sie konstruierten die ersten Raketen und die ersten düsengetriebenen Flugzeuge. Die Amerikaner glaubten, dass die Pläne der Deutschen aus der Forschungsanstalt Peenemünde nach dem verlorenen Krieg in die Hände der Russen fielen. Als eine Welle von „Geisterraketen" 1946 Skandinavien heimsuchte, hielten nicht wenige, darunter zuerst auch die Militärs, sie für eine Geheimwaffe des Dritten Reiches, die nun in der Hand der Sowjets war. Diese Vermutung wurde auch gleich laut, als Arnold von seinen fliegenden Untertassen berichtete. In der aufkommenden Hysterie des kalten Krieges glaubten auch die Militärs zuerst an diese Theorie. Nur deshalb nahmen sie Arnolds Sichtung ernst und es wurden alle weiteren Berichte gesammelt. Was Arnold wirklich gesehen hat, ist heute schwer zu bestimmen. Manche tippen auf ganz normale Flugzeuge, andere auf eine Fata Morgana.

b) Der Roswell-Zwischenfall

Die „Roswell-Legende" geht auf ein Ereignis im Sommer 1947 zurück. Es kam zu einem Vorfall, der die Stadt für immer verändern sollte. Die ersten Berichte über fliegende Untertassen gab es Ende Juni 1947. Einwohner im Südwesten von Neu Mexiko nahmen plötzlich fremdartige Dinge am Himmel war: Unbekannte Flugobjekte, kurz UFOs.

Was am 5. Juli 1947 aus der Wüste New Mexicos gemeldet wurde, ließ die Welt aufhorchen: Eine „fliegende Untertasse" sei auf einer Ranch abgestürzt, erklärte ein Offizier der Air Force-Basis Roswell. Wenig später gab die Luftwaffe Entwarnung: Der Rancher habe nur die Reste eines Wetterballons gefunden. Schnell verloren die Medien das Interesse.

Es war der 5. Juli 1947. „Landeplatz" war das Feld von Schafzüchter Mac Brazel. Dieser glaubte, er habe die Trümmer einer fliegenden Untertasse entdeckt, und meldete seinen Fund Sheriff Wilcox. Der Sheriff benachrichtigte das Militär. Außerhalb der Stadt gab es einen Luftwaffenstützpunkt: Roswell Army Air Field. Dort war das 509. Bomber-Kommando stationiert, zu diesem Zeitpunkt das einzige Geschwader der Welt mit Atomwaffen.

Das Militär reagierte sofort, noch am selben Tag wurden zwei Offiziere zum Absturzort geschickt. Sie untersuchten das Gelände, bargen die Trümmer, und brachten sie zum Stützpunkt. Am nächsten Tag verkündete Presseoffizier Walter Haut eine Sensation: Die Trümmer seien tatsächlich die Überreste einer „fliegenden Untertasse". Bis heute ist unklar, warum Haut die Erklärung abgab. Der Mythos „Roswell" war geboren. „Als die Geschichte rauskam, schlug sie ein wie eine Bombe", erklärte Donald Burleson. „Auf einmal wusste alle Welt von der fliegenden Untertasse, die man auf einer Schafranch gefunden hatte.".

Tausende von Anrufern blockierten daraufhin die Leitungen des Stützpunktes. Der Kommandeur, Oberst Blanchard, versuchte die Lawine zu stoppen. Voller Wut ließ er die Pressemitteilung widerrufen, doch es war zu spät. Auf Befehl der Regierung in Washington wurden die Trümmer zum Stützpunkt Fort Worth in Texas gebracht. Brigadegeneral Roger Ramey sollte der Massenhysterie ein Ende bereiten. Am 8. Juli trat Ramey vor die Presse: Die geheimnisvollen Trümmer seien nichts weiter als die Überreste eines Wetterballons. Die Trümmer wurden zusammengepackt und zur Lagerung nach Ohio geflogen. Die Öffentlichkeit war erst mal beruhigt und gab sich mit der irdischen Erklärung zufrieden. Und auch die angeblichen Augenzeugen hielten still. Bald sprach niemand mehr von Roswell.

Fast dreißig Jahre ruhte die Geschichte. Auf der Schafranch herrschte vorläufig wieder Frieden. 1980 dann der Paukenschlag. Ein Buch mit dem Titel „Der Fall Roswell“ erschien. Die Autoren erweckten die UFO-Geschichte zu neuem Leben. Sie glaubten, dass sich mehr hinter den Trümmern verbarg als ein simpler Wetterballon. Im Buch kamen zum ersten Mal angebliche Augenzeugen zu Wort, die am Absturzort unglaubliche Dinge gesehen haben wollten. Sie behaupteten, die Regierung habe das zerstörte UFO und Alienleichen geborgen und die Öffentlichkeit habe nichts erfahren dürfen. Der ganze Vorgang sei verschleiert worden und die Vertuschung habe sofort nach der Meldung des Fundes begonnen.

Die Verschwörungstheoretiker waren sich sicher: Die Außerirdischen und ihre fliegenden Untertassen befänden sich in einer geheimen Anlage der Regierung. Nach 1980 erschienen immer wieder Bücher über den Fall Roswell.

c) Area 51

Area 51 ist ein militärisches Sperrgebiet im südlichen Nevada (USA). Innerhalb des großen Luftwaffenübungsgeländes Nellis befindet sich eine zusätzlich gesicherte militärische Anlage, deren bloße Existenz von der amerikanischen Regierung bis vor wenigen Jahren geheim gehalten wurde. Die Air Force testet dort neue experimentelle Flugzeuge. Um den Komplex ranken sich sehr viele Verschwörungstheorien, vor allem bezüglich der Erforschung von Außerirdischen und deren Technologie auf der Militärbasis.

Geheimhaltungsmaßnahmen dieser militärisch genutzten Anlage und die unzweifelhafte Verbindung zu geheimer Flugzeugforschung, zusammen mit Berichten über unübliche Phänomene, machten die Area 51 zu einem zentralen Bestandteil moderner UFO- und Verschwörungstheorien. Zu den mysteriösen Aktivitäten, die auf der Area 51 stattfinden sollen, gehören:

- → Lagerung, Untersuchung und Reverse Engineering abgestürzter außerirdischer Raumschiffe (u. a. Material des 1947 bei Roswell abgestürzten Objektes).
- → Die Untersuchung der jeweiligen (toten oder lebenden) Besatzungen, und die Herstellung von Flugzeugen, die auf außerirdischer Technologie basieren.
- → Treffen und geheime Gespräche mit extraterrestrischen Lebensformen.
- → Entwicklung exotischer Energiewaffen (für die Strategic Defense Initiative oder andere Anwendungen, wie z. B. Wetterkontrolle).
- → Aktivitäten in Verbindung mit der Schattenregierung der Welt durch die Illuminati und andere Geheimbünde.

Es gibt Behauptungen, dass nur für den Zweck von Untersuchungen einer angeblichen Alientechnologie beziehungsweise von Aliens selber am Groom Lake oder am nahen Papoose Lake eine große unterirdische Anlage gebaut worden sei. Einer der Berichte darüber ist der des ehemaligen Area-51-Mitarbeiters und Physikers Dr. Robert Lazar, in dem er beschreibt, dort den Antrieb eines außerirdischen Raumschiffes untersucht zu haben. Es gibt einige Beweise dafür, dass er tatsächlich an einem geheimen Militärprojekt gearbeitet hat.

d) UFO-Sichtungen von namhaften Astronauten

Astronauten sind wohl im Hinblick auf die Glaubwürdigkeit ihrer Aussagen über Sichtungen die besten Zeugen die es gibt. Die NASA ist zwar eine zivile Organisation, jedoch werden viele Programme vom Verteidigungshaushalt finanziert. Die meisten der Astronauten unterliegen den militärischen Sicherheitsbestimmungen. Dies ist wahrscheinlich auch der Grund, dass Filmmaterial und Aufzeichnungen der Funksprüche geheim gehalten wurden. 1979 bestätigte der ehemalige Chef der NASA Communications Systems, dass Neil Armstrong tatsächlich darüber berichtete, an einem Kraterrand UFOs gesehen zu haben. Chatelain glaubt, dass diese Flugobjekte sogar aus unserem Sonnensystem stammen könnten und zwar vom Titan. Diese Begegnung war der NASA bekannt, aber bis jetzt hatte niemand darüber gesprochen. Alle Gemini- und Apollomissionen wurden von Raumschiffen außerirdischen Ursprungs, mal in größeren und mal in näheren Abständen verfolgt. Jedes Mal, wenn dies der Fall war, verständigten die Astronauten das Kontrollzentrum.

Die Sichtungen im Einzelnen:

1951: Donald Slayton, Mercury Astronaut während eines P 51-Kampfjet Testfluges
1962: am 11. Mai - NASA-Pilot Joseph A. Walker während seines 50-Meilen hohen Rekordfluges mit einer X-15
1962: am 17. Juli - Major Robert White während eines Testfluges mit einer X-15
1962: am 15. Mai - Major Gordon Cooper / Mercury Mission
1963: am 03. Juni - Ed White & James McDivitt / Gemini Mission
1964: im Dezember - James Lovell & Frank Borman / Gemini Mission
1968: am 25. Dez. - James Lovell / Apollo 8 Mission
1969: am 21. Juli - Neil Armstrong & Edwin Buzz Aldrin / Apollo 11 Mission
1969: am 14. Sept. - Charles Conrad, Richard Gordon und Alan Bean /Apollo 12 Mission
1981: zwischen 14. und 16. Mai - Vladimir Kovalyonok und Viktor Savinikh / SALYUT - Mission

e) MJ-12

Bevor wir das Thema MJ-12 näher betrachten, sollten wir uns kurz ein paar Gedanken zum Thema erfolgreiche Geheimhaltung machen. Nachdem Geheimhaltung in der Historie nie hundertprozentig funktioniert hat, wurden die Methoden auch hier dementsprechend angepasst und verbessert.

Der geniale Trick ist, dass Geheimhaltung am besten funktioniert, wenn man die Wahrheit erzählt.

Aber immer in verschiedenen Versionen, das heißt, man lässt etwas weg oder ergänzt etwas oder vermischt es mit ein paar Unwahrheiten. Man bereitet ein und dasselbe Thema mit einem wesentlichen Anteil Wahrheitsgehalt in unterschiedlichen Versionen für verschiedene Interessengruppen (Politik, Medien, Ufo-Forschungsgruppen, Verschwörungstheoretiker usw.) auf, um sie so in die Irre zu führen. Das führt in der Öffentlichkeit laufend zu Spekulationen, weil diese Wahrheiten in allen Versionen publiziert werden und deshalb keiner mehr weiß, welche Version die richtige ist, oder welcher Teil wahr und welcher unwahr ist. Letztendlich führt es zur gewünschten Unglaubwürdigkeit. Dies gilt im Übrigen auch für all die anderen Themen, die in diesem Buch beschrieben werden, besonders hier aber wird es deutlich.

Majestic-12 (kurz MJ-12 oder MJ-XII geschrieben) ist der Codename eines Geheimkomitees, das angeblich 1947 in den USA gegründet wurde, um UFO-Aktivitäten zu untersuchen. Dieses Komitee spielt eine wichtige Rolle in UFO-Verschwörungstheorien. Dem Komitee saßen angeblich Vannevar Bush, Robert Oppenheimer und Albert Einstein vor, und zu den Mitgliedern gehörten angeblich James Forrestal, Edward Teller, und der Vorsitzende des Generalstabs General Nathan F. Twining. Die Majestic-12 Operationen beschränkten sich nicht nur allein auf die USA, sondern auch die Volksrepublik China und Russland. Funde außerirdischer Technologie wurden zwischen geheimen Agenturen dieser Länder gehandelt. MJ-12 existiert auch heute noch und arbeitet angeblich auf die Erlangung der Weltherrschaft hin, möglicherweise mit außerirdischer Hilfe.

Die angeblichen Mitglieder des ersten Majestic-12-Komitees waren:

Nr.	*Name*	*Funktion*	*Aufgabe*
1.	Konteradmiral Roscoe Hillenkoetter	1947-1950 Zentraler Nachrichtendirektor der USA und erster Direktor des CIA.	Aufsicht über Mj-12 Gruppe.
2.	Dr. Vannevar Bush	Vors. der nationalen Kommission für Forschung und Verteidigung, Amt für Forschung und Entwicklung während des zweiten Weltkrieges, bis 1941 Vors. des National Advisory Committee for Aeronautics (NACA) - der späteren NASA. 1945-1948 Vors. des Vereinigten Rates für Forschung und Entwicklung.	Untersuchung außerirdischer Technologie.

Nr.	Name	Funktion	Aufgabe
3.	James Forrestal	1945-1947 Marineminister, 1947-1949 erster Verteidigungsminister der USA. Militärische Koordination der MJ-12. Er stürzte sich 1949 aus dem 16. Stock des Marinekrankenhauses von Bethesda, und wurde durch General Walter Bedell Smith ersetzt.	Militärische Koordination der MJ-12.
4.	Nathan f. Twining	Kommandant des Air-Material der US-Army-Air Force u. späteren US-Air Force, dem Sitz des Luft technischen Nachrichtendienstes auf Wright Field	Leiter der Bergung u. Untersuchung außerirdischer Schiffe.
5.	General Hoyt Vandenberg	Chef des Heeres-Nachrichtendienstes im zweiten Weltkrieg. 1946-1947 Nachrichtendirektor, 1947 Luftstabchef, 1947-1953 Stabschef der US-Air Force.	Sicherung des Luftraumes u. aufspüren außerirdischer Raumschiffe.
6.	Dr. Detlev Bronk	Begründer der Wissenschaft der Biophysik. 1946-1950 Vorsitzender des Nationalen Forschungsrates, 1950-1962 Präsident der Nationalen Akademie der Wissenschaften, Dekan der John Hopkins-Universität, Präsident des Rockefeller Instituts.	Untersuchung der EBEs, Koordination der Biologie.
7.	Dr. Jerome Hunsaker	Führender Aeronautiker der USA, Ingenieur bei Konstruktion u. Bau der ersten Kriegsflugzeuge der USA, 1921 Aeronautik-Designchef 1933-51 Leiter der MIT-Seminare für mechanischen u. aeronautische Ingenieurswesen, 1941 Forschungskoordinator, 1941-1958 Vorstand der NACA.	Koordination der technischen Auswertung außerirdischer Raumschiffe.
8.	Konteradmiral Sidney Souers	Erster zentraler Nachrichtendirektor der USA, 1947-1950 erster Exekutivsekretär des Nationalen Sicherheitsrates, Sonderberater Präsident Trumans für Sicherheitsfragen.	Koordination von Fragen der nationalen Sicherheit in der MJ-12.
9.	Gordon Gray	1947-1949 Vizeheeresminister danach Sonderberater Präsident Trumans in Fragen der nationalen Sicherheit, Vorsitzender des supergeheimen psychologischen Strategierates der CIA.	Propaganda u. Aufrechterhaltung der Unwissenheit über außerirdische Aktivitäten.

Nr.	Name	Funktion	Aufgabe
10.	Dr. Donald Menzel	1939-1971 Professor für Astrophysik an der Harvard-Universität, 1946-1949 Leiter der Astronomischen Fakultät, UFO-Gegner und widersprüchlichstes MJ-12 Mitglied, schrieb zahlreiche Bücher gegen die Existenz Außerirdischer.	Naturwissenschaften, Dechiffrier- u. Kryptonanalyseexperte.
11.	Dr. Lloyd Berkener	Geophysiker, 1946-1947 unter Prof. V. Bush Exekutivsekretär des Rates für Forschung und Entwicklung. Vorsitzender des Sonderausschusses für Waffensysteme (Radar und Frühwarnsysteme), Beschäftigung mit Radiowellen-Fernübertragung und Elektromagnetismus.	Abwehr- und Verteidigungsstrategie gegen „unbekannte" Eindringlinge.
12.	Major General Robert Montague	1947-1951 Kommandant der Anlage der Atomenergiekommission auf Sandig-Basis New Mexiko (auch White Sands).	Verbindungsmann der MJ-12 zur AEC, Atomenergiekommission.

Laut einer Aussage von Dan Burisch, der behauptet mit Außerirdischen (von Typ J-Rod) in der Zone S4 von Area 51 gearbeitet zu haben, arbeitet Majestic-12 heute für das Komitee der 300, eine freimaurerische Organisation, die außerirdische Kontakte mit der Erde sowie die Arbeit in Richtung einer Neuen Weltordnung koordiniert. MJ-12 ist dabei für alle wissenschaftlichen Operationen auf der Area 51 sowie den Installationen in Dulce (New Mexico) und Frenchman's Mountain zuständig.

Soweit die Version, die Ufo-Forschern durch angebliche CIA-Aussteiger, die ihnen gegenüber *„...ihr Schweigen gebrochen haben"*, zugespielt wurde. Diese Version wurde für die Ufo-Forschungsgruppen kreiert um sie erstens in die Irre zu führen und zweitens durch die Regierung wegerklären zu lassen. Die Regierung der Vereinigten Staaten verneinte die Existenz der MJ-12 und gab an, dass es sich bei den Dokumenten, die die Existenz von Majestic-12 beweisen sollten, um „plumpe Fälschungen" handelte. Das FBI untersuchte, wie eines der Top-Secret Dokumente an die Öffentlichkeit gelangen konnte. Die Untersuchung wurde dann abgeschlossen, als herauskam, dass das Dokument tatsächlich nie existierte. Das fragliche Dokument kursiert weit verbreitet im Internet, unter anderem auch auf der Website des FBI, wo die erwähnte Untersuchung dokumentiert wird. In der Wahrnehmung der Öffentlichkeit stellt sich dieses Thema durch die Untersuchung unglaubwürdig dar und ist somit erledigt.

Nun zur weitaus weniger bekannten Version: MJ-12 bedeutet in Wahrheit Majority 12 und besteht nicht aus 12 sondern 19 Mitgliedern. Dieses Komitee setzt sich zusammen aus Mitgliedern der Regierung, sowie Mitgliedern des Direktoriums der Geheimorganisation CFR (Council of Foreign Relations). Die Zahl 12 leitet sich von der Regel ab, dass keine Anordnung durchsetzungsfähig war, wenn nicht 12 der 19 Personen ihre Zustimmung abgegeben hatten. Anweisungen, die durch die Majority 12 gegeben wurden, nannte man Majority 12-Befehle. MJ-12 existiert bis in unsere Tage hinein. Der Name wurde während der Legislaturperioden der verschiedenen Präsidenten laufend geändert. Unter Eisenhower und Kennedy wurde es irreführenderweise „5412-Komitee“ oder die „Sondergruppe“ genannt. Während der Johnson-Regierung wurde es zum „303 Komitee“. Unter Nixon, Ford und Carter wurde es das „40 Komitee“ genannt und unter Reagan das „PI 40 Komitee“. Viele Präsidenten wurden über die Existenz dieses Geheimkomitees nicht informiert.

Unter Majority 12 wurde die Zusammenarbeit mit den Außerirdischen forciert. So soll bereits eine gemeinsame außerirdische, amerikanische und russische Basis auf dem Mond existiert haben, als Kennedy am 25. Mai 1961 im amerikanischen Kongress seine Rede hielt, in der er sagte, dass er bis zum Ende des Jahrzehnts einen Menschen auf dem Mond haben wolle. Am 22. Mai 1962 landete angeblich eine unbemannte Sonde auf dem Mars und bestätigte die Existenz einer Umwelt, welche menschliches Leben ermöglicht. Nicht lange danach hätte man ernsthaft mit dem Aufbau einer Kolonie auf dem Mars begonnen. Heute finde man auf dem Mars Städte, bewohnt von besonders ausgewählten Personen aus verschiedenen Ländern. Die Technologie für ein Terraforming sei längst vorhanden und so habe man künstliche Seen und Teiche angelegt. Eine Schwerkraft sei vorhanden und der Mensch könne sich an der Oberfläche frei bewegen, ohne einen Raumanzug tragen zu müssen, nachdem er sich einer Dekompression ähnlich der bei Tiefseetauchern unterzogen hat.

Darüber hinaus sollen auch hier auf der Erde bereits mehrere gemeinsame Basen in unzähligen unterirdischen Großanlagen existieren. Und das alles, während wir heute noch über die Existenz eines Marsgesichtes und der dort angeschlossenen Cydonia Region streiten.

f) andere Ereignisse

Die Punkte a) bis e) beschreiben möglichst prägnant die fünf wichtigsten und bekanntesten Eckdaten des UFO Mythos. Da es seit Mitte der vierziger Jahre rund fünf Millionen dokumentierter Fälle gibt werden die nächsten, ausschließlich bekannteren, Vorfälle, nur noch chronologisch und stichpunktartig dargestellt:

1942: Am 25. Februar lösten unbekannte Flugobjekte über Los Angeles einen Großalarm aus.

1943/4: Im zweiten Weltkrieg berichteten Militärpiloten, dass sie von roten Feuerkugeln „Foo-Fighters“ begleitet wurden. Man hielt sie zunächst für Deutsche Geheimwaffen.

1950: Am 17. März überflogen 500 silberne, scheibenförmige Objekte lautlos, aber in hoher Geschwindigkeit das Atomsperrgebiet in New Mexico.

1951: Am 10. Februar bemerkte US Naval Reserve Lt. Graham Bethune, Kopilot einer Militärmaschine auf einem Flug von Kevlavik, Island, dreihundert bis vierhundertfünfzig Meter über dem Atlantik einen Lichtschein, der auf sie zurast und erst kurz vor der Kollision die Farbe wechselt und wieder abdreht.

1952: Am 14. Juli flogen Captain William B. Nash und sein Zweiter Offizier William Fortenberry aus Norfolk, Virginia, mit ihrer Verkehrsmaschine vom Typ DC-4 in einer Höhe von 8.000 Fuß als sie plötzlich voraus sechs rote Objekte, die rasend schnell auf sie zukamen, erblickten. Die geschätzte Geschwindigkeit betrug 20.000 Kilometer pro Stunde.

1952: Am 19. und 20. Juli tauchte um 23.40 Uhr auf den Radarschirmen der Luftüberwachung und über dem weißen Haus in Washington eine Gruppe von UFOs auf.

1953: Am 23. November wurde aufgrund des Eindringens eines unidentifizierten Objekts in den amerikanischen Luftraum ein F-89C Scorpion Abfangjäger zum Objekt gelotst. Auf dem Radarschirm konnte man beobachten, wie die beiden Leuchtsignale miteinander verschmolzen und plötzlich verschwanden. Trotz intensiver Suche hörte oder sah man nie wieder etwas vom Flugzeug oder der Besatzung.

1954: Am 29. Juni bemerkte James Howard, Pilot einer Boeing G-ALSC Stratocruiser- Linienmaschine auf dem Flug von New York nach London, eineinhalb Kilometer tiefer einige seltsame Objekte auf Parallelkurs. Es handelte sich um sechs kleinere und ein großes kugelförmiges Objekt.

1954: Am 14. Oktober hatte der RAF-Pilot Lt. Salandin vom 604th Squadron, der mit seiner Meteor MK8 vom Luftwaffenstützpunkt North Weald in Essex, Großbritannien, aufgestiegen war, eine ungewöhnliche Begegnung mit drei Objekten, die aus großer Höhe seine Maschine ansteuerten. Zwei flogen zu seiner Backbordseite, das dritte direkt auf ihn zu, so dass es fast die Windschutzscheibe ausfüllte. Sie hatten Untertassenform und wirkten metallisch. Der Pilot konnte weder Luken noch Düsenflammen erkennen.

1955: Am 04. Oktober reist der US-Senator und demokratische Präsidentschaftskandidat Richard Russell in diplomatischer Mission nach Russland. Während einer Zugfahrt beobachten er und seine zwei Begleiter ein rundes scheibenförmiges Objekt hochsteigen, stoppen und dann abfliegen. Deutlich kann er verschiedene Schichten auf dem Objekt unterscheiden.

1955: Am 20. November beobachteten der Führungsoffizier Captain B. G. Denkler und fünf weitere US- Air-Force-Mitglieder der 663rd AC&W Squadron um 17.20 Uhr in Lake City Tennessee, zwei längliche, hellorangene und durchscheinende Objekte, die mit unglaublicher Geschwindigkeit flogen und sich unregelmäßig näherten oder auseinander flogen.

1956: Am 19. Februar hatten die Fluglotsen des Flughafens Orly Paris um 22.50 Uhr, Kontakt auf ihren Radarschirmen. Die Größe des Objekts war doppelt so groß wie bei einem normalen Flugzeug. Nach den Radarbeobachtungen muss es mehr als 3000 Kilometer die Stunde geflogen sein. Etwa vier Stunden lang wurde es auf den Schirmen beobachtet.

1959: Am 11. Juli wurden östlich von Honolulu in der Nacht unbekannte Flugobjekte von insgesamt fünf verschiedenen Besatzungen von Verkehrsmaschinen gesichtet. Unter ihnen auch PAN AM-Flugkapitän Wilson.

1961: Am 19. Januar kam es in Indian Head, New Hampshire (USA), zur angeblichen Entführung von Betty und Barney Hill durch Außerirdische. Der wohl berühmteste Abduction-Fall (Alien-Entführungen).

1964: Am 16. Juli beobachtete der Pilot K. Jannereth, 25 bis 30 Kilometer südlich von Houghton Lake Michigan, gegen 23.15 Uhr eine Formation von vier übereinander und versetzt fliegenden hellen Lichtern. Dann gesellten sich zwei weitere hinzu. Sie näherten sich dem Flugzeug, bremsten plötzlich ab und begleiteten es für insgesamt fünf Minuten.

1965: Am 9. Dezember stürzte abends ein Objekt in Kecksburg, US-Bundesstaat Pennsylvania, vom Himmel. Umfangreiche militärische Aktivitäten wurden entfaltet, man sah sogar einen riesigen Tieflader mit einem großen verhüllten Gegenstand in das Sperrgebiet hinein- und auch wieder hinausfahren.

1967: Am 5. März wurde von der Radaranlage auf dem Luftwaffenstützpunkt Minot, North Dakota, ein unbekanntes Flugobjekt geortet, das sich ausgerechnet auf eine Minuteman-Raketeneinrichtung niedersenkte. Sofort wurden Kampfmannschaften alarmiert, die ein metallisches, scheibenförmiges Objekt sichteten, das ringsum von grell aufblitzenden Lichtern umgeben war und langsam über dem strengen Sicherheitsbereich flog.

1969: Im Oktober beobachtete der spätere US-Präsident Jimmy Carter über Georgia ein leuchtendes Objekt, welches „so groß wie der Mond“ gewesen sei. Das berichtete er UFO-Forschern 1973 als Gouverneur von Georgia.

1973: Am 14. Februar bemerkte die Crew einer DC-8-Frachtmaschine unter dem Kommando von Kapitän Wheeler, gegen 2.30 Uhr ein Objekt auf demselben Kurs. Die Länge des UFOs betrug etwa 25 Meter und die Breite circa zwölf. An beiden Seiten gab es Stummelflossen, während neben einem raketenähnlichen Aufbau an der Heckkante zwei Flossen emporragten. Aus dem Heck strömten weder Gase aus noch war ein Leuchten zu sehen.

1974: Am 9. Juni wollten Major Shiro Kubota und Oberstleutnant Toshio Nakamura über Japan mit ihrer F-4EJ Phantom ein unbekanntes Flugobjekt abfangen. Sie kollidierten mit dem UFO und die beiden sprangen mit dem Fallschirm ab. Oberstleutnant Toshio Nakamura kam dabei ums Leben, weil sein Fallschirm Feuer fing. Offiziell hieß es, sie seien mit einem Flugzeug kollidiert.

1974: Ronald Reagan, damals noch Gouverneur von Kalifornien, erzählte Reportern über eine UFO-Sichtung: „Ich befand mich an Bord meines Flugzeugs. Ich schaute aus dem Fenster und sah dieses weiße Licht. Ich ging zum Piloten vor und fragte ihn - Haben Sie schon mal so etwas gesehen!? Er war schockiert und verneinte. Ich erwiderte - Dann verfolgen wir es! Es war ein helles weißes Licht. Wir folgten ihm bis nach Bakersfield, doch zu unser aller Verblüffung schoss es plötzlich hoch in den Himmel...“.

1975: Die berühmte Entführung des Waldarbeiters Travis Walton. Auf dem Nachhause Weg stießen Travis Walton und seine 5 Arbeitskollegen auf ein UFO. Als Travis von einem Lichtstrahl zu Boden geworfen wurde hetzten die anderen in Panik davon. Erst fünf Tage später fand man den Waldarbeiter in völlig erschöpftem Zustand, durcheinander und ohne klare Erinnerung an die Zwischenzeit. Am Arm hatte er Injektionsstellen.

1976: Am18. September stiegen zwei iranische Abfangjäger vom Typ F-4 Phantom auf, um ein UFO abzufangen. Als sie sich dem Objekt näherten, fiel die gesamte Elektronik aus. Als sie aber abdrehten, funktionierte sie wieder.

1980: Am 11. November wurde zur selben Zeit von verschiedenen Flugzeugen aus ein grünlich schimmerndes Objekt über Spanien gesichtet. Commandante Ramos von der Iberia-Fluggesellschaft begegnete ihm um 18.40 Uhr in 10 000 Metern Höhe. Aus einer Boing 727 auf dem Flughafen Barcelona wurde ebenfalls ein Objekt gesehen, das aber in dem Moment „erlosch“, als der Pilot ihm mit seinen Landescheinwerfern ein Signal gab.

1981: Am 8. Januar soll in der Nähe von Trans-en-Provence in der französischen Provinz Var ein UFO gelandet sein. Im Auftrag der zuständigen franz. Raumfahrtbehörde CNES wurden entsprechende Spuren am Ort des Geschehen und wissenschaftlich untersucht. Die Untersuchungen ergaben, dass der Boden an der Landestelle größeren Druck, größerer Hitze und radioaktiver Strahlung ausgesetzt war.

1982: Hessdalen in der Nähe von Trondheim, Norwegen, erlebte eine UFO-Welle, bei der einige Monate lang ungewöhnliche Lichter beobachtet wurden.

1983: Am 24. März meldeten im US-Bundesstaat New York zwischen 19.00 und 22.00 Uhr über 2000 Zeugen bumerangförmige, leuchtende Flugobjekte am Himmel.

1984: Am 12. Juli sahen mehrere hundert Personen bei Danabury, New York, ein bumerangförmiges Objekt, ähnlich wie dem der Sichtungswelle vom 24. März 1983.

1986: Am 29. Januar berichteten Bewohner der Stadt Dalnegorsk, Region Primorje, Sowjetunion, über eine langsam fliegende, orangefarbene Kugel, die unterhalb der Spitze des Berges 611 abstürzte.

1989: Am 7. Mai soll die südafrikanische Air-Force ein UFO abgeschossen und sichergestellt haben.

1989: Von November 1989 bis April 1990 dauerte die belgische Sichtungswelle an. Mehrere Massen- und Einzelsichtungen (durch Gendarmen) von dreieckigen UFOs. Die belgische Luftwaffe hatte vermeintlich Radarkontakt, Abfangjäger konnten die überschallschnellen, lautlosen Objekte jedoch nicht erreichen. Die belgische Luftwaffe stellte Abfangjäger unter Daueralarm und arbeitete als erste in der Welt offen mit zivilen UFO-Forschungsgruppen zusammen.

1990: Am 21. März verfolgten MIG 29-Abfangjäger über Sagorsk (UdSSR) ein UFO. Ähnlich wie in Belgien erfolgte eine offizielle Anerkennung der UFOs durch die sowj. Luftwaffe.

1990: Am 24. August sahen Dutzende Menschen unabhängig voneinander sieben leuchtende Kugeln über der Ostsee. Deutschlands berühmtester UFO-Fall entpuppte sich nach eingehender Analyse offiziell als militärische Übung, bei der Leuchtfackeln verwendet wurden, die 45 Minuten lang in der Luft schwebten, und dabei gefilmt wurden. Allerdings bleibt rätselhaft, wie Leuchtmunitionstöpfe sich mindestens 30 Minuten lang in der Luft halten konnten, und wie das Ein- und Ausfliegen kleinerer Leuchtobjekte in die Formation, möglich war.

1991: Am 15. September filmte die Discovery STS-48 ein UFO im Erdorbit, das anscheinend Schüssen auswich.

1994: Am 16. September sahen 61 Schulkinder der „Ariel School" in Ruwa (Zimbabwe) eine UFO-Landung.

1996: Am 20. Januar fanden Sichtungen von UFOs und verletzten Außerirdischen bei Varginha (Mate Grosso), statt. Brasiliens bekanntester Vorfall. Die EBE´s (Extraterrestrische biologische Einheiten) wurden vom Militär abtransportiert. Ein Militärangehöriger der sich mit einem verletzten Außerirdischen im gleichen Transporter aufhielt, starb einige Wochen später im Alter von 23 Jahren ohne ersichtlichen Grund. Die Todesursache wurde nicht ermittelt.

1997: Im März gab die spanische Luftwaffe zahlreiche Geheimdokumente aus den 70er und 80er Jahren über die Sichtung von UFOs frei. Unter den Dokumenten sind 20 so genannte „X-Akten" über seltsame Phänomene, die trotz jahrelanger Untersuchungen nie aufgeklärt werden konnten. Danach wurde auch der frühere Regierungschef Adolfo Suarez 1980 Zeuge eines solchen ungeklärten Falls.

1997: Am 9. August kollidierte die Besatzung von Swiss Air Flug 127 beinahe mit einem UFO über Bosten Massachusetts.

2000: Im Januar und Februar kommt es zu Massensichtungen in über dreizehn Städten Chinas, darunter auch Peking.

2001: Am 9. Mai 2001 traten die ersten hochrangigen 20 Zeugen (darunter auch ehemalige Geheimnisträger aus CIA, Air Force und anderen Militärkreisen) im Rahmen des **Disclosure Project** („Projekt Enthüllung") in Washington vor die Weltpresse und erklärten: Der Militärisch-industrielle Komplex in den USA habe Kenntnis von Außerirdischen und deren Technologie, die bereits seit vielen Jahrzehnten in geheimen Projekten („black-budget-projects") erforscht und nachgebaut werde. Mehrere hunderttausend Menschen haben die Pressekonferenz live im Internet verfolgt und verschiedene Medien wie CNN, Larry King, die Washington Post und BBC berichteten darüber. Im November 2007 wurden weitere Zeugenaussagen der Öffentlichkeit präsentiert.

Die Zeugen im Einzelnen:

1 **Dr. Steven Greer**
2 **John Callahan** (US-Luftaufsichtsbehörde FAA),
3 **Charles L. Brown** (Oberstleutnant a.D. US-Luftwaffe),
4 **Micheal Smith** (Radarlotse US-Luftwaffe),
5 **Enrique Kolbeck** (Radarlotse int. Flughafen Mexico-City),
6 **Graham Bethune** (Kommandant/Pilot US-Marine),
7 **Dan Willis** (US-Marine),
8 **Don Phillips** (Lockhead, US-Luftwaffe, CIA),
9 **Robert Salas** (US-Luftwaffe),
10 **Dwynne Arnesson** (Oberstleutnant a.D. US Luftwaffe),
11 **Harland Bentley** (Obergefreiter US-Armee),
12 **John Maynard** (Oberfeldwebel a.D. US-Militärgeheimdienst DIA),
13 **Karl Wolf** (Leutnant US-Luftwaffe),
14 **Donna Hare** (ehemalige NASA-Angestellte),
15 **Larry Warren** (Sicherheitsbeamter US-Luftwaffe),
16 **George Filer III.** (Major a.D. US-Luftwaffe),
17 **Clifford Stone** (Unteroffizier US-Armee),
18 **Mark McCandlish** (Konzeptdesigner US-Luftwaffe),
19 **Daniel Sheehan** (Rechtsanwalt),
20 **Dr. Carol Rosin** (ehem. Pressesprecherin Wernher von Brauns),
21 **Brigadegeneral Stephen Lovekin**
22 **Merle Shane McDow**
23 **Jonathan Weygandt** (US-Marine Corps)
24 **Nick Pope** (ehem. Mitarbeiter des brit. Verteidigungsministeriums)
25 **Daniel Morris Salter** (US Air Force, NRO)
26 **Alan Godfrey**
27 **Dr. Robert Wood** (Ingenieur McDonnel Douglas)
28 **Prof. Robert Jacobs**

2001: Am 29. Juni beobachten 200 Anwohner die Landung eines UFOs über einem norwegischen Fjord.

2002: Am 22. März wurde über Bedhampton (England) eine ganze UFO-Flotte gesehen. Die vielen, weiß leuchtenden Kugeln bildeten untereinander ungewöhnliche Formationen: Während die einen sich bewegten, schwebten andere auf der Stelle, manche berührten sich.

2002: Im Zeitraum vom 15. März bis 15. April 2002 wurden in Alice Springs (Australien) fast jede Nacht UFOs gesehen. Augenzeugen behaupteten, am Himmel farbige Lichter, Zigarren- und hutförmige Objekte, die sich sprunghaft bewegten, sowie ein dreieckiges Raumschiff beobachtet zu haben.

2004: Im April 2004 sind im Iran Dutzende UFO-Sichtungen gemeldet worden. Das Staatsfernsehen zeigte eine weiß funkelnde Schreibe, die dem Bericht zufolge am 27. April 2004 über Teheran gefilmt wurde.

2004: Am 13. Mai veröffentlichte der mexikanische Verteidigungsminister auf Betreiben des „UFO-Forschers“ Jaime Maussan Infrarotvideos, welche am 5. März 2004 von einer Luftpatrouille gegen Drogenschmuggler aufgenommen wurden und 11 leuchtende Objekte in scheinbar schneller Bewegung zeigen.

2004: TUNGUSKA - ein Mythos wie das sagenumwobene Atlantis oder das rätselhafte Bermudadreieck. Es war der 30. Juni 1908 - um 7.17 Uhr Ortszeit in Sibirien kommt es in der Region Tunguska, rund siebzig Kilometer von der Handelssiedlung Wanawara entfernt, zur bisher größten Explosion der Menschheitsgeschichte. Die Explosion in Zentralsibirien entsprach der freigesetzten Kraft von eintausend Hiroshimabomben und löschte innerhalb einer Stunde ein Waldgebiet in der Taiga von der Größe des Saarlands aus. Eine russische Wissenschaftlerexpedition namens „Tunguska Space Phenomenon“ will im August 2004 Teile eines Ufos an der Stelle entdeckt haben, an der ein explodierender Meteorit den sibirischen Wald niedersäbelte. Die Außerirdischen, so die These, hätten den Meteoriten vor dem Aufprall quasi abgeschossen und so das Schlimmste für die Menschheit verhindert.

2008: Vom 12. bis 14. Februar fanden bei den Vereinten Nationen in New York geheime Beratungen statt - auch über die Frage, wie mit den anhaltenden UFO-Sichtungen umzugehen sei. Die Teilnehmer seien sich über die Anwesenheit der „Besucher“ einig gewesen, so Gilles Lorant, der in seiner Eigenschaft als Luftfahrtexperte und Mitarbeiter am Nationalen Forschungszentrum Frankreich CNRS an den Beratungen teilnahm.

2008: Die britische Regierung veröffentlichte ihre Dokumente über unidentifizierte Flugobjekte. Jahrzehntelang lagen die Geheimdossiers in Archiven und sollten sogar schon vernichtet werden. Die Abteilung DI55 war so geheim, dass ihre bloße Existenz geleugnet wurde. Erst 2006 hat das Verteidigungsministerium zugegeben, dass es die Ufojäger-Einheit tatsächlich gegeben hat. Wissenschaftler hatten unter Berufung auf den Freedom of Information Act, der Bürgern Zugang zu allen Dokumenten der Behörden eröffnen soll, das Eingeständnis erzwungen.

Darüber hinaus gibt es, was UFO-Abstürze anbelangt, eine erstaunlich lange Liste über berichtete Vorfälle.

	Jahr	*Monat*	*Ort*	*Land*	*Anmerkung*
1.	1561		Nürnberg	Deutschland	Ein illustrierter Fall
2.	1864	September	Nebraska	USA	Missouri Zeitungsartikel
3.	1884	Dezember	Bergamo	Italien	
4.	1907		Burlington	USA	
5.	1908	Juni	Tunguska	UdSSR	
6.	1909	Dezember	Illinois	USA	
7.	1910		Puglia	Italien	
8.	1923		Quetta	Pakistan	
9.	1925		Maryland	USA	
10.	1925	September	Montana	USA	
11.	1930		Mandurah	Australien	
12.	1936		Schwarzwald	Deutschland	
13.	1938		Czernica	Polen	
14.	1941		San Diego	USA	
15.	1941		Spring Cape Girardeau	USA	
16.	1941	Juli	Tinian Island	Ozeanien	
17.	1945		Mataquescuintla	Guatemala	
18.	1946	Juli	Lake Barken	Schweden	
19.	1946	Juli	Bjorkon	Schweden	
20.	1946	Juli	Mjosa	Schweden	
21.	1946	Juli	Noon Lake Kolmjarv	Schweden	

	Jahr	Monat	Ort	Land	Anmerkung
22.	1946	August	Malmö	Schweden	
23.	1947	Mai	Spitzbergen	Norwegen	17 Körper geborgen
24.	1947	Mai	Socorro / New Mexico	USA	
25.	1947	Juli	Roswell / New Mexico	USA	1 Körper lebend geborgen
26.	1947	Juli	San Augustin / New Mexico	USA	
27.	1947	Oktober	Paradise Valley /Arizona	USA	
28.	1947	Oktober	San Diego	USA	
29.	1948	Februar	Aztec / New Mexico	USA	mehrere Körper geborgen
30.	1948	August	Laredo / Texas	USA	1 Körper geborgen
31.	1949	August	Death Valley /California	USA	
32.	1950	Januar	Mojave Wüste / California	USA	
33.	1950	Februar	Kopenhagen	Dänemark	
34.	1950	Mai	Bahia Blanca Province	Argentinien	
35.	1950	September	Albuquerque / Texas	USA	3 Körper geborgen
36.	1952	August	Ohio	USA	
37.	1952	August	Ely, Nevada	USA	16 Körper geborgen
38.	1952	September	Spitzbergen	Norwegen	
39.	1953	Juni	Laredo / Texas	USA	4 Körper geborgen
40.	1953	Juli	Johannesburg	Südafrika	5 Körper geborgen
41.	1953	Oktober	Dutton / Montana	USA	4 Körper geborgen
42.	1955	Juli	Vestra / Norrland	Schweden	
43.	1955	Mai	Brighton	England	5 Körper geborgen
44.	1957	Juli	Carlsbad / New Mexico	USA	4 Körper geborgen
45.	1957	September	Ubatuba	Brasilien	Physikalische Hinweise (Trümmer)
46.	1957		Großmoor	Deutschland	

	Jahr	Monat	Ort	Land	Anmerkung
47.	1959	Januar	Gdynia	Polen	Körper und Trümmer geborgen
48.	1959	September	Amsterdam	Niederlande	
49.	1960	März	New York	USA	Wesen starb 28 Tage später
50.	1961	April	Lake Onega, Karelskaya	UdSSR	
51.	1962	Juni	Holoman AFB / New Mexiko	USA	2 Körper geborgen
52.	1963	Juli	Charlton	England	
53.	1963	Dezember	Cosford / RAF	England	
54.	1964	November	Fort Riley / Kansas	USA	9 Körper geborgen
55.	1965		San Miguel	Argentinien	
56.	1965	Dezember	Kecksburg	USA	1 Körper geborgen
57.	1966	Oktober	Arizona	USA	1 Körper geborgen
58.	1972	Juli	Saharia Wüste	Marokko	3 Körper geborgen
59.	1973	Juli	Nordwest Arizona	USA	5 Körper geborgen
60.	1974	November	Carbondale /Pennsylvania	USA	
61.	1974	August	Chihuahua	Mexiko	
62.	1976	Mai	Wüste	Australien	4 Körper geborgen
63.	1977	April	Süd-West Ohio	USA	11 Körper geborgen
64.	1977	August	Tobasco	Mexiko	2 Körper geborgen
65.	1978	Mai	Padcaya	Bolivien	
66.	1978	November		Libanon	
67.	1988	November		Afghanistan	7 Körper geborgen
68.	1989	Mai	Kalahari Wüste / Botswana	Südafrika	UFO Abschuss durch südafrik. Air-Force
69.	1989			Sibierien	7 lebende Körper geborgen
70.	1989	September	Long Island /New York	USA	

	Jahr	Monat	Ort	Land	Anmerkung
71.	1990	September	Megas Platanos	Griechenland	
72.	1996	Januar	Varghinha	Brasilien	mehrere lebende Körper geborgen
73.	2000	August	Balochistan	Pakistan	

g) Ergebnis

So ziemlich alle dieser Vorfälle sind umstritten. Um hier zu einer halbwegs vernünftigen Schlussfolgerung zu kommen, betrachten wir als erstes die Punkte bei denen sich sowohl die ***Pro***- als auch die ***Contra***seite einig sind. Und man mag es kaum glauben, es gibt tatsächlich zwei Übereinstimmungen:

1. Die Zahl der dokumentierten Fälle: 5 Millionen seit Mitte der vierziger Jahre.
2. Der Zeugenkreis: Durchgängig durch alle Berufsgruppen.

Das scheint auf den ersten Blick etwas mager und man fragt sich, was man damit anfangen soll. Es wurde in diesem Buch schon erwähnt, dass Beweise in der heutigen Zeit fast immer manipuliert, gefälscht oder geschönt werden. Dasselbe wird auch bei diesem Thema sowohl für die ***Pro***- als auch die ***Contra***seite gelten. Deshalb ist es, um sich ein vernünftiges Bild zu machen, bei jeder Recherche ratsam, erstens mehrere Quellen miteinander zu vergleichen und zweitens nach Übereinstimmungen zu suchen und hierauf eine zwingende Logik zu entwickeln. Und das klappt auch bei nur zwei Übereinstimmungen wie hier zum Thema UFO.

Betrachten wir uns die erste Übereinstimmung noch einmal genauer mit Hilfe einfachster mathematischer Logik. Seit Mitte der vierziger Jahre gibt es circa 5 Millionen dokumentierter Fälle von Ufo Begegnungen aller Arten. Die Begegnungen mit Ufos lassen sich in vier verschiedene Arten gliedern:

→ Begegnung der 1. Art: Ufos werden aus geringer Entfernung beobachtet. Als Beweismaterial dienen Fotos.

→ Begegnung der 2. Art: Ufos werden aus geringer Entfernung beobachtet und fotografiert. Sie hinterlassen sogar Spuren, z.B. verbrannte Erde.

→ Begegnung der 3. Art: Ufos werden so nah gesichtet, dass der Beobachter sogar die Piloten erkennen konnte. Diese sehen fast immer Menschen ähnlich.

→ Begegnung der 4. Art: Das Ufo wird aus nächster Entfernung beobachtet. Die Personen bekommen die Außerirdischen zu Gesicht. Menschen werden sogar ins Ufo verschleppt oder gehen freiwillig mit und unternehmen so eine Reise durch das All. Manche berichten (oft unter Hypnose), dass sie von den Außerirdischen untersucht wurden.

Laut der ***Contra***seite kann man 95% dieser Fälle durch Täuschungen, hervorgerufen durch Naturphänomene und irdische Flugzeuge, oder Schwindel erklären. Bleibt ein Restbestand von 250.000 ungeklärten Fällen. Wir gehen noch einen Schritt weiter, erklären auch von diesen 250.000 Fällen noch mal 249.999 Fälle weg und gehen davon aus, dass nur ein einziger Fall der Wahrheit entspricht. Die mathematisch logische Konsequenz ist, dass das Phänomen damit wirklich existiert.

Der ganze Witz an der Sache ist, man braucht nur ***1 wahres Ereignis*** um die Echtheit zu beweisen. Und bei 250.000 nicht erklärbaren Fällen schnellt die Wahrscheinlichkeit ziemlich deutlich nach oben.

Kommen wir zur zweiten Übereinstimmung: Dem Zeugenkreis. Ihn betrachten wir uns mit einfacher rationeller Logik. Dieser Zeugenkreis zieht sich wie gesagt durch alle Berufsgruppen hindurch. Zu ihm zählen Astronauten, Piloten aller Art, Fluglotsen, Geheimdienstpersonal, Politiker, Physiker und Polizisten. Wie schon in Punkt d) erwähnt, sind Astronauten im Hinblick auf die Glaubwürdigkeit ihrer Aussagen, die besten Zeugen die es gibt. Aber auch Piloten und andere kompetente Berufe. Es wäre geradezu vermessen und äußerst unlogisch diesen kompetenten Berufsgruppen Unglaubwürdigkeit zu unterstellen und die Erlebnisse dieser Menschen mit Täuschungen oder Schwindel zu erklären. Insbesondere vor dem Hintergrund, dass die berufliche Karriere vieler dieser Zeugen nach Veröffentlichung ihrer Berichte beendet war.

Es muss an diesem Phänomen also etwas dran sein, aus Gründen die nur mit, aufgrund der Übereinstimmungen, erbrachten Logik und nichts mit Beweisen zu tun haben.

Zu guter Letzt

Anhand von diesen beiden Recherchebeispielen wird deutlich, warum es so wichtig ist, Informationen zu korrigieren und warum es wichtig ist, selbst die Initiative zu ergreifen und aufklärend tätig zu werden. Es wird letztendlich dazu führen, dass sich eine wirklich positive Änderung in der Geschichte der Menschheit vollzieht. Die Lage ist keineswegs hoffnungslos. Wie gesagt, basiert die momentane Gesellschaft in Wahrheit auf einem rein ***illusorischen*** Fortschritt. Diese Art des Recherchierens ist nicht nur äußerst wichtig, es ist auch gut für das Selbstbewusstsein, weil es wahres Wissen vermittelt. Und was lehrt uns eine alte bekannte Volksweisheit? „Wissen ist Macht". In diesem Fall soll sie ergänzt werden:

Wahres Wissen ist wirkliche Macht.

Einen besonderen Umstand zeigen solche Recherchen zudem noch auf. Egal welchem Thema man sich widmet, wer fundamentiert vorgeht stellt fest, dass die Ergebnisse oftmals von den offiziellen Berichten der Medien abweichen. Da wir uns auf eine sehr schwierige Reise nach dem „**Warum**?" begeben haben, muss selbstverständlich auch hier nach dem „**Warum**?" gefragt werden. Andererseits könnte man sonst die hier aufgeführten Recherchen, berechtigt in Zweifel ziehen, da diese von den Medien in dieser Form entweder gar nicht oder nur zum Teil bestätigt werden. Es muss also einen Grund für die Zurückhaltung der Medien geben. Der Recherche über die Massenmedien soll ein eigenes Kapitel gewidmet werden.

Kapitel 12: Die Rolle der Massenmedien

Warum erfahren wir so wenig in den Medien über solche Wahrheiten und wenn, dann meist in ablehnender oder lächerlich machender Form? Dieses Thema soll mit einem Blick hinter die Kulissen der Medien näher behandelt werden.

a) Der Journalismus

Alle Menschen, die bei den Medien arbeiten, sind heute tatsächlich in Gewerkschaften vereinigt. Diese Tatsache wirft ein anderes Licht auf den Journalismus und zeigt, was sein eigentliches Wesen ist. Die Medienbeschäftigten haben alle gemeinsam, dass sie im Grunde genommen Werbung machen. Auf den Gewerkschaftsversammlungen sind daher alle Arten von Werbungsmachern vertreten: Vom Drucker bis hin zum Fernsehansager. Die Mitglieder der Gewerkschaft sehen keinen großen Unterschied in den verschiedenen Formen der Werbung. Als äußerer Betrachter kann man jedoch zwei Kategorien von Werbung klar erkennen und unterscheiden.

1. Die klassische Form der Wirtschaftsreklame, die Konsumwerbung.
2. Die Werbung für politische oder kulturelle Forderungen und Ideale, also die ***subtile Form*** von Propaganda.

Alle Medien haben gemeinsam, dass sie Werbung publizistisch verbreiten. Für die Mitarbeiter der Medien ist es kaum ein Unterschied, Wirtschaftsreklame oder Propaganda herzustellen. Die Kunden der Druckereien, Werbeagenturen usw. unterscheiden sich jedoch deutlich in ihrer Finanzkraft.

→ Diejenigen, welche sich klassische Werbung für Konsumartikel herstellen lassen, gehören überwiegend zum Mittelstand. Es sind Unternehmer, die darauf angewiesen sind, mit dem Verkauf ihrer Produkte Gewinn zu machen.
→ Diejenigen jedoch, welche sich Werbung für politische oder kulturelle Forderungen, Ideale (***subtile*** Propaganda) herstellen lassen, sind wesentlich finanzkräftiger. Sie zielen mit der Propaganda auf keinen

Geldgewinn ab. Das Ziel ist kein kurzfristiger finanzieller Profit, sondern Machtzuwachs. Dieser bringt selbstverständlich langfristig finanziellen Profit.

Die bei den Medien tätigen Arbeiter und Angestellte kämpfen mit ihrer Gewerkschaft für die Durchsetzung besserer Arbeitsbedingungen. Entgegen den Erwartungen steht jedoch niemals zur Debatte, auf Inhaltliches der publizistisch verbreiteten Werbung Einfluss zu nehmen. Es herrscht auch kein allgemeines Interesse, auf Inhaltliches Einfluss zu nehmen. Einfluss nehmen also hauptsächlich die zahlungskräftigen Kunden. Das bedeutet eine Verkehrung der Kompetenzen (*Die Wahrheit liegt auf der anderen Seite*). Diejenigen, welche Einfluss nehmen sollen, weil es deren Beruf und Pflicht ist, tun es nicht, während die, welche keinen Einfluss nehmen dürften, es für sich in Anspruch nehmen.

Zu den Berufsgruppen bei den Medien gehören Journalisten. Die Journalisten haben viel mehr Ähnlichkeit mit Herstellern von Wirtschaftsreklame als allgemein hin vermutet wird. Die Auswirkungen der von Journalisten hergestellten Werbung sind jedoch deutlich manipulativer und deswegen gefährlicher als die der Wirtschaftsreklame. Im zweiten Golfkrieg konnte man deutlich sehen, wie sehr Wirtschaftsreklame und Propaganda miteinander zusammenhängen. Zu Beginn des Krieges hatte die Friedensbewegung die sehr mächtige Parole „Kein Blut für Öl“. Um der Friedensbewegung die Macht zu nehmen und die Welt für die Kriegspläne zu gewinnen, wurde folgender Plan als Rechtfertigung des Krieges in die Tat umgesetzt.

Kurz nach dem Einmarsch des Iraks nach Kuwait wurde die Organisation „Bürger für ein freies Kuwait” in den USA gebildet. Sie engagierte die New Yorker PR-Firma Hill & Knowlton für etwa 14 Millionen US-Dollar, deren Hauptgeschäftsführer und Präsident Craig Fuller in den achtziger Jahren als Stabschef für Vizepräsident Bush gearbeitet hatte; die Gelder kamen von Kuwaits Regierung. Dieses Unternehmen startete eine Kampagne, die beschrieb, wie angeblich irakische Soldaten Babys aus den Brutkästen in den kuwaitischen Krankenhäusern herausholten und sie auf dem Fußboden sterben ließen. Ein Video wurde über die US-Fernsehnetze verbreitet; falsche Zeugnisse wurden vor dem Kongress und dem UNO-Sicherheitsrat gegeben. Das fünfzehnjährige Mädchen

Nijirah al-Sabah, das vor dem Kongress als weinende Zeugin auftrat, war, wie später herauskam, die Tochter des kuwaitischen Botschafters in den USA; der angebliche Chirurg, der als Zeuge vor der UNO auftrat, war in Wirklichkeit Zahnarzt, der später zugab, gelogen zu haben. Später machte das New Yorker Unternehmen Eigenwerbung, indem es mit dieser erfolgreichen Aktion prahlte. Die Filmaufnahmen des Schauspielunterrichtes waren dann später auch im TV zu sehen. Dabei konnte man sehen, wie die Tochter des kuwaitischen Botschafters öfter wiederholend übte, weinend in die Kamera zu sprechen.

Es mag sein, dass das Motiv für die Wahl des Journalismusberufs ehrliche, konkrete und politische Anliegen und auch das Streben nach gesellschaftlichem Einfluss ist. Mit der Arbeitsaufnahme in diesem Beruf müssen viele Journalisten jedoch erkennen, dass sie in erster Linie ihrem Vorgesetzten Redakteur gegenüber verpflichtet sind. Sie haben in ihrem Beruf meist keinen wirklich eigenen Einfluss. Sie sind auch nicht verpflichtet, die Wahrheit zu verbreiten.

Es ist allgemein bekannt, dass bestimmte Themen nur Ärger bringen und der Karriere schaden können. Folglich werden diese Themen ignoriert oder erst dann publiziert, wenn man sich gefahrlos auf andere Meinungsmacher (die großen Nachrichtenagenturen) als Quelle berufen kann. Berichten die Nachrichtenagenturen aber nichts, riskiert kaum ein „kleiner" Journalist eine eigenverantwortliche Veröffentlichung eines zwielichtigen Themas. Mit anderen Worten: Wer die wenigen Meinungsmacher kontrolliert, kontrolliert praktisch auch den Rest der Medien.

b) Die Meinungsbildungsfunktion

Alles, was wir wissen, wissen wir von unseren Eltern, Lehrern, Freunden, Bekannten, aus Büchern, aus dem Fernsehen, von Wissenschaftlern und vor allem von Journalisten. Aus uns selbst heraus wissen wir nur sehr wenig, alles wurde uns beigebracht und wir übernehmen es meist <u>ohne</u> es zu hinterfragen.

Heute bestimmen die Massenmedien unsere Welt. Mode, Geschmack, politische Weltanschauung. Fast alles Wissen kommt von Journalisten.

Ohne Medienunterstützung gelingt keine Wahl (oder politische Karriere), denn wer die Medien kontrolliert, kontrolliert die Meinung der Massen und damit die Wählerstimmen. Dabei sind politische Fakten nebensächlich.

Der Einfluss des Finanzkapitals auf die Meinungsbildung ist viel stärker, als es erahnt wird. Das Bankgeschäft ermöglicht eine Macht, mit der alle Bereiche, auch die Massenmedien, der Gesellschaft in empfindlicher Weise kontrolliert werden können. Der wirtschaftliche Druck auf Zeitungen beispielsweise hat extrem zugenommen. Kein bedeutender Zeitungsverlag konnte ohne das, von den Banken zur Verfügung gestellte, Startkapital gegründet werden. Aber auch nach der Gründung bleiben die Zeitungsverlage von den Banken abhängig, denn das Betreiben von Zeitungen ist ein sehr unsicheres Geschäft. Die Verleger müssen sich mit den Banken gut stellen, wenn diese gelegentlich für die Weiterexistenz des Verlages mit ihren Krediten einspringen sollen. Das Finanzkapital steht damit in einer großen Machtposition. Es braucht niemals zulassen, dass etwas in den Zeitungen steht, welches gegen seine Interessen ist. Immer mehr Zeitungen sind zur Finanzierung ihres Blattes auf Werbung und Anzeigen angewiesen. Dieser Umstand versetzt große und finanzkräftige Anzeigenkunden auch in eine dementsprechend günstige Lage. Sie können den redaktionellen Druck auf eine Zeitung erhöhen. Das heißt konkret, dass sie damit drohen, Anzeigenaufträge auszusetzen, wenn nicht eine entsprechend kundenfreundliche Berichterstattung erfolgt.

Seit 2006 ist man sogar dazu übergegangen, Werbebotschaften in journalistischen Beiträgen zu verstecken. Der Zuseher-/Hörer hält diese für klar recherchierte Berichte und schenkt den Kampagnen daher seinen uneingeschränkten Glauben. Sogar die Politik nutzt seit 2007 diese Art der teuren Schleichwerbung, die von Steuergeldern finanziert wird, für ihre Zwecke. Weil Zeitungen und Privatsender finanziell auf diese gut bezahlte Propaganda angewiesen sind, verbreiten sie diese Beiträge bereitwillig. Das ist für jeden kritischen Journalismus der Tod.

Die großen Buchverlagshäuser weisen ähnliche Strukturen auf. Neue Autoren werden aus einer Vielzahl von Manuskripten und Kontakten ausgewählt. In Deutschland werden von den Verlagen nur ca. 0,25% der erhaltenen Manuskripte tatsächlich publiziert. In den USA treffen Literaturagenten die Vorauswahl, da kein Großverlag bereit ist, direkt mit einem unbekannten Autor zu verhandeln. Kein Manuskript, das den Interessen der Lektoren dieser Häuser bzw. den Agenten zuwider läuft, hat eine Chance auf eine Veröffentlichung. Wird es dennoch von einem kleinen, unabhängigen Verlag publiziert, wird es von den Massenmedien in der Regel ignoriert (keine Werbung = keine Kritik) oder von hauseigenen Kritikern verrissen. Die Qualität eines Buches sichert nicht automatisch Verkaufszahlen. Nur wenn das Publikum weiß, dass ein bestimmtes Buch existiert, kann ein Interessent es kaufen und lesen. Kleine unabhängige Verlage verfügen nicht über ausreichend Werbeetat, um aus einem Buch einen Bestseller zu machen. Die Großverlage verfügen dagegen über Millionenetats, Werbe- und PR-Abteilungen, hauseigene Medien (Fernsehstationen, Magazine), Kritiker, Vertriebsketten etc. und können so aktiv ein „passendes" Buch auf Bestsellerniveau manipulieren. Jeder Bestseller sichert sich auch weltweit ein großes Publikum und wird damit auch international zum Meinungsmacher. Mit anderen Worten:

Eine kleine Gruppe von Lektoren und Chefredakteuren entscheidet, was weltweit Millionen Menschen lesen und folglich denken.

Die Lektoren sind meist leicht kontrollierbare Angestellte in Positionen mit einem hohen gesellschaftlichen Status. Diesen Job möchte niemand gerne verlieren. Erinnern wir uns an (*Kapitel 5: Politik als unser Spiegelbild*): *„Ein Mensch, der durch Beförderung eine Führungsposition erworben hat, wird die Position des Arbeitgebers gegenüber den Arbeitnehmern vertreten. Selbst dann, wenn diese falsch und ungerecht gegenüber der Belegschaft ist. Er wird dies tun, weil mit seinem Aufstieg auch eine Anhebung seines sozialen Status verknüpft ist, die er nicht aufs Spiel setzen will. Er wird dies, seinem Gewissen gegenüber, damit rechtfertigen, dass andere genauso und noch viel schlimmer handeln. Außerdem wird ihn das Gefühl, mehr Macht und Einfluss zu besitzen, faszinieren und ihn beflügeln, weiter die Karriereleiter hochzuklettern."*

Noch besser können in Spielfilmen und Unterhaltungsshows, fast alle nach US-Vorbild gestrickt, die Wertvorstellungen und das Weltbild weltweit verdeckt und äußerst effektiv manipuliert werden. Wer auf diese Weise die Gegenwart kontrolliert, kann auch die Vergangenheit umgestalten. In Spielfilmen wird Geschichte verfälscht und Emotionen werden in die gewünschte Richtung gelenkt. Die Grenze zwischen Fiktion und Realität wird oft bewusst verwischt. Filme haben eine sehr viel höhere Manipulationswirkung als Nachrichten. Nachrichten werden gelesen oder bewusst gesehen, während der Spielfilm immer ins Unterbewusstsein zielt. Das Ereignis mischt sich mit Emotionen und wird so ins Gedächtnis gebrannt. Besonders stark ist die Wirkung auf ***Kinder*** (*beschrieben in **Kapitel 3:** Kommunikation*). Es handelt sich hier um reguläre Erkenntnisse aus der Hirnforschung.

Gerade die Privatmedien sind es, die immer weniger informieren, dafür wesentlich flacher unterhalten, denn sie sind nicht so stark an öffentlich-rechtliche Vorgaben gebunden. Da gibt es die ganzen Magazine und Beiträge zum Thema „Luxus“, in denen von den teuersten und luxuriösesten

- Schlössern
- Villen
- Häusern
- Appartements
- Hotels
- Flugzeugen
- Schiffen
- Autos
- Reisen und
- Serviceleistungen

der Welt berichtet wird. Man muss sich fragen, **warum** so eklatant viel über Luxus berichtet wird, wenn die Mehrzahl der Menschen in Armut leben? Zieht man die Armutsgrenze bei zwei US-Dollar pro Tag, gelten insgesamt 2,7 Milliarden Menschen und damit fast die Hälfte der Weltbevölkerung als arm. Die weltweite Anzahl der Dollar-Millionäre liegt bei nur 0,13 Prozent. Dazwischen befinden sich die Mittelständler, welche sich die in diesen Sendungen angepriesenen Luxusgüter ebenfalls nicht oder nur bedingt leisten können. Was steckt also dahinter? Zumindest kann man davon ausgehen, dass der Wunsch nach Geld und Reichtum enorm verstärkt wird, was dazu führt, dass die Menschen immer individualistischer und egoistischer werden und ihr Gemeinschafts- und Solidaritätsgefühl verlieren. Parallel dazu werden in den vielen:

- Lifestylemagazinen
- Nachmittagstalkshows
- Gerichtsshows
- Spielshows und
- Reality-Soaps (Wirklichkeitsnahe Seifenopern)

die oftmals sehr kleinkarierten Probleme unserer Wohlstandsgesellschaft behandelt, was dazu führt, dass sich Menschen verstärkt mit Oberflächlichem befassen und den Sinn für wirklich Wichtiges verlieren. Und wenn sie pausenlos damit beschäftigt sind, dem Geld hinterher zu hetzen und sich mehr und mehr mit oberflächlichen Dingen beschäftigen, sind sie abgelenkt und können die negativen Vorgänge, die sich hinter ihrem Rücken abspielen, kaum mehr wahrnehmen (*beschrieben in **Kapitel 3:** Kommunikation*).

Es ist, als ob die Menschen zur Oberflächlichkeit erzogen werden sollen. Von einem verantwortungsbewussten Umgang mit dem Informationsauftrag kann hier nicht mehr die Rede sein. Bedingt durch Konkurrenz der Privatmedien kann man den Umgang mit Pressefreiheit und Informationsauftrag mittlerweile als skrupellos bezeichnen. Konkurrenz belebt das Geschäft, heißt es. Da kann man nur zustimmen, denn es geht <u>nur</u> noch um ’s Geschäft. Die konkurrierenden Privatmedien, die vielfach wiederum zu ein und demselben Medienkonzern gehören, überbieten sich mit allerlei schwachsinnigen Sendungen im Kampf um die Einschaltquoten. Eine wirkliche Konkurrenz um stichhaltige Informationen findet komischerweise nicht statt. Stattdessen werden Werbeunterbrechungen möglichst gleichzeitig geschaltet um ein Umschalten (switchen) auf einen anderen Kanal zu verhindern und um zu gewährleisten, dass die Werbebotschaften auch sicher ihre Adressaten erreichen.

Insgesamt hat der ständige Konkurrenzkampf um Auflagen und Einschaltquoten auch bei den Nachrichten zu einer Art „Fast-Food Journalismus“ geführt, gemeint ist die Medien-Gier nach dem „täglichen Skandal“. Das Credo der Medien ist nicht mehr Ahnung, sondern Aufmerksamkeit. Um diese zu erregen, werden viele Ereignisse zu Aufregern hochstilisiert, die in Wahrheit gar keine sind. Wenn sich irgendeine Person der Öffentlichkeit über irgendetwas empört, wird diese Empörung gerne aufgegriffen, ohne sorgfältig zu recherchieren, ob diese Empörung auch wirklich begründet ist. Die meisten Aufreger sind sozusagen Eintagsfliegen. Einmal von den Medien aufgeblasen, durchberichtet und dann fallengelassen. Oft erfahren die Menschen nicht mal mehr, wie die Geschichte ausgegangen ist. Evelyn Roll, eine Redakteurin der „Süddeutschen Zeitung“, meint, dass dies eine wirkliche Gefahr für den Journalismus bedeutet. Sie geht außerdem davon aus, dass diese Entwicklung auch eine Gefahr für die Demokratie darstellt, weil die Konsumenten dieser Art von Journalismus verdummen und „mit dummen Menschen kann man keine Demokratie machen“.

Aber natürlich wird auch alles dafür getan, die unterbewusste Manipulationswirkung in den Nachrichten zu verstärken. Ein sichtbarer Beleg ist die ganz bewusste Vermischung von Nachrichten- und Boulevardsendungen, welche hauptsächlich von Privatsendern betrieben wird. Seriöse Nachrichten werden dort gleichzeitig mit den aktuellen Klatsch- und Tratschmeldungen in äußerst seichter Form präsentiert um die Nachrichten *„...unterhaltsamer zu gestalten.“* In Wirklichkeit führt dies aber auch zu immer mehr oberflächlichem Bewusstsein der Konsumenten. Eine zweite Methode sind die immer häufiger werdenden Dokumentationen, die man unter dem Stichwort *„Faszination Kriegstechnologie“* zusammenfassen kann. Vom Kampfjet über den Flugzeugträger bis hin zum Panzer werden dort die ausgeklügelten „Hochtechnologien“ vorgestellt, mit denen man „wesentlich effizienter *agieren* und so den Krieg *humaner gestalten* kann“. Die subtilen Wortkreationen *„agieren“* und *„humaner gestalten“* sollen hier bewusst berichtigt werden, es muss heißen, „wesentlich effizienter *vernichten* und *töten* kann“.

Mit *„unterhaltsamen“* Nachrichten, *„faszinierenden Kriegstechnologiedokumentationen“* und Killerspielen am Computer lässt sich menschliche Anteilnahme an Krisen- und Kriegsgeschehnissen auf der Welt viel leichter unterdrücken, ja sogar eine Begeisterung für das Militär hervorrufen. Dies ist nötig, um möglichst kritiklos weiteragieren zu können, da Krisen- und Kriegsherde meist bewusst provoziert werden, um Macht, Reichtum und Einfluss zu erweitern. Dazu braucht man natürlich Soldaten. Wenn man sich die Geschichte anschaut, wurde von den Regierungen zur Vorbereitung einer Mobilmachung schon immer alles unternommen um möglichst viele junge Männer für das Soldatendasein begeistern zu können. Waren es früher noch die Marktschreier und öffentliche Redner, sind es heutzutage die Medien, die diese Art von Propaganda mit sehr effizienten, gehirngerecht aufbereiteten, Methoden übernehmen. Wenn man sich die Lage auf der Welt genauer betrachtet, stellt man fest, dass sich die Zahl der Krisenherde deutlich vermehrt. Zwar gibt es kein zentrales Kriegsereignis mehr, auf das die Aufmerksamkeit der gesamten Weltöffentlichkeit gerichtet ist, jedoch bewirkt die Aufspaltung auf viele kleinere Herde, dass das öffentliche Interesse wesentlich geringer ist. So kommt es, dass es kaum jemandem auffällt, dass alle an Kriseneinsätzen beteiligten Nationen über die Medien eine Mobilmachung betreiben.

Jeder junge Mensch sollte sich deswegen die Geschichte genau anschauen, denn es spielte sich immer wieder das gleiche Drama ab. Fasziniert von den „*technischen Möglichkeiten*", der gut organisierten „*großen Gemeinschaft Armee*" und von der patriotischen Idee „*das Vaterland zu verteidigen*" zog man in das „*große Abenteuer*" Krieg und kehrte, wenn überhaupt, schwer traumatisiert und meist verkrüppelt zurück. Wer es nicht glaubt, der sollte die Veteranen der letzten beiden Golfkriege befragen.

Leider funktioniert diese Form der Propaganda immer wieder aufs Neue, bis heute, obwohl sie in sich schon widersprüchlich ist. Allein der patriotische Ansatz „*das Vaterland verteidigen*" ist aberwitzig. Da die Verteidigungsparole an alle kriegführenden Parteien ausgegeben wird, dürfte es in logischer Konsequenz keinen Angreifer geben. Einer aber beginnt immer den Krieg. Dieser Widerspruch alleine sollte den jungen Menschen Anlass genug sein, nicht mitzumachen, ganz nach dem Motto: „Stell Dir vor es ist Krieg und keiner geht hin".

***Noch mal**, hinter einem Krieg verbirgt sich nie eine „Verteidigungsabsicht" oder sonst irgendein patriotischer Unsinn. Ein Krieg dient immer einem anderen Zweck.*

Ein Krieg sichert den Drahtziehern grundsätzlich hohe Profite. Kriegsteilnehmer müssen sich bei den Banken gegen Auflagen verschulden, um Kriegskosten decken zu können. Steuergeld wird in sehr teure Rüstung und Waffen investiert. Das Geld fließt in die, von den Insidern kontrollierten, Rüstungskonzerne, die ihre Preise fast beliebig bestimmen können. Es muss nicht unbedingt ein echter Krieg sein, also ein militärischer

Streit, bei dem es auch einen Gewinner gibt. Es reicht oft, wenn zunächst künstlich, aber diskret Unruhen und Krisen provoziert werden, die dann nur *„zum Wohle aller"* mit Hilfe von *„Friedenstiftern"* militärisch gelöst werden. Man kann also Krieg führen ohne dass die Bevölkerung wirklich weiß, was weit entfernt vor Ort passiert.

Das Ganze lässt sich oft sehr lange hinauszögern. So erklärt sich beispielsweise auch der Folterskandal 2004 im Irakkrieg. Denn man muss sich als klar denkender Mensch doch die Frage stellen, wie jemand so dumm sein kann, eine solch grausame Folterung, die nicht umsonst hinter verschlossenen Türen stattfindet, zu fotografieren um sie quasi für die Nachwelt festzuhalten. Selbst ein dummer Mensch müsste wissen, dass wenn diese Fotos an die Öffentlichkeit dringen, er sein weiteres Dasein hinter Gittern verbringen wird. Dass der Befehl zur Folterung nicht von weiter oben kam ist absolut unglaubwürdig, insbesondere wenn man sich vor Augen hält, was mit den publizierten Fotos erreicht wurde.

- Die arabische Welt (die ja auch CNN empfängt) war durch die Bilder gegen die Besatzer aufgehetzt, d.h. es kam zu schärferem Widerstand, weniger Kapitulationen, mehr arabischer Wut und stärkerer Solidarität, insgesamt also noch mehr Opfer und Chaos.

Der Konflikt wurde damit also ausgeweitet. Weitere Militäraktionen der USA wurden nötig, der Krieg dadurch teurer und der Gewinn noch größer.

Kommen wir zur Operation Wüstensturm 1991. Die militärische Bedeutung von Computern, Datennetzen und neuen Medien wird am Golf drastisch vor Augen geführt. Dass der Golfkrieg auf Seiten der USA ein computerisierter High-Tech Krieg war, gehört zu den Gemeinplätzen der öffentlichen Diskussion. Propaganda und Zensur waren an der Tagesordnung. Die Selbstbeschränkung und Selbstzensur der Medien funktionierte nicht mehr wie früher. Und zwar nicht wegen eines neu entdeckten Berufsethos, sondern wegen der Konkurrenz um Einschaltquoten. Nicht die Wahrheit war zum hauptsächlichen Ziel geworden, sondern sensationelle Bilder, die den kriegführenden Regierungen nicht immer ins Konzept passten, so dass zur direkten Zensur gegriffen werden musste, zu einer Zeit, wo Begriffe wie „Informationsgesellschaft" und „Mediendemokratie“ häufig benutzt wurden, um unser neues Zeitalter zu kennzeichnen. CNN-Reporter Peter Arnett, der zum Teil als einziger Journalist aus Bagdad berichtete, bezeichnete die Berichterstattung der „Operation Wüstensturm“ als die *größte Zensur* in unserer zeitgenössischen Gesellschaft.

Vor dem ersten Angriff auf Bagdad erließ das Pentagon Zensur-Richtlinien für die Berichterstattung. Berichte über die Bereitstellung von 45.000 Leichensäcken (cadaver bags) während der Kriegsvorbereitung sollten unterlassen werden. Nach dem Beginn des Bombeneinsatzes wurden Berichte darüber unterdrückt, dass vielen US-Piloten vor dem Bombereinsatz Pornofilme gezeigt wurden. Journalisten durften nur in Begleitung von Militärzensoren ins Kriegsgebiet fahren. Es wurde stets nur einer kleinen Gruppe von Reportern erlaubt, das Kriegsgeschehen unmittelbar zu beobachten. Vor Ort blieben sie ständig unter Militäraufsicht und bekamen gezeigt, was sie filmen durften. Die Berichte mussten auch den übrigen Reportern zur Verfügung gestellt werden. Kein Wunder, dass die Berichte der verschiedenen Sendeanstalten dann alle gleiches Bildmaterial verwendeten. Das nennt sich „Pool-Berichterstattung“ und ist faktische „Gleichschaltung“.

Der Vietnamkrieg damals sei an der „Heimatfront“ verloren worden, weil die Öffentlichkeit zu viel grausame Kriegsbilder gesehen habe. In diesem Sinne begreift die US-Regierung vor allem das Fernsehen als „Kriegswaffe“ an der Heimatfront. Das Prinzip ist, keine Toten und keine Verwundeten zu zeigen und keine Unzufriedenheitsstatements der Soldaten, stattdessen einen romantischen Sonnenuntergang in der Wüste. Die Illusion „*Der saubere Krieg*“ sollte erzeugt werden.

Ein paar Daten, die bis heute noch nicht ganz so bekannt sind. 100.000 Soldaten und 10.000 Zivilisten starben auf irakischer Seite. 343 Alliierte ließen bei der „Operation Wüstensturm“ offiziell ihr Leben. Die Militärführung brüstete sich mit der niedrigen Gefallenenzahl. Dies wurde als Bestätigung angesehen, wie „human“ ein Krieg mittels High-Tech Waffensystemen geführt werden könne. Eine bessere Rechtfertigung für die Erweiterung der Produktion dieser Präzisionstötungsmaschinen gibt es nicht.

Im März 1991 war der Golf-Krieg beendet. Zerschlagen wurden die Irakischen Truppen innerhalb kurzer Zeit nicht zuletzt dank einer waffentechnischen Neuentwicklung, nämlich der Verwendung von Munition mit abgereichertem Uran. Dieses Uran verdichtet das Material der Panzergranaten und lässt sie auch durch Panzerplatten dringen, die ihnen normalerweise standhalten würden. Die dabei auftretende Hitze setzt das Uran frei und zersprüht es wie eine Nebelwolke über das ganze Schlachtfeld. Im Februar 1991 wurden insgesamt 375 Tonnen dieser Munition über den Schlachtfeldern des Irak eingesetzt. In den so gelegten radioaktiven Nebelteppich marschierten unmittelbar danach 500.000 alliierte Streitkräfte hinein. Die verglühten Iraker wurden niemals gezählt. Die Sozialversorgung der US Army zählt aber die eigenen Verluste. Im zweiten Golfkrieg waren die damals eingesetzten Soldaten überwiegend um die 20 Jahre alt. Von den Veteranen dieses Krieges sind inzwischen ***104.000*** an den Spätfolgen gestorben. Das sind die bereinigten, inoffiziellen Verlustzahlen der „Operation Wüstensturm".

Obwohl die US-Regierung schon vor Beginn der „Operation Wüstensturm" über die tödlichen Gefahren des Uran 238 informiert war, setzte sie skrupellos auch das Leben der eigenen Männer aufs Spiel. Und nicht nur das: Seit 1991 exportieren die USA DU-Waffen in großer Zahl unter anderem nach Israel, Saudi-Arabien, Südkorea, die Türkei, Thailand, Taiwan und Bahrain.

Noch ein paar Fakten zum 3. Golfkrieg, einer der „ehrenvollen" Anti-Terror Feldzüge im Rahmen von „Enduring Freedom". 3 Billionen Dollar hat dieser Irakkrieg bislang gekostet, so der amerikanische Ökonom und Wirtschafts-Nobelpreisträger Joseph Stiglitz. Das sind über 11-mal mehr als die 270 Milliarden Dollar, die das Congressional Budget Office für den schlimmsten Fall eines drei Monate dauernden, auch mit Bodentruppen geführten Krieges und einer fünfjährigen Besetzung ausgerechnet hatte. Gerade einmal 50 Milliarden sollte es den amerikanischen Steuerzahler kosten, so versuchten das Pentagon und das Weiße Haus durch Lügen und Täuschungen den Krieg ihren Bürgern schmackhaft zu machen. Wenn man realistisch rechnet, werden sich die Kosten bis zu einem kompletten Abzug der amerikanischen Truppen auf 5 Billionen Dollar addieren.

Seit Beginn des Krieges sind die zivilen Opferzahlen bis zum zweiten Quartal 2009 auf etwa 90.000 angewachsen. Die Zahl der getöteten Koalitionssoldaten liegt bei ca. 4.700 nach offiziellen Angaben. In etwa 10 Jahren werden wir die echten Zahlen dazu kennen. 9113 getötete irakische Soldaten und Polizeikräfte. 31.156 verwundete US-amerikanische Soldaten seit Beginn des Krieges. Haben wir diese Fakten in den Nachrichten so exakt zu hören bekommen?

Das alles beweist eindeutig, dass die so hochgehaltene Pressefreiheit nicht existiert. Kritiker werden sagen, dass ein Krieg immer etwas anderes ist, denn dort herrschen gesetzliche Ausnahmezustände. Darauf kann man nur antworten, dass es kein schlimmeres Verbrechen geben kann, als einen grausamen und verwerflichen Krieg als „sauber", oder „human" zu propagieren und ihn somit zu verherrlichen. Gerade in einem Krieg sollte die Pressefreiheit zwingend gelten müssen, um die abscheulichen Geschehnisse unverhüllt zeigen zu können. Nur so können Menschen davon abgeschreckt werden. Umso schlimmer, wenn die Gesetzes- und Medienvertreter mitspielen und die Zensur akzeptieren. Das alles wissen natürlich auch die Kriegsverantwortlichen, weshalb sie alles dafür tun um den Krieg möglichst interessant und spektakulär für die Öffentlichkeit zu gestalten, denn trotz der erfolgreich betriebenen Kriegsverherrlichung in den Medien gehen Menschen auf die Straßen um dagegen zu protestieren. Um die Masse der protestierenden möglichst gering zu halten und um am Krieg zu verdienen, wird zur Zensur und Propaganda gegriffen.

Die Wahrheit stirbt im Krieg zuerst!

Und gerade was für den Krieg gilt, gilt auch für alle anderen, in diesem Buch aufgeführten, Recherchen. Der Grund, warum man in den Medien so wenig über diese Dinge erfährt, liegt ganz klar darin begründet, dass Pressefreiheit ebenfalls eine Illusion ist.

Drei gute Gründe zur Errichtung eines Medienmonopols:

1. Ein Medienmonopol kann Gedanken und Entscheidungen der Masse kontrollieren und sichert somit weitreichende Macht und Kontrolle. Die Etablierung eines Medienmonopols ist langfristig möglich, aus-

reichend Kapital vorausgesetzt. Restriktive Gesetze lassen sich dabei umgehen.

2. Das Medienmonopol sichert Macht, Reichtum und Einfluss, weil es auf die aktuelle Berichterstattung Einfluss nehmen kann. Dazu müssen Vorgaben kritikfrei und gleichgeschaltet umgesetzt werden. Dies ist möglich, weil sich alle aus den gleichen Quellen bedienen und die Informationen bereits in den Nachrichtenagenturen vorsortiert werden. *Meinungsmacher* (Journalisten) können daher nur berichten, was dem Monopol im Endeffekt nützlich ist.

3. Langfristig garantiert das Medienmonopol der Mehrheit der Bevölkerung ein Weltbild, das diese in völliger Anhängigkeit von den Monopolisten hält ohne dass sich diese darüber bewusst sind.

Eine Ausnahme ist bis jetzt das Internet, auf der auch unkonventionelle Gedanken einzelner frei und weltweit zugänglich publiziert werden können. Deshalb ist es wichtig sich dort Informationen zu beschaffen. Immer mehr werden aber kontroverse Websitedomains gekapert oder von Providern und Suchmaschinen blockiert. Die eingeführte Vorratsdatenspeicherung im Jahr 2008 ist ein weiterer Schritt, um nun auch das Internet kontrollieren zu können. Als Vorwand dient wieder einmal die wachsende Gefahr durch Terrorismus. Als ob sich der Terror dadurch verringern würde. Im Gegenteil, durch solch massive Eingriffe in die Privatsphäre der Menschen werden Terrororganisationen eher Zulauf bekommen. Am Beispiel der Prohibition konnte man sehen, dass sich das Problem durch das Verbot erst verschlimmert hat. In Wahrheit trachtet man nur danach, sämtliches Material, das sich kritisch mit unserer Gesellschaft und unserer Entwicklung auseinandersetzt, aus dem Internet entfernen zu können. Des Weiteren kreiert man so einen weiteren Vorwand um den Terror weiterhin bekämpfen und noch mehr Kontrolle installieren zu können. Es ist im Grunde ein sehr einfaches politisches Spiel, das schon seit Jahrtausenden funktioniert.

Je mehr Kontrolle man ausübt, desto mehr Widerstand wird erzeugt. Die durch die Ausweitung der Kontrolle entstandenen Provokationen, führen zu Auseinandersetzungen und letztendlich zu den erwünschten kriegerischen Konflikten.

Am Auffälligsten ist das relative Schweigen der Medien dazu. Außer die pflichtgemäßen Meldungen in den Nachrichten hört und sieht man sonst kaum etwas. Wenn man vergleicht, wie andere, wesentlich unsensiblere, Themen derart aufgebauscht werden und dadurch täglich präsent sind, kann man das offensichtliche Stillhalten der Medien nur auf eine Art interpretieren. Die Massenmedien werden gesteuert und beeinflusst.

Um hier kein verzerrtes Bild zu erzeugen, sei der Fairness halber erwähnt, dass es natürlich auch positive Entwicklungen in der Medienwelt gibt. Sowohl in den Printmedien - sonst könnten kritische Bücher wie dieses nicht erscheinen - als auch in den elektronischen Medien. Wir können es im Internet beobachten, durch das Auftauchen von so genannten Whistleblowing-Websiten wie Wiki- oder Openleaks, welche durch das Veröffentlichen von Dokumenten im Internet große Missstände an die Öffentlichkeit bringen. Im Journalismus gewinnt immer mehr der Begriff des „investigativen Journalismus“ an Bedeutung, der eine Form der Veröffentlichung bezeichnet, der eine langwierige, genaue und umfassende Recherche voraus geht. Themen sind meistens skandalös empfundene Verhältnisse aus Politik oder Wirtschaft. Sogar selbstkritischen Journalismus können wir beobachten. Seit 2002 gibt es im norddeutschen Fernsehen ein so genanntes Medienmagazin, namens Zapp, das kritisch hinter die Kulissen der Medienwelt blickt und die aktuelle Medienberichterstattung entsprechend hinterfragt. Das Medienmagazin berichtet über die Überschreitung ethischer Grenzen in der Berichterstattung, um Quoten oder Auflagen zu steigern. Es deckt Missstände, Korruption und Ungereimtheiten in der Medienwelt auf. Immer wieder Thema ist die mangelnde Recherche in der Berichterstattung. Informationen werden nicht mehr eigenständig recherchiert, sondern einfach abgeschrieben, der Wahrheitsgehalt oft nicht überprüft. Es wird inszeniert, um Bilder wirkungskräftiger oder schockierender erscheinen zu lassen. Die Vermischung von Journalismus und PR prägt das Bild des Journalismus negativ - es fehlt die kritische Distanz.

Der integere und ehrlich gemeinte Journalismus ist also zum Glück nicht ausgestorben. Aber die Journalisten, die sich nicht verbiegen lassen, haben einen sehr schweren Stand gegenüber dem lauthals schreienden „Boulevardjournalismus“ und der Macht des Finanzkapitals, das steuernd über die Medien den Ausbau der Macht betreibt.

c) Wer steckt dahinter?

Viele haben sich sicher schon einmal gefragt, warum die Nachrichten auf allen TV Kanälen bzw. die Schlagzeilen in den überregionalen Tageszeitungen fast immer inhaltlich identisch sind, obwohl doch sicher weltweit mehr passiert sein muss als die wenigen Ereignisse, die von allen Medien oft sogar noch in derselben Reihenfolge präsentiert werden, obwohl die TV-Sender und Zeitungen doch angeblich in Konkurrenz stehen.

Ein Nachweis über die Kontrolle der Medien kann demnach nicht nur über die Verteilung der Aktien und Beteiligungen erbracht werden, sondern zeigt sich vor allem auch dadurch, was in welcher Form veröffentlicht wird.

Wer wählt aus den zahlreichen weltweiten Ereignissen aus, was dem Publikum wie präsentiert wird? Oder besser: Was wird selektiert und was nicht? Alles kann nicht veröffentlicht werden, da Sendezeit im Fernsehen und Papier der Zeitung begrenzt sind. Irgendjemand muss hier eine Auswahl treffen. Wer entscheidet, welche Informationen das Publikum erhält, die letztendlich die Gedanken, Meinungen und Konsumentscheidungen entscheidend beeinflussen?

Ist eine kleine Interessengruppe in der Medienwelt genauso überproportional vertreten wie in der Finanzwelt? - Sind beide Interessengruppen identisch?

Will ein Journalist über nationale oder internationale Ereignisse berichten, muss er den Informationen der großen Nachrichten- und Presseagenturen, derer es nicht viele gibt, vertrauen. Die drei größten sind: Reuters, Associated Press AP und New York Times News Service (NYT). Wirklich nachprüfen kann er die Informationen nicht. Auch für unabhängig agierende Zeitungen und Verlage ist der überregionale Inhalt von den wenigen nationalen und internationalen Presse- und Nachrichtenagenturen vorgegeben. Die Kürzel der großen Nachrichtenagenturen (Reuters, AP oder NYT etc.) finden sich am Schluss der allermeisten überregionalen Artikel als Quellenangabe. Es besteht also ein Abhängigkeitsverhältnis fast aller berichterstattenden Medien, ganz gleich wie das einzelne Medium einzustufen ist, zu den Informationen der Nachrichtenagenturen. Auch hier kristallisiert sich eine pyramidale Struktur heraus. Oben an der Spitze hängt der Topf, aus dem heraus sich unten alle mit Informationen versorgen.

Man muss nicht zwangsläufig alle Medien besitzen um sie zu kontrollieren.

Manche werden anmerken, dass die vielen Auslandskorrespondenten sehr wohl vor Ort sind und vom tatsächlichen Geschehen berichten. Das ist richtig, sie berichten lediglich, aber sie recherchieren kaum. Meist informieren sie sich ebenfalls bei den Nachrichtenagenturen, setzen sich dann in ein Fernsehstudio und berichten dann per Live-Schaltung in die Heimat. Bei Kapitalverbrechen, Krisenherden und Naturkatastrophen fahren Sie dann an den Ort des Geschehens und berichten von dort, was gerade geschieht oder geschehen ist. Es ist eine aktuelle Berichterstattung, aber keine Hintergrundrecherche. Die Informationen kommen fast ausschließlich von den Agenturen. Eine Recherche ist ja auch nicht einfach und zeitintensiv. Nur einige wenige Fernsehmagazine prangern heute noch etwaige Missstände, anhand von gehaltvollen Recherchen, an. Diese gehören meist zu den öffentlich-rechtlichen Sendern, da man dort wesentlich stärker an die öffentlich-rechtlichen Vorgaben gebunden ist. Aber auch die Macher dieser Magazine, welche die Pressefreiheit zum Teil noch genießen können, mussten 2005 in Deutschland Kürzungen der Ihnen zugewiesenen Sendezeit hinnehmen. Hinzu kommt, dass viele dieser kritischen Beiträge, aufgrund der großen Vielzahl von Fernsehsendern, wesentlich weniger Menschen erreichen und so in der Wahrnehmung der Öffentlichkeit meist untergehen. Es konzentriert sich also alles immer stärker auf die Nachrichtenagenturen.

Wer die Agenturen kontrollieren will, muss sich Einfluss durch Stimmenmehrheit auf die internationalen Nachrichten- und Presseagenturen und Medienhäuser sichern. Das ist einfach und diskret mit Hilfe von *Treuhändern* und zwischengeschalteten Firmen möglich und setzt ausreichend Kapital voraus. Das Monopol lässt sich verschleiern, indem nicht eine Firma etabliert wird, die alles kontrolliert oder aufkauft, sondern mehrere Firmen in verschiedenen Nationen, die scheinbar in Konkurrenz zueinander stehen. Tatsächlich werden aber alle von einer Interessengruppe über diskrete Treuhänder und Tochterunternehmen neutral kontrolliert. Alles andere ist nur ein Strategiespiel, das im Prinzip auch jeder Gebrauchtwagenhändler und Kneipenbesitzer beherrscht, der sein Vermögen auf seine Frau überträgt und so offiziell nicht mehr „Eigentümer“, also nicht mehr haftbar, ist. Nichts Neues und überhaupt nicht kompliziert! Die offiziellen, finanziellen Beteiligungen an Medienkonzernen und Aktienmehrheiten sind daher nicht besonders aussagekräftig. Diese lassen sich schließlich strukturieren oder auf verschiedene *Treuhänder* verteilen, um so eine Mehrheit zu verschleiern. Wer anonym bleiben möchte, kauft sich beispielsweise eine oder mehrere kleine Banken oder Investmentfirmen, um diese dann über neutrale Dritte die Beteiligung an dem Medienriesen halten zu lassen, und so als Drahtzieher nicht in Erscheinung zu treten. Jede Interessengruppe, die anonym bleiben möchte, bedient sich der *Treuhänder* um eigene Monopolinteressen zu verdecken und Risiken auszuschließen.

Als offizielle Hauptaktionäre finden sich schwer durchschaubare, international orientierte Großunternehmen, einige Familien, Banken, Stiftungen, Investmentfonds, Spekulanten, Auslandsfirmen etc. Hin und wieder kommt es auch zu Übernahmekämpfen und Streitereien, die aber immer auf Aktienpakete begrenzt sind und niemals inhaltliche Fragen berühren. Die Tendenz ist eindeutig: Immer mehr Medienbeteiligungen werden auf immer weniger Medienhäuser konzentriert. Grundsätzlich kann man sagen, dass sowohl in der Finanzwelt als auch bei den Medienkonzernen immer wieder dieselben Namen auftauchen, eine gründliche Recherche vorausgesetzt.

Kritiker am System werden gerne den gesellschaftlichen Randgruppen zugeordnet. Da sich niemand mit diesen identifizieren will, verstummt die Kritik. Beispielsweise wurden in der Vergangenheit die Menschen, welche als erste behaupteten, dass die Erde keine Scheibe sondern eine Kugel ist, als Ketzer verschrien. An dieser Methode hat sich bis heute nicht viel geändert. Je nachdem, welche Namen aufgrund einer Recherche genannt werden, wird dem Autor automatisch die passende Randgruppe zugeordnet. Alle Werke, die einer Randgruppe zugeordnet sind, kann man leicht wieder vom Markt nehmen, zumindest dürfte sich kaum ein Leser mehr dafür interessieren. So genannte „Experten“ heben die Medienvorgaben auf ein unantastbares Plateau. Sachliche Kritik ist dann kaum mehr möglich, ohne als *unfair, extremistisch, terroristisch, rassis-*

tisch, politisch inkorrekt, charakterschwach, antisemitisch, paranoid, geisteskrank, verräterisch oder *verkappt esoterisch* dargestellt zu werden. Das individuelle Wertesystem wird ausgeschaltet. Eine eigenständige Meinung zu vertreten kann gefährlich sein und führt meistens zur Isolation. Aus diesem Grund werden in diesem Buch auch keine Namen genannt, um eine Veröffentlichung zu gewährleisten und das Werk vor Randgruppenzuordnung weitestgehend zu bewahren.

Die Namen etwaiger Drahtzieher spielen auch überhaupt keine Rolle. Unwichtig ist auch, welcher Gruppierung sie angehören. Beeinflusst von den Medien machen wir sowieso den Fehler alles zu pauschalisieren, das heißt die ganze Gruppe oder Vereinigung in ein bestimmtes Geschehen mit einzubeziehen. Wichtig ist im Endeffekt nur eines: Dies alles geschieht wirklich, es ist Realität und das Volk, welches die größte Macht besitzt, wenn es richtig informiert ist, sollte sich dagegen verwehren. Nur wie? Noch weiter im Nebel dieser ganzen mysteriösen Vereinigungen, Großunternehmen, Banken, Stiftungen, Investmentfonds und Treuhandfirmen zu stochern um die Schuldigen zu finden und verurteilen zu können, dürfte wenigstens ein Jahrtausend in Anspruch nehmen und wäre deshalb kaum von Erfolg gekrönt.

Es gibt einen anderen, wesentlich intelligenteren, Weg, der die Bestrafung etwaiger Schuldiger überflüssig macht und auch ansonsten so ziemlich alle Probleme der Moderne lösen würde. Natürlich hört man über diesen Lösungsweg nichts in den Medien und auch anderweitig, würden sämtliche Wirtschaftsexperten dieser Welt die Lächerlichkeit dieser Methode propagieren. Aber wie der Name schon sagt, es sind Wirtschaftsexperten, das heißt sie kennen sich lediglich mit kapitalgesteuerter Wirtschaft aus und sind aufgrund ihres Berufes auch selbst von einem Weiterbestehen der Kapitalwirtschaft abhängig. Man muss immer danach fragen, von wem jemand bezahlt wird oder wer von was profitiert, das beantwortet die meisten Fragen automatisch und lässt die Statements der meisten „Experten" in einem anderen Licht erscheinen.

Wer sich wirklich einmal von der Gedankenmanipulation durch die Medien lösen kann und einen intensiven Augenblick lang über all diese unsäglichen Gegenwartsprobleme nachdenkt, der kann zwangsläufig nur auf eine einzige, wirklich intelligente, Alternative zur Lösung unserer Probleme kommen.

Da das Geld *(Und über diesen Punkt herrscht auf der Welt weitgehend Einigkeit)* ***die Wurzel allen Übels ist, sollten wir es endlich abschaffen!***

Kapitel 13: Schöne Welt - ohne Geld

Albert Einstein verfasste im Jahr 1949 einen Text für die erste Ausgabe der amerikanischen Zeitschrift Monthly Review. Hier ein Auszug davon:

„Privates Kapital tendiert dazu, in wenigen Händen konzentriert zu werden - teils aufgrund der Konkurrenz zwischen den Kapitalisten und teils, weil die technologische Entwicklung und die wachsende Arbeitsteilung die Entstehung von größeren Einheiten auf Kosten der kleineren vorantreiben. Das Ergebnis dieser Entwicklungen ist eine Oligarchie von privatem Kapital, dessen enorme Kraft nicht einmal von einer demokratisch organisierten politischen Gesellschaft überprüft werden kann. Dies ist so, da die Mitglieder der gesetzgebenden Organe von politischen Parteien ausgewählt sind, die im Wesentlichen von Privatkapitalisten finanziert oder anderweitig beeinflusst werden und in der Praxis die Wähler von der Legislative trennen. Die Folge ist, dass die „Volksvertreter" die Interessen der unterprivilegierten Schicht der Bevölkerung nicht ausreichend schützen. Außerdem kontrollieren unter den vorhandenen Bedingungen die Privatkapitalisten zwangsläufig direkt oder indirekt die Hauptinformationsquellen (Presse, Radio, Bildung). Es ist deshalb äußerst schwierig und für den einzelnen Bürger in den meisten Fällen fast unmöglich, objektive Schlüsse zu ziehen und in intelligenter Weise Gebrauch von seinen politischen Rechten zu machen.

Die Situation in einem Wirtschaftssystem, das auf dem Privateigentum an Kapital basiert, wird durch zwei Hauptprinzipien charakterisiert: erstens sind die Produktionsmittel (das Kapital) in privatem Besitz, und die Eigentümer verfügen darüber, wie es ihnen passt; zweitens ist der Arbeitsvertrag offen. Natürlich gibt es keine rein kapitalistische Gesellschaft. Vor allem sollte beachtet werden, dass es den Arbeitern durch lange und bittere politische Kämpfe gelungen ist, bestimmten Kategorien von Arbeitern eine ein wenig verbesserte Form des „nichtorganisierten Arbeitervertrags" zu sichern. Aber als Ganzes genommen unterscheidet sich die heutige Wirtschaft nicht sehr von einem „reinen" Kapitalismus.

Die Produktion ist für den Profit da - nicht für den Bedarf. Es gibt keine Vorsorge dafür, dass all jene, die fähig und bereit sind zu arbeiten, immer Arbeit finden können. Es gibt fast immer ein „Heer von Arbeitslo-

sen". Der Arbeiter lebt dauernd in der Angst, seinen Job zu verlieren. Da arbeitslose und schlecht bezahlte Arbeiter keinen profitablen Markt darstellen, ist die Warenproduktion beschränkt und große Not ist die Folge. Technologischer Fortschritt führt häufig zu mehr Arbeitslosigkeit statt zu einer Milderung der Last der Arbeit für alle. Das Gewinnmotiv ist in Verbindung mit der Konkurrenz zwischen den Kapitalisten für Instabilität in der Akkumulation und Verwendung des Kapitals verantwortlich und dies bedeutet zunehmende Depressionen. Unbegrenzte Konkurrenz führt zu einer riesigen Verschwendung von Arbeit und zu dieser Lähmung des sozialen Bewusstseins von Individuen, die ich zuvor erwähnt habe.

Diese Lähmung der Einzelnen halte ich für das größte Übel des Kapitalismus. Unser ganzes Bildungssystem leidet darunter. Dem Studenten wird ein übertriebenes Konkurrenzstreben eingetrichtert und er wird dazu ausgebildet, raffgierigen Erfolg als Vorbereitung für seine zukünftige Karriere anzusehen.

Ich bin davon überzeugt, dass es nur einen Weg gibt, dieses Übel loszuwerden, nämlich den, ein sozialistisches Wirtschaftssystem zu etablieren, begleitet von einem Bildungssystem, das sich an sozialen Zielsetzungen orientiert. In solch einer Wirtschaft gehören die Produktionsmittel der Gesellschaft selbst und ihr Gebrauch wird geplant. Eine Planwirtschaft, welche die Produktion auf den Bedarf der Gemeinschaft einstellt, würde die durchzuführende Arbeit unter all denjenigen verteilen, die in der Lage sind zu arbeiten, und sie würde jedem Mann, jeder Frau und jedem Kind einen Lebensunterhalt garantieren. Die Bildung hätte zum Ziel, dass die Individuen zusätzlich zur Förderung ihrer eigenen angeborenen Fähigkeiten einen Verantwortungssinn für die Mitmenschen entwickeln anstelle der Verherrlichung von Macht und Erfolg in unserer gegenwärtigen Gesellschaft".

Kritiker werden anmerken, dass hier sozialistische und kommunistische Gedankenansätze verbreitet werden und beides in der menschlichen Historie nicht funktioniert hat. Nun, Sozialismus und Kommunismus sind in ihrer Grundphilosophie so schlecht nicht, darüber sind sich weltweit alle einig. Sieht man genauer hin, so haben Sozialismus, Kommunismus und Demokratie sogar dieselben Grundwerte, nämlich Gleichheit, Freiheit,

Gerechtigkeit und Solidarität. Bei Sozialismus existiert zudem eine so genannte Definitionsproblematik. Schon in den zwanziger Jahren ließ der Soziologe Werner Sombart in einem Seminar alle damals bekannten Definitionen von Sozialismus ausarbeiten und kam auf die Zahl von 260. Was unter Sozialismus zu verstehen ist, ist also generell und prinzipiell umstritten. Eine allgemein anerkannte, wissenschaftlich gültige und zuverlässige Definition existiert nicht. Seit 130 Jahren zeichnet sich der Wortgebrauch durch eine große und teilweise unklare Bedeutungsfülle aus und unterliegt einem ständigen, tiefgreifenden Bedeutungswandel.

Das macht es einflussreichen Persönlichkeiten bis heute leicht, den Begriff auf eigene Interessen hin auszulegen. So sind die Grundwerte in der Historie von Religionen, Regierungen, und anderen mächtigen Institutionen für eigene egoistische Zielsetzungen missbraucht und entsprechend anders ausgelegt worden. Mit den ursprünglichen Grundwerten hatte das nachweislich kaum etwas zu tun. Das Volk wurde mit populären Parolen geködert und dadurch für die Wahlen gewonnen. Kaum war die Macht gesichert, wurde sie rigoros ausgenutzt und das Volk musste einen hohen Preis bezahlen. Bei anderen Ideologien verhielt es sich ähnlich. Der Autor G. Edward Griffin geht in seinem Buch „Die Kreatur von Jekyll Island“ beispielsweise davon aus, dass der IWF und die Weltbank als Instrumente zur Schaffung eines Weltsozialismus geschaffen wurden. Das ist natürlich äußerst gefährlich, versteckt sich doch in Wahrheit nichts anderes als eine diktatorische Erscheinung in Form einer angestrebten Weltregierung dahinter. Mit der Grundphilosophie hat das definitiv nichts zu tun. Bei Kommunismus ist es dasselbe. Kommunismus wurde und wird als Staatsdiktatur gelebt. Im Endeffekt war es immer das genaue Gegenteil der eigentlichen Grundphilosophie.

Politische Ideologien, gleich welcher Art, sind schon immer von Machthabern benutzt worden um eigenen Reichtum und Einfluss zu steigern. Die bloße Existenz des Geldes und die damit verbundenen Möglichkeiten Macht zu erlangen, lassen den Menschen bis heute freiheitliche, gerechte und solidarische Grundwerte aus den Augen verlieren. Solche Philosophien werden - wenn überhaupt - nur als Mittel zum Zweck genutzt. Gescheitert sind Sozialismus und Kommunismus also aufgrund der Existenz des Kapitals, dem Auslöser des unnatürlichen Egoismus.

Ungesunder Egoismus und Solidarität schließen sich rein von der Logik her schon aus.

Wäre dem auch so, wenn das Geld nicht mehr existiert?

Selbstverständlich verfolgt auch die Demokratie in ihren Grundgedanken richtige, freiheitliche, humane und solidarische Ansätze. Eine Vermischung all dieser politischen Weltanschauungen wäre mit hoher Wahrscheinlichkeit eine intelligente Lösung.

Eine geldlose Gesellschaft könnte sowohl die Möglichkeit von Privateigentum und freien Wahlen als auch die Gleichstellung und Solidarität aller Menschen gewährleisten, ohne dass dies einen Widerspruch darstellt.

Begriffe wie „Demokratischer Sozialismus“ oder „Sozialdemokratie“ kann man durchaus schon als Versuche auffassen, politische Zielvorstellungen miteinander zu verknüpfen. Jedoch scheitern diese ganz genauso am Kapitalismus. Jede Ausrichtung, auch die Demokratie, wird nur schwer oder gar nicht funktionieren, solange Geld existiert. Sich die Sahnestücke einer jeden Weltanschauung herauszupicken und sie miteinander zu vereinen, wird nur in einer ***Welt ohne Geld*** möglich sein.

*Nur dann könnten wir in Zukunft eventuell von einer „**Sozialkommunikratie**“ sprechen.*

Ganz unmissverständlich sei klargestellt, dass es in diesem Buch nicht um die Verbreitung eines bestimmten politischen Gedankenguts geht, sondern um die Philosophie und das Verständnis einer ganzheitlichen Betrachtungsweise in allen Themenbereichen. Die Spezialisierung hat die Menschen in vielen Dingen zu eingeengten und oberflächlichen Sichtweisen verleitet. Damit begrenzen wir selbst unsere Fähigkeiten. Spezialisierung an sich ist unumgänglich, weil ein Mensch nicht alles alleine schultern kann. Jedoch geht es darum, das Bewusstsein wieder zu stärken, dass jeder ein Teil des ganzen Systems ist und alles nur Sinn macht, wenn das, was vorher getrennt worden ist, am Ende wieder zu einer Einheit zusammengefügt wird. Der Kosmos ist als Ganzes betrachtet ein funktionierender und harmonierender Organismus. Nur wenn wir möglichst alle Aspekte wertfrei in unsere Betrachtungen mit einbeziehen, werden intelligente Lösungen möglich sein. Bezogen auf politische Philosophien bedeutet das, dass keine dieser Wertvorstellungen für sich in Anspruch nehmen kann, die einzig richtige zu sein. Die positiven Bestandteile aus den Weltanschauungen miteinander zu verknüpfen, sie in einen Kontext zu bringen und neue Ideen und Innovationen mit einfließen zu lassen, muss daher die logische Konsequenz sein.

Anstatt weiter einen ewigen Diskurs über die Richtigkeit und Funktionalität der jeweiligen politischen Gesinnungen zu führen, könnte die Einsicht, dass es überall gute und richtige Ansätze gibt, dazu führen, dass sich die Anhänger und Verfechter verschiedenster politischer Bewegungen gegenseitig befruchten. Eine funktionierende Welt ohne Geld würde solch einen Prozess stark begünstigen.

Dieses Kapitel wird von Wirtschaftsvertretern und Teilen der Massenmedien trotzdem zerrissen oder einfach ignoriert werden. Die typischen Argumente werden sein:

- Wirtschaftlicher Abschwung wäre die Folge
- Geld sei als Zwischentauschmittel für Transaktionen unentbehrlich. Fortschritt und positive Wirtschaftsentwicklung könnten nur durch Konkurrenz angekurbelt werden. Eine wirtschaftliche Konkurrenzsituation aber entstehe nur durch finanzielle Anreize und Erfolgsaussichten.
- Rückführung in die Steinzeit zum Tauschhandel
- Hat in der Historie nie funktioniert
- Scheitert am übertriebenen menschlichen Egoismus

Hier soll versucht werden ein Argument nach dem anderen zu widerlegen und gleichzeitig beschrieben werden, wie eine Überführung vom Kapitalismus in eine geldlose Wirtschaft bewerkstelligt werden könnte. Es handelt sich dabei lediglich um ein Denkmodell, welches aufzeigen soll, dass es durchaus Alternativen zum Kapitalismus gibt und diese keineswegs utopisch sind. Im Gegenteil, die Umsetzung eines solchen Modells wäre sogar relativ einfach (*Die Wahrheit liegt auf der anderen Seite*). Es hängt lediglich von unserem Willen und von unserer Intelligenz ab, welchen Weg wir einschlagen.

Dieses Denkmodell stellt ein funktionierendes und intelligentes Grundgerüst (Prinzip) vor, dass man nach über 6000 Jahren als längst überfällige Weiterentwicklung der „Ära Geld" verstehen sollte. Es ist keine endgültige Lösung und mit Sicherheit auch nicht die einzige Alternative. Jeder begabte Logistiker ist deshalb eingeladen dieses Denkmodell aufzugreifen, es zu verfeinern und weiterzuentwickeln, oder auch andere Alternativen aufzuzeigen. Und egal was dabei rauskommt, wir werden erstaunt sein, wie human, wie intelligent und wie einfach es ist.

Argument 1: „Schöne Welt - ohne Geld. Das wäre schön, aber durch den ungesunden Egoismus des Menschen wird das nicht möglich sein." Weil dies das häufigste Gegenargument ist, soll es als erstes entkräftet werden.

Auch wenn bei der Mehrheit der Menschen Skepsis über die Durchsetzbarkeit dieser intelligenten Alternative vorherrscht, muss deshalb nicht die Idee falsch sein. Jeder kann sich im Winter vor einen Obstbaum stellen und feststellen, dass dort keine Früchte wachsen. Also ist lediglich die Zeit für Veränderungen noch nicht reif. Aber der Zeitpunkt rückt näher und von daher können diese Gedanken die Welt verändern.

Erinnern wir uns (*Kapitel 1: Erste Zweifel*): „Wenn alles aus Energie ist, dann sind Gedanken ebenfalls nichts anderes als Energie."

Dabei gilt der Energieerhaltungssatz: „Die Gesamtenergie eines abgeschlossenen Systems ist konstant", einfacher gesagt: Energie geht niemals verloren. Sie kann lediglich umgewandelt werden. Oftmals wird irrtümlich die Umwandlung von Energieformen mit dem Verlust von Energie identifiziert. Man spricht in diesem Zusammenhang irrtümlich von Energieverbrauch, Energieverschwendung oder Energieverlust. Jene Begriffe sind im physikalischen Sinn aber falsch, da auch bei einer umweltschädigenden Technologie wie sie beispielsweise in Verbrennungsmotoren von Kraftfahrzeugen zum Einsatz kommt, keine Energie verbraucht beziehungsweise vernichtet, sondern lediglich chemische Energie in kinetische Energie und thermische Energie umgewandelt wird. Energie kann nicht aus dem Nichts entstehen und auch nicht in dieses verschwinden. Das trifft natürlich auch auf ein für imaginär gehaltenes Phänomen wie Gedanken zu.

Gedanken können also nicht verloren gehen, weil sie reine Energie sind.

Auch wenn sie nicht greifbar sind, messbar sind sie mittlerweile schon. Gehirnforscher halten sie in Zukunft sogar für lesbar. Vorerst noch sehr begrenzt, um beispielsweise einen PC, oder als behinderter Mensch, seine Prothese mit reiner Gedankenkraft steuern zu können. „Das Erstaunliche ist: Schon bevor eine Person sich bewusst zu einer Bewegung entschieden hat, kann man aus der Hirnaktivität herauslesen, wie sie sich gleich entscheiden wird", sagt John-Dylan Haynes vom Berliner Bernstein Center for Computational Neuroscience.

Solche Forschungen können nur aufgrund der im Gehirn produzierten Energieleistungen, welche bei komplexen Rechenvorgängen bis zu ***100 Watt*** betragen, stattfinden. Wäre keine Energie vorhanden, könnten die Gehirnaktivitäten auch nicht gemessen werden. Und was löst die Gehirnaktivitäten aus? - Die Gedanken. Also müssen sie aus Energie bestehen und die bleibt immer erhalten. Diese Energie kann verstärkt werden indem ein Gedanke von möglichst vielen Menschen gedacht wird. Ganz einfach: Zwei Menschen haben doppelt so viel Gehirnaktivität wie einer und produzieren damit doppelt so viel Gedankenenergie. Vier Menschen haben viermal so viel Energie usw.

Jeder Gedanke hat den Drang sich zu verwirklichen. Je öfter dieser Gedanke gedacht wird, desto stärker wird seine Kraft sich durchzusetzen.

Spätestens hier sollte einem bewusst werden, welch überaus großes Potenzial in der Gedankenkraft steckt und dass man aufhören sollte, dieses ständig zu unterschätzen. Machen wir uns deshalb ein paar andere, berichtigende Gedanken zum Thema Egoismus und die Durchsetzbarkeit einer intelligenten geldlosen Alternative.

Müssen am menschlichen Egoismus, an der Gier nach Macht und Reichtum, alle Versuche unsere Welt gerecht und solidarisch zu gestalten zwangsläufig scheitern? Sind nicht alle Versuche in der Geschichte, die dies zum Ziel hatten, vor allem deswegen misslungen? Auf den ersten Blick sieht es so aus. Aber eben auch nur auf den ersten. Schon bei der Prüfung unseres Alltags kommen Zweifel. Bestimmt ausschließlich

Egoismus unser Handeln? Dann gäbe es keine guten Nachbarschaften, keine gegenseitige Hilfe bei der Arbeit, kein Seminar, keine funktionierenden Vereine oder Cliquen. Der Fehler beginnt schon dort, wo Egoismus als negativ und Solidarität als positiv gegenübergestellt werden.

Alles im Leben ist eine Frage der richtigen Dosierung.

Und weil dem so ist, kann der Egoismus auch nicht grundsätzlich negativ sein. Genau deshalb ist in diesem Buch immer wieder vom *unnatürlichen, ungesunden* oder *übertriebenen* Egoismus die Rede. Egoismus ist menschlich, weil in seiner Entwicklungsgeschichte der Mensch den Egoismus zum Überleben in der Natur brauchte. Egoismus war eine folgerichtige Reaktion, wenn es galt im Zweikampf mit dem Säbelzahntiger nicht den Kürzeren zu ziehen oder schneller als die anderen Hordenmitglieder einem wütenden Mammut wegzulaufen. Wenn sich jedoch die Möglichkeit bot, dem Mammut mit den anderen eine Fallgrube auszuheben oder den Tiger mit einer Treibjagd zu erschöpfen, zeigten sich auch schon die ersten Menschen als hervorragende Teamarbeiter.

Diese Art von Egoismus besitzen selbstverständlich auch die Tiere, nur wird hier der Begriff „**Instinkt**" wieder dafür verwendet. Dieser zum Überleben notwendige Egoismus ist in Wahrheit nichts anderes als der „**Instinkt**", den Mensch und Tier gemeinsam haben. Der Egoismus muss also auf ein ***gesundes*** (instinktives) Maß reduziert werden. Dann ist auch eine intelligente Entwicklung unserer Gesellschaft möglich.

Wer stur an der Egoismus-These festhält und deshalb seiner eigenen Spezies einen solch großen, wirklich humanen, intelligenten und umweltfreundlichen Fortschritt, nicht zutraut, der ***resigniert*** *in Wahrheit vor den schlechten Eigenschaften des Menschen.*

In ***Kapitel 8*** über Illusion wurde festgestellt: „***Resignation*** ist der größte Widerspruch zu einer intelligenten, fortschrittlichen Zivilisation und zugleich der beste Beweis für die Illusion einer solch fortschrittlichen Gesellschaft."

Noch mal zur Wiederholung: *In der Technik streben wir danach, die Natur und die Tiere zu kopieren.* ***Warum*** *nicht auch in der Lebensweise und Weltanschauung?*

Und noch eine Wiederholung: *Eine wirkliche Hochkultur sollte den ungesunden Egoismus überwunden haben und ohne Geld auskommen.*

Den übertriebenen Egoismus auf die Ebene des natürlichen Instinkts zurückzuführen, ist die wahre Aufgabe und das Geheimnis zum Erfolg.

Dies ist erreichbar, wenn sich jeder bemüht, die Qualität seines Bewusstseins selbstständig und eigenverantwortlich durch Arbeit an sich selber zu intensivieren, anstatt einzuschränken. Eigenverantwortlich bedeutet, nicht irgendein System, eine Gesellschaft oder Lobbyisten etc. für alles und den eigenen Zustand verantwortlich zu machen, sondern zunächst einmal an den eigenen Fehlern und Schwächen (z.B. Angst, Eitelkeit, Statusdenken, Konsumsucht, Geltungssucht, Feigheit, Faulheit, Aggressivität etc.) zu arbeiten. Wer die verkehrte Welt ändern möchte, fängt am besten mit sich selber an.

Je mehr menschliche Schwächen erkannt und gemeistert sind und je mehr Zusammenhalt dadurch erreicht wird, desto mehr Gesetze und Kontrollen werden überflüssig, die von einer Elite erstellt und manipuliert werden können. Wer seine größten Schwächen erkennt und diese abstellt, nimmt den Drahtziehern die direkte Macht, da er nicht mehr verführbar ist.

Um das zu erreichen müssen wir uns noch einen Aspekt bewusst machen. Die Geldära hat uns zu unendlichem Misstrauen geführt.

Dieser Umstand steht ebenfalls im konträren Verhältnis zur Intelligenz. Begriffe wie Geheimdienst und Spionage in allen Formen kennt man aus der globalen Politik. Aber auch unser Alltag ist geprägt von vielerlei Schlagworten wie: „Bank-, Brief-, Post- Dienst- oder Betriebsgeheimnis, Kennwortschutz, Datenschutz, Geheimnummer, Pin, Diskretion, Schweigepflicht, Anonymisierung, Verhaltens-, Leistungs-, Sicherheits-, und viele andere Formen der Kontrolle usw.“

Wir predigen Vertrauen und haben keins!

Einige Leser werden mit Unverständnis reagieren, weil sie aus Gewohnheit heraus die Intimsphäre des Einzelnen gefährdet sehen, die vor Missbrauch geschützt werden muss. Wir müssen aber sehen, dass wir von Kindheit an in diese Misstrauenswelt hineinwachsen, wir insofern auch keine andere Welt gewohnt sind und kennen. Denken wir in diesem Zusammenhang an das Phänomen der „Feral Children" zurück. Was verursacht denn den Missbrauch in den meisten Fällen?

Wäre gegenseitiges Vertrauen wirklich einer der vorherrschenden Wesenszüge des Menschen, würde das keinerlei negative Auswirkung auf die Wahrung der Intimsphäre haben. Die Welt ohne Geld würde eine wesentliche Voraussetzung für ein größtenteils vertrauensvolles Zusammenleben schaffen. Wo kein Geld ist, ist auch kaum Neid und Missgunst, Hab- und Raffgier. Es herrscht kein unnatürlicher, sondern gesunder Egoismus.

Was man den Lobbyisten oder Drahtziehern direkt vorwerfen kann, ist Einflussnahme, Verführung und Lüge. Doch nach wie vor können die allermeisten Menschen eigenständige Entscheidungen treffen. Wer beispielsweise Konsumentenkredite oder Immobilienschulden hat, wurde von den Banken, Geldverleihern in den meisten Fällen nicht ausgetrickst, betrogen oder dazu gezwungen, sondern hat aus Bequemlichkeit, Statusdenken, Konsumsucht, Dummheit oder zu viel Medienkonsum die Kredite und Darlehen aufgenommen, um sich jetzt und sofort etwas leisten zu können, was höchstwahrscheinlich sowieso überflüssig war. Niemand wird zur Unterschrift unter dem ersten Immobilien- oder Konsumentenkreditvertrag gezwungen. Noch wird auch niemand gezwungen, Zeitung zu lesen, Fernsehen zu schauen oder ins Kino zu gehen. Er hat sich verführen lassen. Wer sich dieser Schwächen einmal bewusst geworden ist, wird auf überflüssigen Konsum verzichten, die Massenmedien weitestgehend ignorieren, sich nicht in die Abhängigkeit von Banken und Geldverleihern begeben und braucht daher auch keine „Schutzgesetze" vor den „Schuldigen".

Fazit: Sowohl egoistisches als auch solidarisches Handeln sind menschlich. Für welche Verhaltensweise sich der Mensch entscheidet, hängt von der konkreten Situation ab. Ihre Bedingungen veranlassen den Menschen, die für ihn und sein Überleben geeignete Verhaltensweise zu wählen. Der Umstand, die Situation entscheidet also maßgeblich über das Verhalten.

Wenn es die Umstände sind, die menschliches Verhalten beeinflussen, dann müssen wir eben die Umstände menschlich gestalten.

Betrachten wir unser „gut bürgerliches" Leben im Kapitalismus doch einmal genauer. Unterstützt von den Medien ist doch folgendes Weltbild in unseren Köpfen entstanden: Wer eine Chance auf das „*Glück*" haben möchte, braucht vor allem materielle Dinge, die angeblich glücklich machen, wie Haus, Wohnungseinrichtung, Kleidung, Auto, Urlaub, Schmuck, Kosmetik, „*Genussmittel*" usw. Wer sich diese Voraussetzungen für ein „*glückliches*" Leben nicht auf einmal leisten kann, kann sich das Geld dafür unkompliziert leihen und später zurückzahlen. Einzige Voraussetzung ist ein fester Arbeitsplatz. Da aber „*noch mehr*" erstaunlicherweise nie genug ist, sind Frustration, Stress und Hektik garantiert. Abhilfe schaffen Psychopharmaka, damit man weiter funktionieren kann, niemand etwas merkt und man seinen Arbeitsplatz auf keinen Fall verliert, weil man das Geld für die nötigen Zinszahlungen der aufgebauten Schulden braucht. Es wird sich auf ein scheinbares Kauf-Glück konzentriert und von der Suche nach dem echten Glück, das man nur in sich selber finden kann, abgelenkt. Keine Zeit zum Besinnen und Nachdenken.

Die Erkenntnis des echten, inneren Glücks würde frei und unabhängig machen und sie kostet nichts, garantiert so weder Umsatz noch Zinseinnahmen. Wer wirklich glücklich ist, wird nicht krank und ist nicht bestrebt nach einem Kredit für einen Sportwagen oder ein neues Einfamilienhaus. Er findet den Frieden in sich selber.

Scheinbares Geld-Glück, dem wie einer Fata Morgana verzweifelt das ganze Leben lang nachgerannt wird, macht abhängig und krank und ist so eine perfekte Fessel und damit Macht- und Umsatzgarant. Die Illusion des Geld- und Materialglücks muss, aus Sicht der Lobbyisten, daher erhalten bleiben.

Der Masse wird suggeriert, dass Freiheit in der Hauptsache von materiellen Dingen, Luxus- und Prestigeobjekten abhängig ist. Freiheit ist der Geländewagen, der Urlaub in der Südsee, die 23 Kreditkarten, die 666 Fernsehprogramme und die 33 verschiedenen Kaffeekreationen an jeder Großstadtecke. Nur wer viel arbeitet kann sich diese „Freiheiten" leisten, vorausgesetzt Steuern, Sozialabgaben und Krankenkassenbeiträge sind gezahlt und alle Genehmigungen liegen vor. Vergessen wird so schnell, was einen Sklaven definiert.

Wir alle begeben uns also freiwillig in die Abhängigkeit des Geldes. Dass diese Abhängigkeit gleichzeitig Verführung bedeutet und deswegen gefährlich ist, wird im Alltag geflissentlich ignoriert. Erst wenn bekannt wird, dass sich Menschen wieder verführen haben lassen und unlautere oder ungesetzliche Dinge tun, ist die Empörung groß. Ein neuer Skandal ist entstanden. Sehen wir uns die Praxis in unserer Gesellschaft bezüglich auftretender Skandale an. Wenn zu irgendeinem auftretenden Skandal, egal ob es sich um ein politisches, rechtliches, sportliches oder gesellschaftliches Thema handelt, die Bevölkerung von den Medien befragt wird, woran es gelegen haben könnte, werden immer wieder dieselben und richtigen Kritiken geäußert:

→ Gewinnspanne und Verdienstmöglichkeiten sind viel zu hoch.
→ Zu hohe Gewinnspanne erzeugt übertriebenen Leistungsdruck bei allen Beteiligten.
→ Um die Macht und den erreichten Status zu erhalten, wird zu unlauteren Mitteln gegriffen.

Noch plastischer wird es anhand eines konkreten Beispiels. Die Dopingaffäre der Tour de France 2007. Die Mehrheit der Bevölkerung sah übereinstimmend die übertrieben hohen Verdienste der Profisportler und Funktionäre als eine der Hauptursachen für das sich daraus ergebende Fehlverhalten an.

Es wurde die Ursache also völlig richtig erkannt: „*Geld verdirbt den Charakter!*". Und natürlich wurde ein breit gestreutes Spektrum an Forderungen laut um das Problem in den Griff zu bekommen. Keine einzige Forderung aber bezog sich auf die Abschaffung des Geldes. **Warum** eigentlich nicht? **Warum** kommt kein Mensch auch nur ansatzweise auf den Gedanken das Geld abzuschaffen? Wie viele der unzähligen und gesellschaftstypischen Skandale würden noch übrig bleiben wenn es kein Geld mehr gäbe? Gäbe es sie noch, die vielen Dopingskandale, Schmiergeldaffären oder Politskandale? Nicht zu vergessen die allgegenwärtigen Kapital- und Wirtschaftsverbrechen wie Mord aus Habgier, Bank- und Raubüberfälle, Betrugs- und Wirtschaftsdelikte aller Art, erpresserischer Menschenraub, Erpressung usw.?

All diese unnatürlichen und negativen Verhaltensweisen würden mit Sicherheit radikal zurückgehen. Fast alle diese Probleme wären mit einem Schlag gelöst.

Wenn das nicht intelligent ist, was dann?

Nicht die geldlose Gesellschaft ist die Illusion, sondern ganz klar die Geldabhängige! (*Die Wahrheit liegt auf der anderen Seite*). Es ist in Wahrheit der Kapitalismus, der dem Menschen absolut illusorische Wertvorstellungen vorgaukelt, welche mit Wahrheit und Naturgesetzen nichts zu tun haben.

Natürlich werden Lobbyisten in aller Welt versuchen diesen Fortschritt zu verhindern. Eine Zeit lang werden sie auch erfolgreich sein, aber eben nicht ewig lang. Der Grund dafür ist folgender: Wie schon in ***Kapitel 10 - Was tun?*** erwähnt, ist die größte Lobby, die es gibt, das Volk. Solange das Volk nicht richtig informiert ist, können die vorherrschenden Lobbyisten an dem momentanen System festhalten. Da das Volk aber im Laufe der Zeit immer mehr mit korrigierten Informationen versorgt wird, werden sich die Gedanken zur Durchsetzung einer intelligenten geldlosen Alternative vermehren, sprich die Energie hierfür wird verstärkt. Da die Masse des Volkes wesentlich höher ist als die Masse der Lobbyisten, wird die Gedankenenergie des Volkes irgendwann wesentlich höher und effizienter sein als die der Lobbyisten. Deshalb wird es zwangsläufig zu einem intelligenten Fortschreiten unserer Gesellschaft kommen. In ***Kapitel 2 - Intelligenz von Mensch und Tier*** wurde darauf hingewiesen, dass wir uns des Jahrtausende alten Wissens der Volksweisheiten wieder mehr bedienen sollten, denn dieses Wissen wurde durch Erfahrung (Empirie) gewonnen. Denken wir in diesem Zusammenhang noch mal an die Volksweisheit: „*Kein Imperium währt ewig*".

Noch einmal und in einem Satz zusammengefasst: *Es reicht aus, einen Gedankenanstoß zu geben, der sich unweigerlich fortpflanzen wird.*

Die Welt sich vorzustellen ohne Geld, Markt und Wert. Denken wir sie uns weg. Ist das eine Zumutung? Mag sein, nur, wir sollten sie uns wirklich zumuten. Denn alles andere ist mittlerweile unzumutbar.

Argument 2: „Geld ist als Zwischentauschmittel unentbehrlich. Fortschritt und positive Wirtschaftsentwicklung können nur durch Konkurrenz angekurbelt werden. Eine wirtschaftliche Konkurrenzsituation aber entstehe nur durch finanzielle Anreize und Erfolgsaussichten."

Nur weil es im Kapitalismus Leuten mit Geld besser geht als Leuten ohne Geld, ist nicht zu folgern, dass Geld unverzichtbar ist, sondern bloß, dass es ein Medium ist, das eben nicht zur sozialen Sicherstellung Aller taugt. Geld teilt Menschen in Flüssige und Überflüssige.

Was die Perspektiven der Menschheit betrifft, ist der Kapitalismus am Ende. Außer Krieg und Terror, Verelendung und ökologische Katastrophen hat er wenig zu bieten.

Zurzeit läuft fast alles in die falsche Richtung, („*Die Wahrheit liegt genau auf der anderen Seite*") vor allem die Leute selbst, die glauben, sie würden schon irgendwie durchkommen. Je länger dieser Zustand andauert, desto schlimmer werden sich die Verhältnisse auch in den Zentren des Kapitals gestalten. Man muss aufhören, die Geschichte des Kapitals als eine Erfolgsstory zu erzählen. Als diese kann sie nur beschrieben werden, wenn man so ziemlich alles, was die Moderne lieferte, vergisst und verdrängt:

→ von der Hexenverbrennung bis zum Dreißigjährigen Krieg,
→ vom Kolonialismus bis zum Völkermord,
→ von Auschwitz bis Hiroshima
→ die Abermillionen, die durch Arbeit für die Verwertungsmaschine (vorzeitig) umgekommen sind und
→ die, welche tagtäglich verhungern.

Die Marktwirtschaft ist die effizienteste Maschine, was die Vernichtung von Mensch und Umwelt angeht.

Schon am Anfang dieses Buches wurde festgestellt, dass der Mensch scheinbar nicht imstande ist, soziale Strukturen aufzubauen, wenn er nicht zusätzlich noch künstliche Gesetze und Regeln installiert. Nur durch diese zusätzlichen Regulierungen kann der Mensch größeres Chaos im alltäglichen Zusammenleben verhindern. Komischerweise scheint dies nicht für den Umgang mit Geld und Kapital zu gelten. Hier lässt man den Spekulanten und Banken freie Hand und scheint das dadurch entstehende Chaos, das die Reichen reicher und die Armen ärmer macht, tatenlos zu akzeptieren. Viel ist in punkto Regulierung der Finanzmärkte, nach der großen Finanzkriese 2007 bis 2009 nicht geschehen und so spielt sich immer wieder das gleiche Drama ab.

Normalerweise wird Veraltetes durch Neues ersetzt und erst recht, wenn festgestellt wird, dass das Alte nicht mehr taugt. Das trifft für Technik, Kommunikation, Immobilien, Bildung, Dienstleistungen, Forstwirtschaft, ja selbst für Politiker zu. Selbst die Natur selektiert Arten zum Aussterben, wenn sich eine neue und bessere Spezies entwickelt hat. Wie schon im ***Kapitel 4 - Der intelligente Fortschritt*** unter Punkt *d) Energie* erwähnt, trifft dies für die Energieversorgung komischerweise nicht zu. Und auch beim Geld verhält es sich so, obwohl es schon wesentlich länger existiert. Gerade deswegen müsste die Daseinsberechtigung des Geldes schon längst auf den Prüfstand gestellt werden. Diente das rein künstliche Zwischentauschmittel den Menschen damals noch zur Überbrückung von Problemen, die durch den Tauschvorgang selber entstanden, weil es eine wirtschaftliche Verteiler- und Infrastruktur so gut wie nicht gab, so sind diese Probleme heute längst überwunden, weshalb man das Tauschmittel Geld berechtigt in Frage stellen kann. Wie gesagt, ist Geld etwas Künstliches und nichts Natürliches, weswegen Kapitalwirtschaft auch kein in Stein gemeißeltes, Naturgesetz ist, wie die meisten zu glauben scheinen. Außerdem verändern sich auch Naturgesetze. Wie kann es deshalb sein, dass bis heute kaum jemand an der Existenzberechtigung des Geldes zweifelt?

Geld hat seine nützliche Wirkung längst überlebt. Eine intelligente Weiterentwicklung des Geldsystems ist schon aus Naturgesetzgründen zwingend und deshalb unausweichlich.

Insgesamt geht es darum, Leben anders zu definieren und zu gestalten als es der jetzige Überlebenskampf dem Menschen aufzwingt. So gilt es keine Interessen mehr durchzusetzen, sondern sich von den Interessen der aufgezwungenen Charaktermasken zu lösen und diese zu überwinden. Das Leben der Menschen auf diesem Planeten ist von der sozialen Existenzangst, welche durch das **Mangel**prinzip erzeugt wird, zu befreien.

→ **Warum** soll man heute noch kaufen müssen?
→ **Warum** soll die freie Entnahme nicht für reelle Produkte ebenso gelten wie für virtuelle?
→ **Warum** soll Mehl gekauft werden? Und Papier? Und Limonade? Und Mähdrescher? usw., usw.

Warum? Wer kann einen wirklich plausiblen Grund nennen? Es ist von alledem genug da beziehungsweise aufbringbar. Mehl muss produziert werden und konsumiert werden, aber zirkuliert muss es wahrhaftig nicht werden. Der Warenumlauf ist durch eine einfache Verteilung von Gütern zu ersetzen. Heute wird Mehl hergestellt, nicht um Kuchen und Brot zu backen, sondern um ein Geschäft zu tätigen. Das ist paradox.

Das entscheidende Problem ist nicht, wie wir Verwertung und Wachstum wieder in Schwung bringen, sondern wie wir sie endgültig abstellen.

Das bedeutet, Stoffwechsel und Kommunikation der Gesellschaft ganz neu zu gestalten. Reicht es denn nicht, haben zu wollen was da ist oder was machbar ist („*gesunder Egoismus = Instinkt*")? **Warum** glauben wir immer noch an Politik und Geld und laufen ihnen weiter nach, auch jetzt, wo deren negative Auswirkungen hinsichtlich gesellschaftlicher Regelungen so offensichtlich sind?

Geld hindert die Produktivkraft Mensch, seine Energien für wirklich Nützliches freizumachen.

Wenn man nur daran denkt, was die Umrechnerei (jeder Kassenbon demonstriert das) von allem und jedem in Wert und Geld an menschlicher Lebenszeit auffrisst, dann ist bereits eine ganze Spezies verrückt geworden. In den Industriestaaten sind an die 90% der Arbeitszeit direkt oder indirekt dem kapitalistischen Rechnungswesen, also der Beschäftigung mit Geld, (*Kapital, Aktien, Fonds, Devisen, Gewinn, Rendite, Dividende, Buchhaltung, Revision, Lohn, Gehalt, Zulagen, Prämien, Tantiemen, Provisionen, Abfindungen, Tarife, Verkauf, Miete, Kaution, Auspreisung, Kalkulation, Abrechnung, Werbung, Versicherung, Banken, Zinsen, Kredite, Darlehen, Hypotheken, Steuern, Mahnwesen, Gebühren, Münzprägung, Gelddruck, Subventionen, Beiträge, Spenden, Rente usw.*) unterworfen.

Dem Argument, dass die Ankurbelung der Wirtschaft nur durch eine Konkurrenzsituation zustande kommen könne, kann man nur entgegnen dass, wenn sich der Mensch keinem wirtschaftlichen Druck und keinen Existenzängsten mehr ausgesetzt sieht, er wieder zu einem verstärkten Solidaritätsgefühl zurückfindet, was ihn zu Höchstleistungen motivieren wird.

Wenn die Menschen in einer geldlosen Wirtschaft wieder 90% mehr an Arbeitszeit für sinnvolle, umweltfreundliche und intelligente Projekte zur Verfügung haben, dann wird es dieser Umstand sein, der die Wirtschaft ankurbelt.

a) Das Prinzip

Argument 3: „Eine geldlose Wirtschaft würde die Rückführung in die Steinzeit zum Tauschhandel bedeuten, außerdem hat dies in der Historie nie funktioniert.“

Warum sollten wir auf eine vorhandene Infrastruktur, die wir uns innerhalb der letzten Jahrtausende aufgebaut haben, verzichten? Und **warum** sollte eine solche Infrastruktur auseinander brechen, wenn das Geld abgeschafft ist?

In ***Kapitel 11 - Wissen bringt Heil***, *Recherchethema 1 - Geld und Geldwirtschaft* unter Punkt j) *Ergebnis* wurde beschrieben, dass wir quasi ehrenamtlich weiterarbeiten müssten, um unsere Struktur und damit unser Überleben sicherzustellen. Das heißt, jeder Mensch geht arbeiten wie bisher, nur dass er dafür nicht mehr entlohnt wird. Er kann dafür in den Supermarkt gehen und sich seine Lebensmittel besorgen, ohne dass er dafür bezahlt. Er kann sich in einem Textilladen einkleiden, ohne zu bezahlen. Er kann zum Friseur gehen, ohne Entgelt dafür zu entrichten usw. Anders ausgedrückt, geht das Leben unverändert weiter, nur ohne Geld. Wenn der Mensch lernt seinen übertriebenen Egoismus, welcher sich aus der Existenz des Geldes heraus entwickelt hat, zu überwinden, kann dieses fortschrittliche Procedere Wirklichkeit werden.

Wir müssten begreifen, dass man nicht tonnenweise Lebensmittel nach Hause schaffen muss, diese würden sowieso verderben. Man muss auch nicht 5 Autos besitzen. Viele Menschen, die mehrere Fahrzeuge besitzen, fahren dann meist nur in ihrem Lieblingswagen, die anderen stehen meist ungenutzt herum. Kein Mensch benötigt außerdem tausende Quadratmeter Grund, außer er ist Landwirt. Im Übrigen ist Platz auf der Welt die einzig wirklich begrenzte Ressource.

Zur Wiederholung: *Den unnatürlichen Egoismus auf die Ebene des natürlichen Instinkts zurückzuführen, ist die wahre Aufgabe und das Geheimnis zum Erfolg.*

Natürlich ist diese Bewusstseinsveränderung eine Riesige, weil wir seit ca. 6000 Jahren mit Geld bezahlen und sich in der langen Zeit eine ungeheure Menge an ungesundem Egoismus angesammelt hat. Deshalb wird ein solch großer Sinneswandel auch einen entsprechend großen Zeitraum benötigen, bis er sich im Bewusstsein aller Menschen manifestiert hat. Das bedeutet, dass die Übergangsphase sich am Schwierigsten gestalten wird. Diese Phase wird über mehrere Generationen hinweg andauern, exakt solange, bis sich in den Köpfen unserer Kinder und Kindeskinder eine funktionierende Welt ohne Geld als Normalität darstellt und sie das Wort Kapitalismus nur noch aus dem Geschichtsunterricht kennen. In ***Kapitel 3 - Kommunikation*** wurde die Wichtigkeit einer höchst verantwortungsvollen Kommunikation mit Kindern hervorgehoben, weil ihr Lernverhalten auf einem starken Nachahmungstrieb beruht. Wenn wir es also schaffen, unseren Kindern eine funktionierende geldlose Welt vorzuleben und dementsprechend mit ihnen zu kommunizieren werden sie nichts anderes gewohnt sein und auch nichts anderes kennen als eine Welt ohne Geld. Von Generation zu Generation wird sich in den Köpfen der Menschen das Kapitalbewusstsein immer weiter abbauen, bis es eines Tages ganz aus dem Gedächtnis verschwunden ist. Wie gesagt ist es ein langer Übergang und kann so abrupt nicht vonstattengehen. Deswegen ist es sinnvoll für diese Übergangszeit einen wirklich sinnvollen Ersatz (Äquivalent) zu schaffen, bis sich die Bewusstseinsänderung vollzogen hat.

Funktionieren kann ein solches System aber nur global. Stellen wir uns dazu die momentane Kapitalwirtschaft als ein weltweites und ganzheitliches System im wissenschaftlichen Sinne (*Systemtheorie*) vor. Würde man nur in einem Land das Geld abschaffen, so hätten wir ein kleines System innerhalb eines großen Systems. Bildhaft gesprochen, kann man sich eine kleine Kugel vorstellen, die in einer großen Kugel wohnt. Grundsätzlich können Systeme getrennt voneinander existieren, wenn sie entweder miteinander kommunizieren oder aber jedes System völlig autark ist. Da das übergeordnete System Kapitalwirtschaft aber auch weltweit wirtschaftlich verflochten ist, bleibt dem kleinen geldlosen System nichts anderes übrig, als mit dem großen System zu interagieren sprich, beide Systeme müssen miteinander kommunizieren. Das heißt, das geldlose System hat unzählig viele Schnittstellen zum Geldsystem. Einfach ausgedrückt - mit was soll das Land ohne Geld bezahlen, wenn es beispielsweise Waren oder Rohstoffe aus dem Kapitalsystem bezieht? Das Land könnte also nur überleben, wenn es vollkommen autark agieren kann, also selbst über sämtliche Rohstoffe verfügt, alle Waren selbst herstellen und alle Dienstleistungen selbst erbringen kann, was äußerst unwahrscheinlich ist. Deshalb sind derartige Versuche in der Vergangenheit auch gescheitert. Die Menschen müssen weltweit - als ganzes System - eine Entscheidung treffen.

b) Der Übergang

Wir müssten wieder zurück zum Tauschhandel, weil kein Äquivalent mehr vorhanden sei, gegen das alle anderen Waren tauschbar sind, heißt es vorwiegend aus Wirtschaftskreisen. Aber selbstverständlich existiert ein Äquivalent. In jeder Ware, in jedem Produkt steckt ein bestimmter Anteil menschlicher Arbeit. Warum also nicht die Zeit, die zur Herstellung benötigt wird, zum Maßstab nehmen? Das Äquivalent heißt Arbeitszeit. Beispielsweise die Arbeitszeit, die für die Herstellung eines Kilos Mehl benötigt wird. Weil für ein Kilo Mehl in Westeuropa viel weniger Arbeitszeit eingesetzt wird als für ein Kilo Mehl in Westafrika, gilt die durchschnittliche Arbeitszeit, die weltweit für die Herstellung aufgewendet werden muss. Die Ermittlung eines durchschnittlichen Zeitwertes für alle existierenden Dienstleistungen und Produkte ist im Zeitalter der Informatik und des Internet kein Problem. Die Preise im Supermarkt werden ersetzt durch die durchschnittlichen Zeiten, die für die Herstellung des jeweiligen Produkts aufgewendet werden müssen. Bezahlt wird mit der Anzahl von Stunden und Minuten, die man selbst gearbeitet hat.

Um es gleich vorweg zu nehmen: *Der geniale Vorteil dieser Alternative ist die Wertsteigerung des Zahlungsmittels Arbeitspunkte, während das Geldsystem immer einem Wertverfall ausgesetzt ist* („*Die Wahrheit liegt auf der anderen Seite*“).

„Dieses System sei mit einer Arbeitspflicht verbunden, welche die Freiheit des Einzelnen einschränke.“ wird aller Voraussicht nach eines der Hauptargumente dagegen sein. Die vielen Einschränkungen der Freiheits- und Menschenrechte, die der Kapitalismus mit sich bringt, stehen in keinem Verhältnis zu einer geldlosen Alternative. Außerdem zwingt die moderne Leistungsdruckgesellschaft, aber noch wesentlich stärker der inhumane Überlebenskampf in Entwicklungsländern, die allermeisten Menschen auch zum Arbeiten. Hier handelt es sich um ein neues globales System, das dazu geeignet ist, soziale Unterschiede auch gegenüber den Entwicklungsländern abzubauen.

Dies ist besonders im Hinblick auf die Bevölkerungsexplosion einer der wichtigsten Aspekte. 1804 überschritt die Weltbevölkerung eine Milliarde Menschen. Innerhalb des 20. Jahrhunderts hat sich die Weltbevölkerung fast vervierfacht. 1927: 2 Milliarden, 1960: 3 Milliarden, 1974: 4 Milliarden, 1987: 5 Milliarden und 1999: 6 Milliarden Menschen. Die 7 Milliarden-Marke ist 2011 überschritten worden. Die UNO erwartet bei mittlerer Projektion bis 2025 8,0 Milliarden und bis 2050 9,2 Milliarden Menschen. Die Gefahr einer ungebremsten Bevölkerungsexplosion scheint aber gebannt. Zwar steigt die Zahl der Erdbewohner weiter - doch ein Ende ist in Sicht.

Mit der Anzahl der Erdbewohner wächst die Armut: Das Bevölkerungswachstum wird ausschließlich von den Entwicklungsländern getragen. Allein dort wird die Zahl der Menschen von heute 5,4 Milliarden auf 7,9 Milliarden im Jahr 2050 zunehmen. In den 50 ärmsten Ländern der Welt wird sich die Bevölkerung sogar mehr als verdoppeln. In den Industrieländern hingegen ändert sich nicht viel: Die Einwohnerzahl bleibt bei etwa 1,2 Milliarden fast konstant. Um einer so großen Herausforderung gewachsen zu sein, ist ein globales Umdenken erforderlich, das von allen gleichsam getragen wird. An unserem heutigen System festzuhalten und lediglich an Stellschrauben zu drehen, wird sowohl die humanitäre als auch die ökologische Situation der Welt eklatant verschärfen.

Wie viele Stunden müsste jeder Mensch arbeiten?
Man mag es glauben oder nicht, es wären nur ca. 8 Stunden in der Woche. Begründung: Auf der Los Angeles Konferenz von 1995 kamen 500 führende Wirtschaftswissenschaftler und Politiker zu dem Ergebnis, dass im Jahr 2030 nur noch 20% der aktiven Weltbevölkerung nötig seien, um das gesamte Weltbruttosozialprodukt zu erwirtschaften. Dies sei eine Folge der immer schneller voranschreitenden informellen Revolution, des Ersatzes menschlicher Arbeitskraft durch Computer und automatisierte Produktionsabläufe. Falls diese Prognose Wirklichkeit wird, bedeutet dies im Umkehrschluss, dass wir mit einer Arbeitslosenquote von 80% weltweit zu rechnen haben. Ziemlich düstere Aussichten für die herkömmliche Marktwirtschaft. Deshalb bauen wir für die geldlose Alternative, eine ganz einfache Rechnung auf: Wenn 20% der Weltbevölkerung fünf Tage arbeiten, warum nicht 100% jeweils einen Tag? Das Weltbruttosozialprodukt würde dabei nicht kleiner werden. Das Thema Arbeitslosigkeit existierte mit einem Schlag nicht mehr.

Wie soll das funktionieren, die Betriebe könnten doch nicht mit einer täglich wechselnden Belegschaft produzieren?
Natürlich nicht. Aber das Verhältnis zwischen Arbeitszeit und freier Zeit bliebe immer 1 zu 4. Man könnte einen Monat arbeiten und dann vier Monate Urlaub machen. Man könnte auch ein Jahr arbeiten und dann vier Jahre pausieren oder man arbeitet 20 Jahre fünf Tage in der Woche

und hätte dann 80 Jahre frei. So wäre übrigens auch ganz nebenbei das Rentenproblem gelöst und das weltweit. Im Durchschnitt einen Tag pro Woche zu arbeiten, das wäre allerdings auch die Pflicht eines jeden.

Die weltweit durchschnittliche Produktionszeit, die als Bemessungsgrundlage für den Preis einer Ware oder einer Dienstleistung dient, macht ein einheitliches Steuer-, Kranken und Rentensystem erforderlich. Das wäre auch heute schon äußerst sinnvoll um mehr soziale Gerechtigkeit zu gewährleisten. Die weltweiten Unterschiede und die Komplexität in den Steuersystemen führen u.a. zu Steuerhinterziehung in Form von Steuerflucht und anderen negativen Auswirkungen wie Arbeitsplatzverluste durch die Abwanderung von Unternehmen ins Ausland.

Um gerechten Wettbewerb zu schaffen zu können, müssen die Bedingungen nun einmal für alle gleich sein. Will man herausfinden, welcher von zwei Läufern der Schnellere ist, muss man beiden die exakt gleichen Voraussetzungen bieten. Es hilft nichts, wenn ein Sportler 100m läuft während der andere eine 150m lange Strecke zurücklegen muss. Da die weltweit durchschnittliche Herstellungszeit, die als Bemessungsgrundlage zur Preisfindung dient eine Bedingung ist die für alle gilt, muss in logischer Konsequenz auch ein und dasselbe Steuer-, Kranken und Rentensystem für alle gelten. Sonst käme alles wieder in eine Schieflage.

Möglichkeiten dieses System zu gestalten gibt es mehrere, nur wenn man sich dann entschieden hat, dann muss es auch von allen übernommen werden. Grundsätzlich aber würde ein einheitliches System wesentlich weniger komplex sein als heute. Eine Möglichkeit wäre, dass die Wertschöpfung eines halben Arbeitstages, das wären immerhin 50% des Weltreichtums, eingesetzt würde, um die gesellschaftlichen Aufgaben wie Gesundheitswesen, Schulen, Versorgung von Altersschwachen, Kranken usw. zu gewährleisten. Die andere Hälfte stünde dem einzelnen in Form von Arbeitszeitpunkten zur Verfügung, um damit für seine persönlichen Bedürfnisse „einzukaufen“. Selbst wenn die Prognose der Los Angeles Konferenz nicht stimmen sollte, auch bei 2 oder 3 Arbeitstagen pro Woche würden die Menschen profitieren und das nicht zu knapp.

Will man nun etwas erwerben, das mehr Punkte erfordert, müsste man eben mehr arbeiten. Viele werden einwenden, warum jemand, der eine

Stunde lang Toiletten schrubbt, dafür genauso viel bekommen soll, wie ein Chirurg, der eine Stunde lang eine komplizierte Operation ausführt.

Wer würde dann noch Chirurg werden wollen? Wollten dann nicht alle nur noch einfache Arbeiten verrichten?
Warum sollte danach gefragt werden, wie qualifiziert die jeweilige Arbeit ist. Auch der Arzt will sich nach gelungener Operation nicht auf eine schmutzige Toilettenbrille setzen. Jede Zeit, die für eine wertschöpfende oder werterhaltende Arbeit, jede Tätigkeit, die für die Gesellschaft nützlich ist, würde zählen. Trotzdem würde es genug Ärzte geben, allerdings nicht mehr solche, die den Beruf nur deshalb gewählt haben, weil sie viel Geld verdienen wollen. Das wäre nicht zum Nachteil für die Ärzteschaft und erst recht nicht für die Patienten.

Ganz im Gegenteil, es könnte eher so sein, dass es mehr qualifizierte als einfache Berufsbilder gibt, weil die Menschen sich von nun an wirklich frei für einen oder mehrere Berufe entscheiden könnten. Das Wort „Beruf" hätte wieder die Bedeutung „Berufung" und nicht „Geld verdienen". Dies ist im Kapitalismus nicht der Fall.

Natürlich wäre es auch möglich ein System zu schaffen, in dem der Wille zur Qualifizierung dementsprechend honoriert wird um einen Anreiz zu schaffen. Wie gesagt, ist dieses neue System in viele Richtungen entwickelbar, solange das Grundprinzip der wertsteigernden Arbeitspunkte nicht berührt wird. Es darf aber nicht vergessen werden, dass es sich um eine Übergangslösung handeln soll mit dem Ziel, in Zukunft komplett auf ein Zahlungssystem zu verzichten. Deshalb soll auch während dieses Übergangs schon versucht werden, möglichst viele soziale Unterschiede abzubauen. Arbeitspunkte würden die Voraussetzungen hierfür schaffen.

Zu tun ist genug auf unserer Erde. Das Trinkwasserproblem, um nur eines zu nennen, könnte gelöst werden, und nicht erst dann, wenn ein Liter Mineralwasser fünf Dollar kostet, weil sich vorher teure Salzwasseraufbereitungsanlagen nicht rentieren. Der Gedanke der Rentabilität, wie er für die heutige Wirtschaftsordnung maßgeblich ist, existierte nicht mehr. Nicht mehr die Gewinnmaximierung wäre Triebkraft der Entwicklung, sondern das Streben, mit möglichst wenig Arbeitszeiteinsatz viel, aber auch nach ökologischen Gesichtspunkten, zu produzieren. Denn wenn die durchschnittliche Arbeitszeit pro Produkt sinken würde, könnte man für die gleiche Zahl von Arbeitspunkten mehr konsumieren. So hätte die alternative, kapitalfreie Gesellschaft ihre Wachstumsmotivation, die auch für jeden einzelnen gilt, weil er davon profitiert. Dies gilt in gleichem Maße für Dienstleistungen, weil auch sie durch den Fortschritt immer schneller erbracht werden können.

Die 1 zu 4-Regel würde weltweit gelten. Man könnte überall arbeiten, überall wäre die Entlohnung gleich, ebenso die Preise, weil der Tag auf der ganzen Welt 24 Stunden hat. Nun könnte jemand, der viele Arbeitspunkte hat, auf den Gedanken kommen, andere damit bezahlen, wodurch es wieder zu sozialen Ungerechtigkeiten käme. Das wäre nicht möglich, weil die Arbeitspunkte nicht wie Bargeld übertragbar sind. Sie sind eben kein Geld, das anonym und frei zirkuliert, seinen Besitzer ständig wechselt und letztendlich bei dem einen zu Vermögen und dem anderen zu Schulden führt. Mit Arbeitspunkten entfiele die Spekulation, die heute viele Produkte künstlich verteuert. Was für einen Sinn hätte es zu spekulieren, wie viele Punkte jemand aus Ostwestfalen oder jemand aus Westbengalen morgen erarbeiten wird?

Die Informatik ermöglicht es, dass jeder Mensch auf der Welt ein Stundenkonto besäße und er mit einer Chipkarte und Passwort oder ähnlichem versehen, seine „Einkäufe“ tätigen könnte. In ***Kapitel 4 - Der intelligente Fortschritt*** wurde unter Punkt *a) Gesundheit* festgestellt, dass der Mensch in vielen Bereichen des Lebens logistische Meisterleistungen vollbringt. Ausgestattet mit diesen Fähigkeiten, würde die Verwaltung dieser geldlosen Alternative mit Sicherheit kein Problem darstellen. Jeder der das Gegenteil behauptet, spricht die Unwahrheit und will an der derzeitig gelebten Illusion festhalten.

Würde dies dazu führen, dass es kein Privateigentum mehr gibt?
Nein. Wer viel arbeitet, könnte auch viel konsumieren und besitzen. Nur für „Geld“ könnte man es nicht mehr verkaufen, weil Arbeitszeitpunkte immer personengebunden wären.

Wie käme man an seine Arbeitszeitpunkte?
Die geleisteten Arbeitsstunden würden bei einer zentralen (globalen) Datenbank gemeldet und diese würde dann die entsprechenden Punkte verteilen. Das hört sich umständlich an, würde aber sehr einfach sein. Bereits heute gibt es Prototypen von Computern in der Kleidung oder am Körper, die eine Datenübertragung per Handschlag ermöglichen.

Der Vorteil für produzierende Betriebe liegt auf der Hand. Sie müssten keine Arbeitskräfte mehr bezahlen. Sie würden lediglich den Nachweis über geleistete Arbeitsstunden an die zentrale Datenbank führen. Somit wären sie in der Lage immer genügend Personal zur Bewältigung ihrer Aufgaben einzustellen. Entlassungen aufgrund schlechter wirtschaftlicher Lage oder Insolvenz gehörten in der Regel der Vergangenheit an. Betriebe hätten lediglich einen materiellen Produktionsaufwand und einen Produktionsertrag den Sie „*bilanziell*" gegenüberstellen müssten.

In einer Marktwirtschaft hängt der Preis eines Produktes nie von der Produktion selbst ab. Bei Arbeitspunkten hingegen besteht eine reine Abhängigkeit zur Produktion. Wenn zudem ausschließlich Arbeit die einzige Möglichkeit ist an Punkte zu gelangen und nicht Zinsen, Spekulationen oder ähnliches, dann wäre damit der direkte und einzige Bezug zu Waren und Dienstleistungen hergestellt - das heißt, das Zahlungsmittel Arbeitspunkte wäre nun auch wirklich durch Waren und Dienstleistungen gedeckt. Wir erinnern uns - bei Geld ist das anders. Hier existiert nur eine sehr bedingte Anbindung an Waren und Dienstleistungen. Seit Aufhebung der Golddeckung haben wir viel mehr Geldwerte im weltweiten Umlauf als Waren und Dienstleistungen. Diesen Umstand bezeichnet man als die allseits bekannte Inflation. Bei Arbeitspunkten fiele also die Inflation weg. Das würde die nötige Stabilität und Sicherheit schaffen. Deshalb wäre Arbeit gleich Produktivität.

Wenn Arbeit gleich Produktivität ist und das durch den direkten Bezug von Arbeitspunkten zu Waren und Dienstleistungen sichergestellt wäre, gäbe es folglich auch keinen Mangel mehr, was bedeutet, dass das Mangelprinzip damit unwirksam wäre. Deshalb könnte auch eine zentrale Datenbank die Verteilung der Punkte für alle übernehmen. Jeder der arbeitet, könnte deshalb auch gut leben. Das macht Arbeitspunkte so attraktiv.

Welt ohne Geld - wie funktioniert eine Kooperative?

Unternehmen könnten in Kooperativen (Genossenschaften) weitergeführt werden. Die Betriebe könnten von den Arbeitern und Angestellten selbst gemanagt werden. Wenn jemand vorhätte, nur einen Tag oder einen Monat dort zu arbeiten, weil er danach in anderen Erdteil Urlaub, oder bei einer anderen Arbeit seine Punkte verdienen wollte, würde er sich dort nicht für eine Aufgabe wählen lassen, die eine durchgehende Mitarbeit von mehreren Jahren erfordert. Es würde aber auch Menschen geben, die sich mit der Herstellung ihres Produkts in ihrem Betrieb stark identifizieren, die also für längere Zeit Verantwortung übernehmen wollen. Diese würden in die entsprechenden Aufgaben gewählt, sei es für die Leitung eines Kleinbetriebs oder für die einer ehemaligen multinationalen Aktiengesellschaft.

Wie werden Investitionen finanziert?

Hierzu ein Beispiel: Eine Kooperative würde Tische und Stühle produzieren. Der Durchschnittspreis für den Stuhl betrüge 3 Stunden, in dieser Kooperative wäre er jedoch in 2 Stunden fertig gestellt. Pro Stuhl wäre das 1 Stunde Gewinn, den man auf alle Mitarbeiter verteilen oder auch für Investitionen nutzen könnte. Das würden die Mitarbeiter selbst entscheiden. Die Tische, die in der Kooperative gefertigt werden, würden 30 Minuten über dem Durchschnittspreis liegen, jeder Tisch brächte somit Verlust. Die Mitarbeiter könnten entscheiden, ob sie die Tischproduktion einstellen, oder ob sie einen Teil der Stuhlgewinne zum Ausgleich nehmen, weil die Kunden oft einen Tisch zusammen mit Stühlen bestellen wollen. Sie überlegen, wie sie den Arbeitsaufwand in der Tischherstellung reduzieren können.

Noch mal: Wenn die Bemessungsgrundlage für den Preis eines Produktes ausschließlich die weltweit durchschnittliche Produktionszeit wäre, würde das ganz genauso den innovativen Wettbewerb sicherstellen, weil jeder Betrieb, der unter dem Durchschnitt läge, mehr Gewinn machen würde.

Welt ohne Geld - eine andere Produktionsweise

Wer bestimmt, ob eine Arbeit gesellschaftlich nötig ist, wer oder was entscheidet über Wertschöpfung oder Werterhaltung? Wer entscheidet darüber, was produziert wird? Muss man sich dazu eine globale Pla-

nungsbehörde vorstellen? Welch ein schrecklicher Gedanke, es sind schon kleinere Planungsbehörden gescheitert!

Hier ist ein kleiner Ausflug in die Ökonomie nötig. Auch schon heute entscheidet nicht die Produktion an sich über die Wertschöpfung. Was hat die Ware für einen Wert, die nicht verkauft wird, sondern wegen fehlender Nachfrage auf den Müll geworfen wird? Keinen. Auch eine gewinnorientierte Wirtschaft kann nur Gewinne erzielen, wenn sie ihre Produkte verkauft. Eine vorhandene Nachfrage muss befriedigt oder erzeugt werden. Findet sich weltweit kein Verbraucher, für den das Produkt irgendeinen Nutzwert darstellt, besitzt es keinen Wert, die in sie hineingesteckte menschliche Arbeit, Energie, Rohstoffe sind sinnlos verschwendet worden. In der neuen Gesellschaft würde der Grundsatz gelten, dass erst dann produziert wird, wenn die Nachfrage klar ist. So würde Verschwendung vermieden, Waren, die keiner will, würde auch niemand herstellen, es sei denn, er täte dies für den eigenen Bedarf, in seiner Freizeit.

Welt ohne Geld - warum entstünde nicht wieder Geld? Würde sich nicht eine Ware herausbilden, die die Funktion des alten Geldes übernimmt, wie es auch in der Geschichte bereits gewesen ist?
Das würde voraussetzen, dass eine solche Ware, die nicht verderblich sein sollte, erstens angehäuft und zweitens ihren Wert erhöhen kann. Denn der erste Grund für die Entstehung des Geldes, nämlich ein Mittel zu haben, das den Tauschhandel dahingehend verändert, dass alle Waren gegen dieses Mittel tauschbar sind, diese Funktion würden die Arbeitspunkte ebenso erfüllen. Wie schon gesagt, wenn die durchschnittliche Arbeitszeit pro Produkt sinken würde, könnte man für die gleiche Zahl von Arbeitspunkten mehr konsumieren, was bedeutet, dass keine Ware ihren Wert erhöhen könnte, weshalb sie auch nicht mehr die klassische Funktion des Geldes übernehmen könnte.

Welche anderen Funktionen hatte das Geld und was würde sich mit Arbeitspunkten verändern?

1. Geld konnte angehäuft und gegen Zinsen verliehen werden.
   → Ein Kilo Mehl würde überall auf der Welt dasselbe in Punkten kosten. Es hätte die Tendenz an Wert zu verlieren, da durch voran-

schreitende Produktivität der Arbeitsaufwand, der zur Herstellung nötig ist, geringer würde. Anhäufung einer oder beliebiger Waren wäre also möglich, Verleih gegen Zinsen in Form von Arbeitspunkten jedoch nicht, da diese personengebunden sind.

2. Mit Geld und Waren konnte spekuliert werden, da der Wert ein und derselben Ware auf verschiedenen Märkten und zu verschiedenen Zeitpunkten unterschiedlich war.
   → Ein ehemaliger Geldverleiher, der seine alten Gewohnheiten nicht abstellen kann, würde folgende Erfahrung machen: Er findet jemanden, der zehn Kilo Mehl braucht. Dieser bekommt das Mehl, der Verleiher die Arbeitspunkte für die Menge gutgeschrieben. Später will er nicht 10, sondern 11 Kilo Mehl zurückhaben. Will er die 11 Kilo in Punkten haben, dann muss er für 11 Kilo Mehl gearbeitet haben, sonst klappt es nicht. Es bleibt ihm nur der Naturaltausch. Er bekommt die 11 Kilo Mehl und verkauft sie weiter. Inzwischen ist die Anzahl der Arbeitspunkte, die ich für 11 Kilo Mehl brauche, geringer geworden, sie entspricht der früheren Zahl für 10 Kilo Mehl. Der Gewinn ist gleich null. Also muss er Wucherzinsen nehmen. Er gibt 10 Kilo Mehl und will einen Monat später 20 Kilo zurückbekommen. Wer würde sich auf ein solches Geschäft einlassen, wenn man in jedem Laden um die Ecke, wie überall auf der Welt nur den normalen Preis bezahlen müsste?

Wenn man also für einen kleinen Goldhaufen 10 Jahre ununterbrochen gearbeitet hätte, könnte man danach exakt den Gegenwert von Arbeitspunkten konsumieren, der zum Zeitpunkt des Verkaufs den durchschnittlichen Wert darstellt. Wenn also die Produktivität zugenommen hat, würde man Verlust machen. Die eigenen Punkte hätten an Wert gewonnen und das Gold an Wert verloren. Nur die Arbeitspunkte hätten einen Wertzuwachs, alle anderen Waren würden dementsprechend verlieren. Die Anhäufung von Waren würde keinen Sinn machen, sondern nur die Anhäufung von Arbeitspunkten auf dem Konto.

Das ist die entscheidende und geniale Logik! *Während Geld als Zahlungsmittel an Wert verliert, würden Arbeitspunkte als Zahlungsmittel an Wert gewinnen.*

Hätte man für ein Kilo einer Ware zehn Punkte investiert, und würde die Ware dann zehn Jahre lang behalten, so wäre ihr durchschnittlicher Arbeitszeitwert gesunken und man bekäme weniger Punkte dafür. Anhäufung von Waren wäre also sinnlos, außer man konsumierte sie schnell, beispielhaft sind Lebensmittel und hier auch nur, soweit es Sinn macht, bevor diese verderben. Weitere Anhäufung wäre sinnlos und ungesund.

Welt ohne Geld - wie würde die Wirtschaft funktionieren?

Als Grundvoraussetzung würde gelten - es gibt kein Privateigentum an Produktionsmitteln und Land. Das Land würde weltweit allen gehören und würde von den Gemeinden ihren Einwohnern zur Nutzung überlassen werden. Statt privater Unternehmen existierten Kooperativen, in denen alle ein gleiches Stimmrecht hätten. Leitungsfunktionen könnten dann durch direkte Wahlen besetzt werden. Die Gesellschaft könnte so funktionieren, dass ein nachhaltiges und umweltbewusstes Produkt weniger Arbeitspunkte erfordern würde als ein durch schonungslosen Verbrauch von Rohstoffen hergestelltes. Daher würden die erforderlichen Arbeitspunkte mit in den Preis gerechnet, die zur Senkung von Umweltbelastungen aufgewendet werden müssten. So existierte nicht mehr der Widersinn wie in der heutigen Zeit, dass Millionen von Produkte zehntausende Kilometer transportiert werden und trotzdem noch billiger sind als diejenigen, die in der Nachbarschaft des Verbrauchers produziert werden. In der Regel würde es so sein, dass die in der Nähe gefertigten Produkte auch die geringste Anzahl von Punkten verlangen, weil kaum Transportaufwand hinzugerechnet werden müsste. Möglichst überall hätte der Verbraucher die Möglichkeit zwischen den günstigen Umweltprodukten und den teureren, weniger ökologischen zu wählen.

Was würde mit den Arbeiten passieren, die nicht wertschöpfend, erhaltend oder gesellschaftlich nötig sind?

Ganz einfach, sie fielen in den Bereich unentgeltlicher Freizeitbeschäftigung. Wenn man nur acht Stunden in der Woche arbeiten müsste, bliebe genug Zeit für Freizeit oder Studium. Auch jeder Student, jeder Schüler ab einem noch festzulegenden Alter würde seine Acht-Stunden-Woche verrichten.

Was würde aus Werbung, Profisport oder professionellen Künstlern?

→ Werbung würde es in der heutigen Form nicht mehr geben. Sie würde ersetzt durch ***sachliche Information***, im Internet oder anderswo, über das vorhandene oder geplante Produkt, um den Bedarf festzustellen. Damit verschwänden auch sämtliche private Fernsehsender.

→ Profisport gäbe es nicht mehr, die schönste Belohnung für den Sportler ist der Jubel im Stadion.

→ Profikünstler bräuchten auch nicht mehr entlohnt zu werden. Durch das Mehr an Freizeit würde sich die Kultur und die kulturelle Betätigung viel mehr Menschen als heute erschließen. Die Gesellschaft würde Räume, Veranstaltungssäle, Theater usw. zur Verfügung stellen, in denen jeder auftreten kann, ohne dafür Punkte zu erhalten. Punkte bekämen diejenigen, die für den Kulturbetrieb als Arbeiter nötig sind: Beleuchter, Techniker usw.

Es handelt sich hier natürlich um Variationen, die das Ergebnis der Los Angeles Konferenz voraussetzen. Natürlich kann man diese auch beliebig verändern. Auch wenn die Prognose von 1995 nicht eintreffen sollte, kann das Modell entsprechend angepasst werden. Wichtig ist das Grundprinzip. Das würde einwandfrei funktionieren und könnte erfolgreich umgesetzt werden. Aber sehen wir uns das Modell weiter an.

Welt ohne Geld - wie würde der Staat funktionieren?

Die repräsentative Demokratie könnte durch direkte Demokratie per Internet ersetzt werden. Schon heute gibt es Modellversuche mit dem so genannten e-voting. Da wir Menschen nun wieder 90% mehr an Arbeitszeit für Sinnvolles zur Verfügung hätten, könnten Wahllokale durchaus öfter öffnen, wenn wichtige Entscheidungen anstehen. Jeder Bürger, der arbeitet oder gearbeitet hat, könnte so an allen Entscheidungen, die ihn betreffen, mitwirken. Soll über die globale Energiepolitik entschieden werden, könnten alle Menschen auf der Erde, abstimmen. Ginge es jedoch nur um die Verkehrsberuhigung in einem Stadtteil oder um den Bau eines Anlegestegs vor einem kleinen Dorf am Amazonas, dann würden diejenigen abstimmen, die dort leben. Politische Parteien könnte es noch geben, sie hätten aber nur noch die hauptsächliche Funktion von Denkfabriken, sie würden vor den Entscheidungen ihre Vorschläge machen, in der Hoffnung, mit den besten Sachargumenten überzeugen zu können. Politische Parteien hätten keine Machtfunktion mehr, sämtliche

Parlamente gehörten der Vergangenheit an, weil sie keinen Sinn ergeben, wenn die Bürger selbst entscheiden.

So käme es auch nicht mehr zu solch großen Diskrepanzen zwischen dem Willen der Bürger und den davon abweichenden Handlungen einer Partei oder Regierung.

Gerichte könnten ganz abgeschafft oder zumindest stark reduziert werden, denn die meisten Straftaten würden entfallen, weil der größte Teil Geldbetrug und Kapitalverbrechen sind. Alle zivilrechtlichen Fragen könnten von ehrenamtlichen und gewählten Bürgern geklärt werden. Denn sicher wird es noch Konflikte aus Eifersucht, Vandalismus im Rausch, Verkehrsdelikte oder Ähnliches geben.

Vorstellbar wäre ein internationaler Gerichtshof, welcher sich dementsprechend komplexer menschlicher und sozialer Themen widmet und dort entscheidet, wo regionale Gremien trotz Bürgerentscheid nicht zu einer Einigung kommen.

Welt ohne Geld - was ist mit der politischen Macht?

Nicht nur Geld und Reichtum schafft Machtstreben. Beispiele aus der Geschichte und aus der Gegenwart zeigen, dass auch in Gesellschaften, in denen der Reichtum relativ gleichmäßig verteilt ist, es immer Menschen gab und gibt, die Macht über andere Menschen ausüben wollen. Deswegen könnte die neue Gesellschaft nur mit einer wirklichen und direkten Demokratie funktionieren. Alle Formen repräsentativer Demokratie schaffen Hierarchien und das bedeutet Macht. Das Vorhandensein von Macht schließt den Missbrauch derselben ein. Doch auch in einer direkten Demokratie würde es darum gehen, Verantwortung zu übernehmen und Verantwortung zu delegieren. Doch würden alle es ehrenamtlich tun und auch jederzeit abwählbar sein. Bei der Übernahme von Verantwortung würde einzig die fachliche und menschliche Qualifikation entscheiden. Posten würden nicht mehr nach Parteibuch vergeben.

Grundsatz wäre der, dass sich die Vernunft durchsetzt. Sicher würde es auf dem Weg dahin Fehler geben. Es könnte nicht ausgeschlossen werden, dass jemand zum Betriebsleiter gewählt wird, weil er vorher in der Kneipe einen ausgegeben hat. Aber das hätte kaum Bestand. Außerdem würde durch die Ehrenamtlichkeit gesellschaftlicher Aufgaben der Andrang von punktegierigen Leuten nicht so groß sein, weil keinerlei Privilegien außer unentgeltlicher Arbeit damit verbunden wären.

Voraussetzung für das Funktionieren wäre, dass eine breite Welle gesellschaftlicher Diskussionen die Mehrheit der Menschen erfasst hat, die vielleicht nur mit der Bedeutung der Aufklärung zu vergleichen ist. Denn mit einer Mentalität des ausschließlichen Konsumierens würde es nicht gehen. Es müsste ein gesellschaftlicher Konsens dahingehend vorherrschen, dass nur mit einer Alternative zum Kapitalismus die Zukunft unseres Planeten zu sichern ist. Kapitalismuskritiker im Untergrund gab und gibt es viele, was bisher fehlte, war eine Alternative.

Nach langen 1500 Jahren Mittelalter kamen Aufklärung und Revolutionen. Noch wenige Jahre vor der französischen Revolution wurden diejenigen, die ihren Erfolg für möglich hielten als Spinner abgetan, weil man sowieso nichts an dem gottgewollten Feudalsystem ändern könne. Doch nur kurze Zeit später zeigte sich, dass die Spinner nicht geirrt hatten.

Nicht der Gedanke muss zum Menschen kommen, sondern die Menschen zum Gedanken.

Deshalb ist schon heute wichtig, die Grundzüge einer neuen Gesellschaft, einer Alternative zum Kapitalismus zu entwickeln, damit die Menschen, wenn sie sich auf den Weg oder auf die Suche machen, nicht vergebens unterwegs sind. Es geht also nicht darum, eine neue Heilsbotschaft mittels Flugblätter zu verteilen, sondern der einsame Rufer kann in der Wüste bleiben, er wird Erfolg haben, wenn es Sinn macht, was er ruft.

Dies sind Grundgedanken, die in erster Linie zum Ziel haben, nach einer Alternative zu suchen, die jedoch nicht modellartig das kleinste Detail regeln wollen. Dass sollen die Menschen entscheiden, wenn es soweit ist.

Und die sind zurzeit erst wenige Jahre alt, haben noch nicht Lesen und Schreiben gelernt.

An diesem Grundmodell kann und soll jeder mitwirken, der Interesse daran hat, ein alternatives geldloses System logistisch soweit weiterzuentwickeln, dass sich die Menschen einer solchen Alternative eines Tages gar nicht mehr entziehen können.

Welt ohne Geld - wie es anfangen?

Die Umstellung auf die geldlose Gesellschaft könnte sehr einfach sein. Jeder arbeitsfähige Bürger, egal in welchem Land er lebt, erhält ein Guthaben von Punkten, das von seiner „Kaufkraft“ den durchschnittlichen Lebenshaltungskosten eines Monats, den Dingen, die man zum Leben braucht, entspricht. Alle vorhandenen, aus der alten Gesellschaft übernommenen, Sachwerte werden vom Geldwert auf den Arbeitspunktewert umgerechnet, sie bilden den Grundstock für die Produktion, Dienstleistungen und gesellschaftliche Leistungen. Von privaten Geldvermögen bleibt der Gebrauchswert erhalten.

Da der Wohlstand der heutigen Industrieländer zu großen Teilen auf der Ausbeutung der 3.Welt beruht, würden Dinge, die nur deswegen billig zu haben waren, sich verteuern, das heißt, es wären mehr Arbeitspunkte dafür nötig. Während in den Industrieländern nur mit mehr Arbeit, der sehr hohe, in Teilbereichen sogar exzessive, Lebensstandard hinsichtlich der Konsumgewohnheiten gehalten werden könnte, würde sich das Leben der Menschen in den armen Ländern am schnellsten und deutlichsten verbessern. Das wäre auch gerecht, denn eines der Hauptziele der geldlosen Alternative läge ja im Abbau von sozialen Unterschieden.

Was könnte aus dieser Alternative entstehen?

Viele unproduktive Arbeiten, die heute den Steuerzahlern viel Geld kosten, wären nicht mehr existent. Die Welt ohne Geld würde den Menschen freier machen und ihn von Druck und Existenzangst befreien. Das würde folgende ganzheitliche Veränderungen, die eine wirklich intelligente Entwicklung der Menschen überhaupt erst möglich machen, zur Konsequenz haben:

- Banken, Versicherungsgewerbe, Finanzämter, Steuerkanzleien und große Teile des Verwaltungsapparates würden komplett wegfallen. Die dadurch frei werdenden Mitarbeiterkapazitäten, könnten in Forschungs-, Sozialen-, Dienstleistungs-, Entwicklungshilfe-, und Katastrophenschutzberufen eingesetzt werden und so für wesentlich mehr Effektivität im Rahmen einer intelligenten Entwicklung sorgen.

- Umweltfreundliche Technologien könnten endlich zur Verfügung gestellt und weiter vorangetrieben werden.
- Ein ganzheitliches und intelligentes Bildungssystem wäre möglich.
- In Entwicklungsländern könnte eine effiziente Infrastruktur aufgebaut werden.
- Ideologien und Weltbilder würden ständig neu hinterfragt werden, was die Chancen einer ganzheitlichen Entwicklung der Menschheit deutlich verbessern würde.
- Die Welt ohne Geld wäre auch eine Welt ohne Ländergrenzen und Militär, denn für was sollten sie noch gebraucht werden. Mit dem Wegfall der Ländergrenzen entfiele ein großer Teil unproduktiver Tätigkeiten wie Militär, Grenzpolizei, Zoll und diplomatische Dienste mit ihren weltweit hohen Kosten.

Welt ohne Geld - wie setzt sie sich durch?

Eine Gesellschaft ohne Geld kann nicht lange nur in einem Teil der Erde existieren. Doch durch die zurzeit stattfindende Globalisierung des Kapitalismus wachsen auch die Bedingungen für den Erfolg einer globalen Alternative. Kapitalismus hat in den wirtschaftlichen Organisationsformen zu derart komplexen und verwirrenden Konstrukten geführt, dass Schwerfälligkeit und Bürokratisierung unserer Gesellschaft noch die geringsten Auswirkungen sind. Hauptsächlich sind Lohnsenkungen und Kürzungen der Sozialleistungen die Folge. Die Schere zwischen arm und reich ist größer anstatt kleiner geworden. Der Kapitalismus lässt zwangsläufig auch die soziale Marktwirtschaft immer unsozialer werden. Der global agierende Kapitalismus war der Grund für die ebenso inzwischen weltweit agierenden Globalisierungsgegner. Die weltweite Verbreitung großer Konzerne gab den Ausschlag für die Entstehung von Weltbetriebsräten usw.

So wie sich Krisenerscheinungen nicht mehr nur in einem Land oder einer Region auswirken und Lösungen nicht mehr nur auf nationaler Ebene zu finden sind, entstehen also auch die Bedingungen für eine Weltveränderung, die relativ schnell realisierbar ist. So wie das Vorhandensein des realen Sozialismus auf der Welt einen globalen Sieg des

Faschismus verhinderte, so ist das Verschwinden des realen Sozialismus eine Voraussetzung für den Abschluss der kapitalistischen Globalisierung. Und die kapitalistische Globalisierung schafft die Bedingungen für das eigene Ende und damit die Voraussetzung für ihre Ablösung.

Was wird die Zukunft bringen?

In einigen Ländern werden die Konservativen von den Sozialdemokraten abgelöst werden, in anderen Ländern ist es umgekehrt. Egal, wer regiert, es wird eine neoliberale Politik durchgesetzt werden, die zur immer größeren Verarmung der Armen führt, aber auch größere Teile der Mittelschichten in den Abwärtsstrudel zieht. Unzufriedenheit, Politikverdrossenheit und Hoffnungslosigkeit werden das Lebensgefühl der Menschen weltweit zunehmend bestimmen. Aus dieser Stimmung heraus, die auf konkreten Erfahrungen wie Sozialabbau und Arbeitslosigkeit beruht, wächst ein für die bestehende Ordnung kritisches Potential heran.

Dabei werden deshalb völlig neue Kräfte und Organisationsformen entstehen, die heute niemand voraussehen kann. Also ist es müßig zu spekulieren. Nicht müßig dagegen ist es, die Diskussion über die gesellschaftliche Alternative zum Weltkapitalismus zu beginnen. Ob sie letztlich genauso aussehen werden, wie sie dieses Denkmodell skizziert, ist ohne Bedeutung. Wichtig ist die Suche und Debatte um eine globale Alternative. Also nicht nur die Formulierung der Kritik, sondern auch die Beschreibung eines Auswegs. Jeder kann im Herbst vor einem Obstbaum stehen und feststellen, dass ungeerntete Früchte verfaulen. Der intelligente Mensch aber wird es nicht soweit kommen lassen.

<u>Dieses in der Kurzfassung dargestellte Konzept einer gesellschaftlichen Alternative wurde von ungefähr 600 Jugendlichen aus Deutschland und Frankreich in kleinen Gruppen seit 1998 diskutiert. Wie so oft, sind es die erfrischend einfachen und noch reinen Gedankengänge von Kindern und Jugendlichen, die für äußerst kompliziert scheinende Problemstellungen, verblüffend einfache Lösungen parat haben.</u>

Kinder - sofern sie nicht negativ beeinflusst sind - haben nicht die verschachtelten Denkstrukturen wie Erwachsene, was sie zu diesen einfachen Lösungsstrategien befähigt. Sie stellen einfache, man könnte auch sagen „instinktive“, Fragen. Eine der meistgestellten Kinderfragen überhaupt lautet: „**Warum**?". Intuitiv spüren Kinder, dass dies die wichtigste Frage ist, die es zu beantworten gilt. Das eng strukturierte Erwachsenendenken ist deshalb gut beraten, Kindsbetrachtungen in Forschungen mit einzubeziehen. Einem Genie wie Albert Einstein wird heute bescheinigt, dass seine Forschungen auf Kinderfragen basierten, denen er sich lediglich mit einer wissenschaftlichen Herangehensweise gewidmet hat.

Für die vielen Zweifler und Skeptiker, die die letzten Zeilen für absolute Utopie halten sei an dieser Stelle ganz bewusst nochmal an „***Kapitel 7: Eine humane Gesellschaft***" erinnert:

„*Utopisch ist nur, was wir als solches betrachten. Wenn wir aufhören es als solches anzusehen, ist es auch nicht länger utopisch.*"

Es ist, wie es immer ist - Es liegt an uns selbst!

Intelligent sind wir. Wir müssen lediglich alles weglassen, was uns daran hindert, intelligent zu handeln. Dazu sind lediglich Erkennen, Umdenken und Mut zur ehrlichen Selbsterkenntnis notwendig. Ein erster einfacher Schritt ist es, die Massenmedien zu ignorieren und sich so sofort von fiktiven Krisen und langfristig auch gefälschten Bedürfnissen zu befreien. Ohne „Krisen" und „Bedrohung" löst sich Angst, Aggressivität, Wut, Rachsucht, Gier, Misstrauen, Hass größtenteils auf, nimmt so der Kontrolle die Existenzberechtigung und macht damit die „starke Hand" der Regierung weitgehend überflüssig. Ohne angebliche Bedürfnisse, die oftmals in betrügerischer Absicht geweckt werden, müssen auch keine Bedürfnisse befriedigt werden. Statusdenken, Minderwertigkeitskomplexe, Stress und Frustrationen können abgebaut werden und machen den Kopf frei. Persönliche Kleinkriege und Konflikte im Alltag können so als unwichtig erkannt und gelöst werden. Plötzlich ist eine positive, zwangsfreie Stimmung möglich, statt grauer Krisenangst voller Sorgen, Misstrauen, Aggressivität und Stress. Damit sind auch mehr Toleranz und Großzügigkeit, ähnlich einer Urlaubsstimmung möglich.

Das Geld als Auslöser des unnatürlichen Egoismus ist eines der größten Hindernisse, das wir überwinden müssen. Eines Tages sollte es soweit sein, dass wir auch auf ein Äquivalent wie Arbeitspunkte verzichten können. Dann nämlich, wenn sich durch die Übergangszeit mit einer geldlosen Alternative ein weltweites Bewusstsein entwickelt hat, dass die Natürlichkeit von Arbeits- und Dienstleistungen zur Aufrechterhaltung und Entwicklung unserer Infrastruktur betont. In der Zukunft sollen unsere Kinder im Geschichtsunterricht mit Unverständnis reagieren, wenn sie erfahren, dass ihre Vorfahren sich für Arbeit, Waren und Dienstleistungen gegenseitig bezahlt haben und dies unzählige tragische und unsinnige Ereignisse nach sich zog.

*„**Warum** haben unsere Vorfahren sich nichts von den Bienen oder Ameisen abgeschaut? - Die bezahlen sich auch nicht gegenseitig und ihr Staat funktioniert trotzdem."*

In dieser Zukunft gehen die Menschen ganz normal ihrer Arbeit nach. Nach der Arbeit oder in der Freizeit besorgen sie sich alles was sie zum

Leben benötigen. Übermäßige Gier gibt es nicht - Warum auch, schließlich ist für alle genug da.

Wenn es den Menschen gelingt, sich auf den natürlichen Egoismus zu reduzieren, steht uns ein goldenes Zeitalter bevor. Erst dann werden wir in die Lage versetzt, den Fragen nach dem „**Warum**?“ auf unbelastete und somit intelligente Weise nachzugehen um sie eines Tages endgültig beantworten zu können. Wir haben viel zu tun, denn die Liste mit „**Warum**?“ - Fragen ist lang.....

→ **Warum** gibt es überhaupt ein Universum; **Warum** ist es so beschaffen wie es ist?
→ **Warum** gibt es überhaupt Leben; **Warum** in solch großer Vielfalt?
→ **Warum** muss das Leben beginnen; **Warum** muss es enden?
→ **Warum** wissen wir nichts über unseren wahren Ursprung; **Warum** wissen wir nicht, wie es nach dem Tod weitergeht?
→ **Warum** müssen Lebewesen lernen; **Warum** ist das Wissen nicht schon von Geburt an vorhanden?
→ **Warum** müssen Lebewesen essen; **Warum** müssen sie trinken um zu überleben?
→ **Warum** müssen Lebewesen sich gegenseitig töten um zu überleben, **Warum** hat die Natur das nicht anders gelöst?

Warum ist alles genauso wie es ist und nicht anders?...

Anhang:

Staatsverschuldung der Länder, Rangliste in $ Stand: 01/2011

Nr.	Land (Kontinent)	Verschuldung ($) in Mrd.
1	Vereinigte Staaten	13980
2	Vereinigtes Königreich	8981
3	Deutschland	4713
4	Frankreich	4698
5	Niederlande	3733
6	Japan	2441
7	Irland	2253
8	Norwegen	2232
9	Italien	2223
10	Spanien	2166
11	Luxemburg	1892
12	Belgien	1241
13	Schweiz	1200
14	Australien	1169
15	Kanada	1009
16	Schweden	853
17	Österreich	755
18	Hongkong	751
19	Dänemark	560
20	Griechenland	533
21	Portugal	498
22	Russische Föderation	480
23	China	407
24	Finnland	371
25	Republik Korea	370
26	Brasilien	311
27	Türkei	271
28	Polen	253
29	Indien	237
30	Mexiko	213

Nr.	*Land (Kontinent)*	*Verschuldung ($) in Mrd.*
31	Indonesien	196
32	Argentinien	161
33	Ungarn	148
34	Vereinigte Arabische Emirate	123
35	Rumänien	109
36	Ukraine	98
37	Kasachstan	94
38	Taiwan	91
39	Israel	90
40	Tschechische Republik	87
41	Chile	85
42	Saudi-Arabien	83
43	Thailand	83
44	Südafrika	81
45	Malaysia	73
46	Katar	71
47	Neuseeland	64
48	Philippinen	60
49	Kroatien	60
50	Slowakei	59
51	Kolumbien	58
52	Pakistan	57
53	Kuwait	57
54	Venezuela	56
55	Irak	53
56	Slowenien	52
57	Bulgarien	47
58	Sudan	38
59	Lettland	37
60	Libanon	34
61	Vietnam	33
62	Peru	33
63	Serbien	31
64	Ägypten	31
65	Litauen	28

Nr.	*Land (Kontinent)*	*Verschuldung ($) in Mrd.*
66	Estland	25
67	Belarus	25
68	Bangladesch	24
69	Marokko	23
70	Singapur	22
71	Kuba	20
72	Tunesien	19
73	Monaco	18
74	Angola	18
75	Sri Lanka	18
76	Guatemala	17
77	Ecuador	15
78	Bahrain	15
79	Panama	14
80	Demokratische Republik Kongo	14
81	Uruguay	13
82	Dominikanische Republik	13
83	Iran	13
84	Jamaika	13
85	Demokratische Volksrepublik Korea	13
86	Côte d'Ivoire	12
87	El Salvador	11
88	Nigeria	11
89	Oman	9
90	Costa Rica	9
91	Bosnien und Herzegowina	8
92	Kenia	8
93	Syrien	8
94	Simbabwe	8
95	Tansania	8
96	Jemen	7
97	Myanmar	7
98	Ghana	6
99	Libyen	6
100	Malta	6

Nr.	Land (Kontinent)	Verschuldung ($) in Mrd.
101	Laos	6
102	Jordanien	6
103	Ehem. Jug. Republik Mazedonien	5
104	Armenien	5
105	Mauritius	5
106	Kongo	5
107	Turkmenistan	5
108	Mosambik	5
109	Republik Moldau	5
110	Nepal	5
111	Kambodscha	4
112	Trinidad und Tobago	4
113	Äthiopien	4
114	Usbekistan	4
115	Algerien	4
116	Nicaragua	4
117	Senegal	4
118	Kirgisistan	4
119	Honduras	4
120	Sambia	3
121	Georgien	3
122	Kamerun	3
123	Aserbaidschan	3
124	Liberia	3
125	Island	3
126	Guinea	3
127	Somalia	3
128	Madagaskar	3
129	Benin	3
130	Uganda	3
131	Bolivien	3
132	Albanien	3
133	Mali	3
134	Afghanistan	3
135	Paraguay	2

Nr.	Land (Kontinent)	Verschuldung ($) in Mrd.
136	Gabun	2
137	Namibia	2
138	Botsuana	2
139	Niger	2
140	Burkina Faso	2
141	Tadschikistan	2
142	Mongolei	2
143	Tschad	2
144	Sierra Leone	2
145	Togo	2
146	Papua-Neuguinea	2
147	Seychellen	1
148	Malawi	1
149	Burundi	1
150	Zentralafrikanische Republik	1
151	Belize	1
152	Eritrea	1
153	Guinea-Bissau	1
154	Bhutan	1
155	Äquatorialguinea	1
156	Guyana	1
157	Barbados	1
158	Montenegro	1
159	Lesotho	1
160	Swasiland	Keine Angaben
161	St. Vincent und die Grenadinen	Keine Angaben
162	Dschibuti	Keine Angaben
163	Antigua und Barbuda	Keine Angaben
164	Haiti	Keine Angaben
165	Grenada	Keine Angaben
166	Bahamas	Keine Angaben
167	Kap Verde	Keine Angaben
168	São Tomé und Príncipe	Keine Angaben
169	St. Kitts und Nevis	Keine Angaben
170	St. Lucia	Keine Angaben

Nr.	Land (Kontinent)	Verschuldung ($) in Mrd.
171	Komoren	Keine Angaben
172	Dominica	Keine Angaben
173	Samoa	Keine Angaben
174	Salomonen	Keine Angaben
175	Fidschi	Keine Angaben
176	Vanuatu	Keine Angaben
177	Tonga	Keine Angaben
178	Neukaledonien	Keine Angaben
179	Kaimaninseln	Keine Angaben
180	Grönland	Keine Angaben
181	Nauru	Keine Angaben
182	Kiribati	Keine Angaben
183	Liechtenstein	Keine Angaben
184	Macau	Keine Angaben
185	Palau	Keine Angaben
186	Brunei Darussalam	Keine Angaben

Zusammengenommen hat die Welt bis Januar 2011 einen Schuldenberg von rund ***51,5 Billionen*** Dollar aufgebaut. Die Schulden des einen sind der Gewinn des anderen.

Dementsprechend stehen die 51,5 Billionen Dollar auch auf der Habenseite von irgendjemand...

Quellen- und Literaturverzeichnis

Internetlinks (*zuletzt auf Funktionstüchtigkeit geprüft am 31. Dezember 2011*)

Die Texte aller Links wurden als Word od. PDF- Dateien gespeichert. Zudem wurden die Webseiten im html-Format gespeichert als Nachweis, sollten die Links irgendwann nicht mehr funktionsfähig sein. Die gespeicherten Webseiten sind auf der mitgelieferten CD zu finden.

Haftungsausschluss zu den Internetverweisen:

Der Autor übernimmt keinerlei Gewähr für Aktualität, Korrektheit, Vollständigkeit oder Qualität der bereitgestellten Informationen. Haftungsansprüche gegen den Autor, welche sich auf Schäden materieller oder ideeller Art beziehen, die durch die Nutzung oder Nichtnutzung der dargebotenen Informationen bzw. durch die Nutzung fehlerhafter und unvollständiger Informationen verursacht wurden, sind grundsätzlich ausgeschlossen, sofern seitens des Autors kein nachweislich vorsätzliches oder grob fahrlässiges Verhalten vorliegt.

Alle Angebote sind freibleibend und unverbindlich.

Bei direkten oder indirekten Verweisen auf fremde Internetseiten / Links jeder Art, die außerhalb des Verantwortungsbereiches des Autors liegen, würde eine Haftungsverpflichtung ausschließlich in dem Fall eintreten, in dem der Autor von den Inhalten der Webseiten / Links Kenntnis hat und es ihm technisch möglich und zumutbar wäre, die Nutzung im Falle rechtswidriger Inhalte zu verhindern.

Der Autor erklärt hiermit ausdrücklich, dass zum Zeitpunkt der Linksetzung keine illegalen Inhalte auf den zu verlinkenden Seiten erkennbar waren. Auf die aktuelle und zukünftige Gestaltung, die Inhalte oder die Urheberschaft der verlinkten / verknüpften Seiten, hat der Autor keinen Einfluss. Der Autor distanziert sich deshalb ausdrücklich von dem Inhalt aller verlinkten und verknüpften Seiten, die nach der Linksetzung verändert wurden. Für illegale, fehlerhafte oder unvollständige Inhalte und insbesondere für Schäden, die aus der Nutzung oder Nichtnutzung solcherart dargebotener Informationen entstehen, haftet allein der Anbieter der Seite, auf welche verwiesen wurde, nicht derjenige, der über Links / Verweisungen auf die jeweilige Veröffentlichung lediglich verweist.

Sofern Teile oder einzelne Formulierungen dieses Textes der geltenden Rechtslage nicht, nicht mehr oder nicht vollständig entsprechen sollte, bleiben die übrigen Teile des Dokumentes in ihrem Inhalt und ihrer Gültigkeit davon unberührt.

Diagnosen - Prognosen

1. http://www.zeitdiagnose.de/start.html

Energiepolitik

- Lügen beim Umweltschutz

1. http://www.bund.net/fileadmin/bundnet/publikationen/energie/20070628_energie_stilllegungsluege_kohlekraftwerke_klimafakten.pdf

Feral Children (Wilde Kinder)

1. http://de.wikipedia.org/wiki/The_Ape_and_the_Child
2. http://de.wikipedia.org/wiki/Wilde_Kinder
3. http://www.uni-koblenz.de/~instso/albrecht/albrecht_sommer__ss__2006/soziologie_kindheit_1_6_5/wolfskinder_power_point.pdf

Freie Energie

1. Freie Energiemaschinen
   www.alice-dsl.net/hummler/FreieEnergieMaschinen.ppt
2. Tachyonen, Felder, Freie Energie
   www.holm-huemmler.de/FreieEnergie.ppt
3. Victor Schauberger
   http://www.tattva-viveka.de/victor/subnavviktor.htm
4. Wasserauto Freie Energie
   http://www.wasserauto.de/index.html
5. Freie Energie und was uns sonst noch verschwiegen wird
   http://www.magnetmotor.ch/free_energy.html
6. Hans Coler: Magnetstromapparat und Stromerzeuger
   http://www.borderlands.de/energy.coler.php3
7. DATENBANK DER NEUEN ENERGIE
   http://www.buch-der-synergie.de/datenbank.php
8. Das Heliotrop von Rolf Disch
   http://www.rolfdisch.de/index.php?p=home&pid=78&L=0&host=2#a287

9. Die Trabold Story
http://www.promex.lv/files/file_102.pdf

10. **Buch: The Invention of Hans Coler, An alleged new Power Source**
Autor: R. Hurst; B.I.O.S. Final Report No. 1043, B.I.O.S.Trip No. 2394, B.I.O.S. Target Number: C31/4799, British Intelligence Objectives Sub-Committee, (ENGLISCH) ISBN-10: 1935023063; ISBN-13: 978-1935023067 DOL: 6.00$ Shop: http://www.amazon.com/Invention-Coler-alleged-Power-Source/dp/1935023063

11. **Buch: Revolution in Technik, Medizin, Gesellschaft. Konversion von Schwerkraft-Feld-Energie** Autor: Hans A. Nieper, MIT-Verlag, Oldenburg 1983, 4. erw. Auflage, ISBN 3-925188-00-2,
http://www.dvr-raumenergie.de/about/nieper.html

12. **Buch: Kompendium Hypertechnik; Tachyonenenergie, Hyperenergie, Antigravitation** Autor: Sven Mielort,
Berlin, 1984, Nachdruck der 4. Auflage vom raum&zeit Verlag, ISBN 3-89005-005-0,

Gehirn

- Savants / Inselbegabungen

1. **Buch: Rätselhafte Begabungen**
Autor: Beate Hermelin, Verlag: KLETT-COTTA, ISBN-10: 3-608-94346-3; ISBN-13: 978-3-608-94346-7; EUR: 19,00 €;
Shop: http://www.buch.de/buch/02813/363_raetselhafte_begabungen.html

2. http://de.wikipedia.org/wiki/Inselbegabung

3. http://www.fachwissen-katalog.de/2006/10/09/savants-die-wissenden/

4. http://zeus.zeit.de/text/2003/30/M-Autismus

5. http://www.abendblatt.de/ratgeber/wissen/forschung/article258980/Das-Zahlen-Genie.html

- Gehirn allgemein

6. Big Brother im Kopf
http://www.spiegel.de/wissenschaft/mensch/0,1518,544710,00.html

7. Studie nährt Zweifel an freiem Willen
http://www.spiegel.de/wissenschaft/mensch/0,1518,547074,00.html

8. Transmittersubstanzen, Rezeptoren und Verhalten
http://www.thunemann.de/martin/lsd/Kapitel4.htm

9. Hypothalamus
http://de.wikipedia.org/wiki/Hypothalamus

10. Zirbeldrüse
http://de.wikibooks.org/wiki/Zirbeldr%C3%BCse

- Gerhard Roth - Hirnforschung

11. http://de.wikipedia.org/wiki/Gerhard_Roth_(Biologe)

12. http://www.sprache-werner.info/55_D-Gehirnforscher_Gerhard.2070.html?PHPSESSID=c2c531dd4e0ad

13. http://www.information-philosophie.de/index.php?a=1&t=884&n=2&y=1&c=50

Geld und Geldwirtschaft

1. **Buch: Die Kreatur von Jekyll Island**
Die US-Notenbank FEDERAL RESERVE - Das schrecklichste Ungeheuer, das die internationale Hochfinanz je schuf.
Autor: G. Edward Griffin, Kopp-Verlag 2006, ISBN: 3-938516-28-3;
EUR: 29,90 €; Shop: http://www.goldseiten.de/shop/buch.php?b_id=167

2. **Buch: Das Geld als Zauberstab und die Macht der internationalen Finanzmärkte**
Autoren: Erich Kitzmüller und Herwig Büchele, Verlag: Lit-Verlag; Auflage: 2., Aufl. (Dezember 2004), ISBN-10: 3825882810, ISBN-13: 978-3825882815;
EUR: 22,90 €; Shop: http://www.amazon.de/exec/obidos/ASIN/3825882810

3. **Buch: Die Gold Verschwörung. Ein Blick hinter die Kulissen der Macht von einem Privatbankier aus der Schweiz**
Autoren: Ferdinand Lips und Andreas Zantop, Verlag: Kopp, Rottenburg; Auflage: 1 (April 2003) ISBN-10: 3930219549, ISBN-13: 978-3930219544, (DEUTSCH);
EUR: € 19,90 €; Shop: http://www.amazon.de/Verschw%C3%B6rung-hinter-Kulissen-Privatbankier-Schweiz/dp/3930219549/ref=pd_bxgy_b_img_b

4. **Buch: Das Silberkomplott (Gebundene Ausgabe)**
Autor: Reinhard Deutsch, Verlag: Kopp, Rottenburg (Juni 2006)
ISBN-10: 3938516267, ISBN-13: 978-3938516263, (DEUTSCH);
EUR: 19,90 €; Shop: http://www.amazon.de/Das-Silberkomplott-Reinhard-Deutsch/dp/3938516267

5. Finanzkrise einfach erklärt
http://www.goldseiten.de/modules/news/print.php?storyid=2707

6. Das Märchen von der Deflation
http://www.goldseiten.de/modules/news/print.php?storyid=2025

7. Der Welt-Geldbetrug
http://www.goldseiten.de/content/kolumnen/artikel.php?storyid=611

8. Landkarte: Externe Staatsverschuldung – Welt
http://www.indexmundi.com/map/?v=94&l=de

9. Welt in Zahlen – Ländervergleich
http://www.welt-in-zahlen.de/laendervergleich.phtml

- Welt ohne Geld

10. **Buch: Das Ende des Geldes: Wegweiser in eine ökosoziale Gesellschaft**
Autor: Franz Hörmann, Otmar Pregetter; Verlag: Galila; Auflage: 1 (März 2011) ISBN-10: 3902533331, ISBN-13: 978-3902533333, (DEUTSCH);
EUR: 21,90 €; Shop:
http://www.amazon.de/gp/product/3902533331/ref=ox_sc_act_title_1?ie=UTF8&m=A3JWKAKR8XB7XF

11. Webseite von Franz Hörmann
http://www.wu.ac.at/taxmanagement/Institut/Mitarbeiter/Hoermann/new2006/index.html

12. http://www.moneygoodbye.org/index.cgi

13. http://www.opentheory.org/weltohnegeld/

14. http://www.rolfkuhl.de/13862.html

15. http://www.freitag.de/2004/25/04250501.php

- Gold

16. http://www.goldseiten.de/

17. http://www.mineralienatlas.de/lexikon/index.php/MineralData?mineral=Gold

18. http://de.wikipedia.org/wiki/Gold

- Aufhebung der Golddeckung

19. http://www.wsws.org/de/2001/aug2001/bret-a18.shtml

- neue Goldvorkommen

20. Gold/Tabellen und Grafiken
http://de.wikipedia.org/wiki/Gold/Tabellen_und_Grafiken

21. http://www.pressrelations.de/new/standard/result_main.cfm?pfach=1&n_firmanr_=118701&sektor=pm&detail=1&r=289628&sid=&aktion=jour_pm&quelle=0

22. http://tu-freiberg.de/presse/report/R25dez2002.pdf
(Seite 10)

23. http://de.wikipedia.org/wiki/Goldcorp

24. http://venezuela.fly-a-kite.ch/wirtschaft.html

Gesundheit

- Ernährung

1. **Buch: Abgespeist**
Wie wir beim Essen betrogen werden und was wir dagegen tun können. Autor: Thilo Bohde, S.Fischerverlag, ISBN: 978-3-10-004307-8; EUR: 14,90 €; Shop: http://www.fischerverlage.de/buch/Abgespeist/9783596176298?_navi_area=fv_home&_navi_item=03.00.00.00

2. **Buch: Vorsicht Fluor!**
Das Kariesproblem. Fluoridtabletten, Fluoridlacke, Kochsalzfluoridierung, Trinkwasserfluoridierung Autor: Max Otto Bruker und Rudolf Ziegelbecker Verlag: Emu; Auflage: 8. Auflage. (2000)
ISBN-10: 9783891890134; ISBN-13: 978-3891890134 EUR: 14,80 €;
Shop: http://www.amazon.de/Vorsicht-Fluor-Fluoridtabletten-Kochsalzfluoridierung-Trinkwasserfluoridierung/dp/3891890133/ref=cm_cr_pr_product_top

3. **DVD: Supersize me**
Darsteller: Bridget Bennett, Daryl Isaacs, Lisa Ganjhu, Eric Rowley, Morgan Spurlock Produzenten: Morgan Spurlock , Format: Dolby, PAL, Surround Sound, Sprache(n): Deutsch/Englisch Untertitel: Deutsch, Englisch, Anzahl Disks: 2, Studio: CIC Video/Paramount Home Ent: Spieldauer: 96 Minuten EUR: 14,95 €; Shop: http://www.amazon.de/Supersize-Me-DVDs-Bridget-Bennett/dp/B0006HGRLI

4. **DVD: Unser täglich Gift**
Wie die Lebensmittelindustrie unser Essen vergiftet
Dokumentarfilm von Marie-Monique Robin
Frankreich 2010; ARTE EDITION/absolut Medien
Sprache(n) Deutsch/Französisch; BILD / TON PAL, 16:9, Dolby Stereo
Best. Nr. 545 • Spieldauer: 105 Minuten: EUR: 19,90 €;
Shop: http://www.arte-edition.de/item/9783898485456.html?s=b84ttdfuj98xubtdz6qt5lbk8qx5ffjlf4j8br&r=b84tvcfujm8xuftxz64s5lbknqx5fffkz4j8br

5. Informationen zu Lebensmittelzusatzstoffen
http://www.zusatzstoffe-online.de/home/

6. Lebensmittelskandale
http://www.nachttopf.de/Lebensmittelskandale.htm

7. Meldungen im Europäischen Schnellwarnsystem für Lebensmittel und Futtermittel
http://www.bvl.bund.de/DE/01_Lebensmittel/01_Aufgaben/04_Schnellwarnsystem/01_aktuelle_rasff_meldungen/lm_schnellwarnsystem_aktuelle_rasff_meldungen_node.html

8. Die Glutamat Story
http://www.gzl.com/sortiment/streuwuerze/die-glutamat-story.html

9. Acrylamid in Lebensmitteln
http://www.bvl.bund.de/DE/01_Lebensmittel/02_UnerwuenschteStoffeOrganismen/04_Acrylamid/01_WasIstAcrylamid/lm_WasIstAcrylamid_basepage.html;jsessionid=F1402274C39DE30F5297DC5E8DA01392.1_cid103

10. Glycidamid in Lebensmitteln
http://www.bfr.bund.de/cm/208/besteht_ein_gesundheitliches_risiko_durch_glycidamid_in_lebensmitteln.pdf

11. Süßstoff Stevia – Lebensmittelriesen starten Zuckerrevolution
http://www.spiegel.de/wirtschaft/unternehmen/0,1518,687925,00.html

12. Ernährungslügen dieser Welt
http://www.gandhi-auftrag.de/Artikel-Zusammenstellung_(Luegen_dieser_Welt).pdf

13. Ungesunde Milch

Buch: Milch besser nicht
Autor: Maria Rollinger; Verlag: Jou-Verlag; Auflage: 2., aktualis. u. überarb. Aufl (2010); Broschiert: 352 Seiten; ISBN 10: 3940236004; ISBN-13: 978-3940236005; EUR: 20,00 €; Shop: http://www.amazon.de/Milch-besser-nicht-Maria-Rollinger/dp/3940236004

http://www.milchbessernicht.de/index.htm

http://de.wikipedia.org/wiki/Milch

http://www.milchlos.de/

14. Erhöhtes Krebsrisiko durch Süßstoff Aspartam
http://bcag.twoday.net/stories/3949644/

15. Aspartam - Süssstoff mit Nebenwirkungen
http://www.zentrum-der-gesundheit.de/ia-aspartam-suessstoff.html

Gewerkschaften und Kirchen als Arbeitgeber

- Gewerkschaften:

1. http://www.dervgb.de/pdf/medien/Die%20Scheinheiligen_mm_7_06.pdf
2. http://www.dervgb.de/
3. http://www.dervgb.de/medien.php

- Kirchen:

4. http://www.bfg-bayern.de/aktuelles/scheinheilig.htm
5. http://www.taz.de/index.php?id=archivseite&dig=2002/11/04/a0088
6. http://www.schiering.org/download/gutachten-arbeitskampf.pdf
7. http://www.bag-mav.de/cms/joomla/

Humanität

1. **Buch: Die neue Sklaverei**
   Autor: Kevin Bales, Verlag: Antje Kunstmann, ISBN-10: 3-88897-264-7, ISBN-13: 978-3888972645; EUR: 22,00 €;
   Shop: http://www.amazon.de/Die-neue-Sklaverei-Kevin-Bales/dp/3888972647

2. Auf dem Weg in eine inhumane Gesellschaft
   http://gebattmer.twoday.net/stories/2835434/

3. Die Angst der Mittelschicht vor dem Abstieg
   http://www.fernuni-hagen.de/imperia/md/content/soziologie/soz4/hasg_7.pdf

Intelligenz

- Intelligenz von Mensch und Tier

1. **Buch: Wilde Intelligenz** - Was Tiere wirklich denken
   Autor: Marc D. Hauser, Gebundene Ausgabe 378 Seiten, Verlag: C.H.Beck, Auflage: 1 (Sept. 2001), ISBN-10: 3406480802, ISBN-13: 978-3406480805; EUR : 9,90 €
   Shop:http://www.amazon.de/exec/obidos/ASIN/3406480802/mythoughtsde-21

2. http://de.wikipedia.org/wiki/Intelligenz

3. http://de.wikipedia.org/wiki/Ratio

- Multiple Intelligenzen

4. http://www.itb.uni-bremen.de/downloads/Studium/Saniter/Multiple_Intelligenzen.doc

Krieg

1. Urkatastrophe des 20. Jahrhunderts
   http://de.wikipedia.org/wiki/Urkatastrophe_des_20._Jahrhunderts

2. Der zweite Golfkrieg
   http://de.wikipedia.org/wiki/Zweiter_Golfkrieg

3. Der Drei-Billionen-Dollar Krieg
   http://www.zeit.de/online/2008/09/stiglitz-irakkrieg-kosten

4. Uran Munition
   http://www.physik.uni-oldenburg.de/Docs/puma/1583.html

5. US-Verluste im Irak
http://www.friedenskooperative.de/ff/ff05/5-63.htm

6. Krieg und (Geld-) Wirtschaft
http://emanzipationhumanum.de/downloads/krieg01.pdf

7. Aktuelle Konfliktherde
http://www.netzpunkt.de/konflikt/s/konflikt.htm

8. Liste der Kriege
http://de.wikipedia.org/wiki/Liste_der_Kriege

- Unterstützung von Gewaltregimen:

9. http://www.geschichteinchronologie.ch/USA-3R/USA-3R_Hitler-Orden-fuer-Henry-Ford-Spiegel.htm

10. http://pdf.zeit.de/1999/03/Handel_mit_Hitler.pdf

11. http://www.geschichteinchronologie.ch/eu/3R/Hitlers-financiers.html#02

12. http://de.wikipedia.org/wiki/Kurt_Freiherr_von_Schr%C3%B6der

13. http://de.wikipedia.org/wiki/Bank_f%C3%BCr_Internationalen_Zahlungsausgleich

14. http://de.wikipedia.org/wiki/Stahlhelm,_Bund_der_Frontsoldaten

15. http://de.wikipedia.org/wiki/Deutscher_Herrenklub

16. http://de.wikipedia.org/wiki/Liste_der_Mitglieder_des_Deutschen_Herrenklubs

17. http://de.wikipedia.org/wiki/Gro%C3%9Findustrie_und_Aufstieg_der_NSDAP

18. http://www.zeitenschrift.com/magazin/47-hitler.ihtml

- Die wahre Geschichte des Golfkrieges

19. Video: http://www.youtube.com/watch?v=h79Qfj_cBl0

20. http://www.zeit.de/1992/49/dollars-fuer-den-diktator

Liebe / Sex

1. **Buch: Warum macht Sex Spaß?** - Die Evolution der menschlichen Sexualität, Autor: Jared Diamond, Gebundene Ausgabe 237 Seiten, Verlag: Fischer (S.), Frankfurt; Auflage: 1 (5. Okt. 2009) München (1998), ISBN-10: 9783100139122, ISBN-13: 978-3100139122; EUR: 19,90 €; Shop: http://www.amazon.de/Warum-macht-Sex-Spa%C3%9F-menschlichen/dp/3100139127/ref=sr_1_2/277-9004068-3134437?ie=UTF8&qid=1303824165&sr=1-2

Medien / Kommunikation

1. **Buch: Das Medienmonopol** - Gedankenkontrolle und Manipulationen Autor: M.A. Verick, Broschiert: 237 Seiten, Verlag: Bloch, Rainer Verlag, Auflage: 1 (Mai 2006), ISBN-10: 3981095197, ISBN-13: 978-3981095197; EUR: 19,95 €;
Shop: http://www.amazon.de/Das-Medienmonopol-Gedankenkontrolle-Manipulation-Dunkelm%C3%A4chte/dp/3981095197/ref=pd_bbs_sr_1/303-4399694-2183412?ie=UTF8&s=books&qid=1191675515&sr=8-1

2. Medienunternehmen
http://de.wikipedia.org/wiki/Medienunternehmen

3. Ranking der Medienunternehmen
http://www.freepress.net/ownership/chart/main

4. Frontal 21: Gekaufte Beiträge – PR als Information gesendet
http://www.mwm-vermittlung.de/Gekaufte_Beitr%8Age_ZDF.pdf

5. Frontal 21: Pressefreiheit in Gefahr
http://video.google.com/videoplay?docid=-4627622059683375845&ei=b9-ySLO0CoSG2QK4j4TeDA&q=Pressefreiheit+in+Gefahr+Frontal+21&hl=de#

6. Interview mit Psychiater Professor Manfred Spitzer
http://www.dradio.de/dkultur/sendungen/kulturinterview/566948/

7. Medienkritiker Christian Pfeiffer
http://de.wikipedia.org/wiki/Christian_Pfeiffer

8. Späte Ausbildungsreife
http://www.bibb.de/dokumente/pdf/a12_bibbreport_2007_02.pdf

9. Medienmagazin Zapp
http://www.ndr.de/fernsehen/sendungen/zapp/wir_ueber_uns/wir116.html

Nahtod

1. Nahtod
   http://www.nahtod.de/

2. Nahtod-Erfahrung
   http://de.wikipedia.org/wiki/Nahtod-Erfahrung

3. Nah Todeserfahrungen aus psychiatrisch neurologischer Sicht
   http://www.familie-zwoelfer.de/nahtod/nde_aus_psychiatrischer_sicht.htm

Naturwissenschaften

1. **Gefälschte Wissenschaft -** Wie Wissenschaft Wissen schafft, Autor: Erdogan Ercivan, Gebundene Ausgabe 247 Seiten, Verlag: Kopp, Rottenburg; Auflage: 1 (14. September 2004)
   ISBN-10: 9783930219933, ISBN-13: 978-3930219933; EUR: 9,95 €;
   Shop: http://www.kopp-verlag.de/Gefaelschte-Wissenschaft.htm?websale7=kopp-verlag&pi=909810&ci=000087

- Materie

1. http://de.wikipedia.org/wiki/Materie

2. http://www.fundus.org/pdf.asp?ID=6770

- Entstehung des Universums

3. http://universum-jaguste.piranho.de/

Philosophie

1. **Buch: Für 6 Euro 50 durch das Universum -** Über Zeit, Raum und Liebe, Autor: Jan Moewes; Gebundene Ausgabe: 107 Seiten,
   Verlag: ZWEITAUSENDEINS, Auflage: 8., Aufl. (Juni 2005), ISBN-10: 3861503891, ISBN-13: 978-3861503897; EUR: 10,00 €;
   Shop: http://www.amazon.de/F%C3%BCr-Euro-durch-das-Universum/dp/3861503891/ref=sr_1_1?ie=UTF8&s=books&qid=1195215939&sr=1-1

2. **Buch: Auf ein Wort -** Eine Reise zum Gipfel der Philosophie, Autor: Rudi Berner; Gebundene Ausgabe: 107 Seiten,
   Verlag: 1zu1 Verlag Elke Walker; Auflage: 3 (Oktober 2006), ISBN-10: 3952167851, ISBN-13: 978-3952167854; EUR: 29,70 €;
   Shop: http://aufeinwort.webnode.com/products/produkt-1/

Politik und Wirtschaft

1. **Buch: The Real World Economic Outlook 2003: The Legacy of Globalization: Debt and Deflation (Paperback)**
Autor: Ann Petiflor, Verlag: Palgrave Macmillan (Dezember 5, 2003), ISBN-10: 1403917957, ISBN-13: 978-1403917959, (ENGLISCH); Dollar: 36.46 $; Shop: http://www.amazon.com/Real-World-Economic-Outlook-2003/dp/1403917957

2. **Buch: Die Schatten der Globalisierung**
Autor: Joseph Stiglitz, Verlag: Goldmann (August 2003), ISBN-10: 3442152844, ISBN-13: 978-3442152841, EUR: 9,95 €; Shop: http://www.amazon.de/Die-Schatten-Globalisierung-Joseph-Stiglitz/dp/3442152844/ref=sr_1_1?ie=UTF8&s=books&qid=1205501180&sr=1-1

3. **Buch: Die Chancen der Globalisierung**
Autor: Joseph Stiglitz, Verlag: Pantheon; Auflage: 2 (14. Januar 2008), ISBN-10: 3570550486, ISBN-13: 978-3570550489, EUR: 12,95 €; Shop: http://www.amazon.de/Die-Chancen-Globalisierung-Joseph-Stiglitz/dp/3570550486/ref=pd_bxgy_b_text_b

4. **Buch: No Logo! Der Kampf der Global Players um Marktmacht** - Ein Spiel mit vielen Verlierern und wenigen Gewinnern
Autor: Naomi Klein, Verlag: Goldmann Verlag; Auflage: 1 (1. Januar 2005), ISBN-10: 3442153123, ISBN-13: 978-3442153121, EUR: 10,00 €; Shop: http://www.amazon.de/Logo-Kampf-Global-Players-Marktmacht/dp/3442153123/ref=cm_lmf_tit_4

5. Bornpower-Politik und Wirtschaft im Visier
http://www.bornpower.de

6. Globalisierung
http://de.wikipedia.org/wiki/Globalisierung

7. Unkontrollierte Globalisierung
http://www.anti-globalisierung.de/

8. Vandana Shiva: Die Vermarktung der Erde
http://www.dw-world.de/dw/article/0,,2497296,00.html

9. Ex-US-Finanzminister Rubin über verfehlte Wirtschaftspolitik der USA
http://www.stern.de/politik/ausland/590054.html?q=Ein%20Teufelskreis%20von%20Geld%20und%20macht

10. Die UN-Millieniumsziele
http://de.wikipedia.org/wiki/UN-Millenniumsziele

11. Welternährungstag - Bundeszentrale für politische Bildung
http://www.bpb.de/themen/AR0507,0,0,Weltern%E4hrungstag.html

12. Brot für die Welt – Presseinfo vom 12.10.2009
http://www.brot-fuer-die-welt.de/presse/index_5735_DEU_HTML.php

Religion Theologie

1. **Buch: Finanzen und Vermögen der Kirchen in Deutschland**
Autor: Carsten Frerk, Aschaffenburg: Alibri Verlag, 2002, 435 Seiten, kartoniert, ISBN 3-932710-39-8; EUR 24,50 €;
Shop: http://www.alibri-buecher.de/product_info.php/info/p30_Carsten-Frerk--Finanzen-und-Vermoegen-der-Kirchen-in-Deutschland.html/XTCsid/ddbc4169b9bf2b58e1f8c839d1739f05

2. **Buch: Vergleichende Übersicht der vier Evangelien**
Autor: S.E.Verus, Leipzig: Verlag P. van Dyk, 1897, 392 Seiten,
http://bibliothek.sthbasel.ch/showmedium.php?medid=36664&PHPSESSID=63eaa3117ae6adc6d14f3d608ae0bad4

3. Jesus Buddha Parallelen
http://www.geschichteinchronologie.ch/k/Jesus-in-Kaschmir/Faber-Kaiser/09_Jesus-und-Buddha-parallelen.html

4. **Film: ZEITGEIST, Der Film**
Studio: J-K-Fischer; Spieldauer: 116 Minuten;
ASIN: 3940845647: Sprache Deutsch; EUR 10,95 €
Shop: http://www.amazon.de/Zeitgeist-Film-Peter-Joseph/dp/3940845647

5. Natürliche Theologie
http://de.wikipedia.org/wiki/Nat%C3%BCrliche_Theologie

6. Kirchensteuer
http://de.wikipedia.org/wiki/Kirchensteuer

7. Gedanken eines Katholiken zur Auferstehung
http://www.we-are-church.org/de/koeln/leeres_grab.htm

8. Die Herkunft und Entstehung des Mithraskults
http://www.basiswissen-christentum.de/de/themen/mithraskult.html

9. Mithras-Einweihung
http://wiki.anthroposophie.net/Mithras-Einweihung

10. Christentum ein Schwindel
http://www.eunacom.net/Mithra_Cult_Fraud.html

11. Die Freien Christen
http://www.jubeljahr2000.de/

Ufo´s

1. **Buch: MJ 12. Die geheime Regierung** - Gedankenkontrolle und Manipulationen
Autor: Milton William Cooper: 81 Seiten, Verlag: Michaels Vertrieb (Oktober 1996), ISBN-10: 3895392774, ISBN-13: 978-3895392771; EUR: 10,50 €; Shop: http://www.amazon.de/MJ-12-Die-geheime-Regierung/dp/3895392774/ref=sr_1_1?ie=UTF8&s=books&qid=1216282255&sr=1-1

2. Oriontechnologie und andere geheime Projekte
http://www.freezone.de/german/mc/d_mc03.htm

3. Exopolitik Deutschland
http://www.exopolitik.org/

4. Fakten und Beweise
http://www.foren4all.de/ufos/index.php

5. http://www.paranormal.de/ufo/

6. http://www.hpo-online.de/themen/ufos/index.php

7. http://www.welt.de/vermischtes/article1359620/Ufo_Sichtungen_sollen_neu_untersucht_werden.html

8. http://de.wikipedia.org/wiki/Ufologie

9. Sichtungen von Astronauten
http://www.hpo-online.de/themen/ufos/sichtungen/ufoastronauten.php

10. Sichtungn von US-Präsidenten
http://www.foren4all.de/ufos/ufobeweise/uspraesidentenundufos.php

11. UFO-Sichtungen Datenbank
http://www.ufo-datenbank.de/

12. Der Cometa Bericht
http://www.mufon-ces.org/text/deutsch/cometa.htm

http://de.wikipedia.org/wiki/Ufologie#COMETA_Report_.28F.2C_1999.29

13. Der Cometa Bericht komplett auf Französisch
http://www.cnes-geipan.fr/index.php?id=181&no_cache=1&tx_ttnews%5Bpointer%5D=1&tx_ttnews%5BbackPid%5D=211&tx_ttnews%5Btt_news%5D=70

14. Disclosure Project Pressekonferenz
http://de.wikipedia.org/wiki/Ufologie#Pressekonferenz_.E2.80.9EDisclosure_Project.E2.80.9C_.28USA.2C_2001.29

15. Disclosure Project Pressekonferenz - Video
http://www.youtube.com/watch?v=z97WBLxVMww

Verkehr und Umwelt

1. Hohe Mobilität - Umweltverträglicher Verkehr
http://www.apug.nrw.de/pdf/eckpunkte.pdf

2. mobile Zukunft
http://institut-mobile-zukunft.de/

3. Unfallstatistik mit LKWs
http://www.rp-online.de/auto/news/so-viele-menschen-sterben-bei-lkw-unfaellen-1.568276

4. Die Angst vor schlafenden Brummifahrern
http://www.stern.de/wirtschaft/unternehmen/maerkte/:Lkw-Unf%E4lle-Die-Angst-Brummifahrern/591412.html

5. Ökologische Auswirkungen des Luftverkehrs
http://de.wikipedia.org/wiki/%C3%96kologische_Auswirkungen_des_Luftverkehrs

Bonus-CD:

- Auf der Bonus-CD finden sich sieben so genannte New-Age Musikstücke. Es handelt sich dabei um sehr melodische, leichtbekömmliche und meditative Musik, oft mit Elementen der Weltmusik vermischt. Die Musik wirkt entspannend und harmonisiert das körperliche und geistige Wohlbefinden. Sie kann daher die Aufnahmefähigkeit beim Lesen steigern. Die Bonus-CD ist als Einladung und zusätzliches, rein unverbindliches Angebot gedacht, während dem Lesen Musik zu hören.

  Tracktitel:

  1. Auf der Suche nach dem Warum
  2. Wonderworld
  3. Vulcan
  4. Rainy Day
  5. Michaels Dream
  6. UFO
  7. Dynamic World

- Zusätzlich findet sich das Quellenverzeichnis in Dateiform auf der CD. Damit soll dem Leser das Überprüfen der Internetquellen des Autors per Mausklick erleichtert werden. Ebenfalls wurden die Webseiten im html-Format auf der CD gespeichert als Nachweis, sollten die Links irgendwann nicht mehr funktionsfähig sein.